"十二五"普通高等教育本科国家级规划教材

综合日语

第三版

总 主 编 彭广陆 〔日〕守屋三千代

副总主编 何 琳 冷丽敏 王轶群 秦 刚 丁 莉
〔日〕今井寿枝 野畑理佳 冈智之 滨田亮辅

第四册

主编 孙佳音 杨 峻
〔日〕野畑理佳 今井寿枝 滨田亮〔辅〕

编者 何 琳 冷丽敏 刘 健 彭广陆 孙佳音
王轶群 杨 峻 周 彤
〔日〕今井寿枝 野畑理佳 滨田亮辅 守屋三千代 山本美纪

北京大学出版社
PEKING UNIVERSITY PRESS

图书在版编目（CIP）数据

综合日语. 第四册 / 彭广陆，(日) 守屋三千代总主编. —3版. —北京：北京大学出版社，2024.3
ISBN 978-7-301-34802-4

Ⅰ.①综…　Ⅱ.①彭…②守…　Ⅲ.①日语－高等学校－教材　Ⅳ.① H369.39

中国国家版本馆 CIP 数据核字 (2024) 第 029076 号

书　　　名	综合日语（第四册）（第三版）
	ZONGHE RIYU (DI-SI CE) (DI-SAN BAN)
著作责任者	彭广陆　〔日〕守屋三千代　总主编
	孙佳音　杨　峻　〔日〕野畑理佳　〔日〕今井寿枝　〔日〕滨田亮辅　主编
责 任 编 辑	兰　婷
标 准 书 号	ISBN 978-7-301-34802-4
出 版 发 行	北京大学出版社
地　　　址	北京市海淀区成府路 205 号　100871
网　　　址	http://www.pup.cn　　　新浪微博：@北京大学出版社
电 子 邮 箱	编辑部 pupwaiwen@pup.cn　　总编室 zpup@pup.cn
电　　　话	邮购部 010-62752015　发行部 010-62750672　编辑部 010-62759634
印 刷 者	天津中印联印务有限公司
经 销 者	新华书店
	787 毫米 ×1092 毫米　16 开本　25 印张　650 千字
	2006 年 8 月第 1 版　2011 年 8 月第 2 版
	2024 年 3 月第 3 版　2024 年 3 月第 1 次印刷（总第 24 次印刷）
定　　　价	78.00 元（含单词分册）

综合日语系列教材编委会

总　序

　　《综合日语》由中日两国长期从事日语教学与研究的专家学者通力合作编写，是高等教育日语专业基础阶段主干课程教材、"普通高等教育'十一五'国家级规划教材"和"'十二五'普通高等教育本科国家级规划教材"。

　　本教材问世近20年（第一版，2004—2006；修订版，2009—2011），深受广大使用者的喜爱，作为高校日语专业的主干课程教材，长期以来一直为国内数百所高校所采用，在日语界产生了很大的反响，得到同行专家学者以及广大日语教师、学生的一致好评。

　　《综合日语》（第三版）共六册，由北京大学出版社出版的《综合日语》（第一——四册）（修订版）和《高年级综合日语》（上/下册）构成，供日语专业初级阶段至高年级阶段使用。

　　此外，我们还针对高等院校日语专业的"视听说""写作"以及"翻译"等其他专业主干课程，编写了配套教材，构建了"综合日语系列教材"，其构成如下：

　　《综合日语》（第一——六册）（第三版）

　　《综合日语·视听说》（第一——四册）

　　《综合日语·写作》（上/下册）

　　"综合日语·翻译"（共六册：《综合日语·笔译（日译汉）》《综合日语·笔译（汉译日）》《综合日语·口译（交替传译）日译汉》《综合日语·口译（交替传译）汉译日》《综合日语·口译（同声传译）日译汉》《综合日语·口译（同声传译）汉译日》）

　　《综合日语》（第三版）以"立德树人"为根本方针指引，充分体现《普通高等学校本科专业类教学质量国家标准》（2018）及《普通高等学校本科外国语言文学类专业教学指南》（2020）的人才培养目标。全体编者秉承严谨治学、精益求精的学术姿态，尽职尽责，力求在教材编写理念以及素材内容的组织等方面跟紧时代前进的步伐，努力将本系列教材打造成系统性、专业性、有情怀、有深度的精品，更好地为广大日语教师及学习者服务。

期待"综合日语系列教材"的出版能够为高校日语课堂教学改革、为促进学习者日语语言能力的发展起到积极的推动作用，为我国日语教学与研究的发展贡献一份力量。

衷心感谢日语界长期以来对于《综合日语》的关注与大力支持！

"综合日语系列教材"编委会

2022年5月20日

《综合日语》编写人员

第一版（第一——四册）

总主编：彭广陆　〔日〕守屋三千代

审　订：孙宗光　〔日〕阪田雪子

编　者：郭胜华　何　琳　冷丽敏　李奇楠　彭广陆　孙佳音

　　　　〔日〕阿部洋子　今井寿枝　押尾和美　国松昭　近藤安月子　姬野伴子

　　　　丸山千歌　守屋三千代　谷部弘子

修订版（第一——四册）

总 主 编：彭广陆　〔日〕守屋三千代

审　　订：孙宗光　〔日〕阪田雪子

副总主编：何　琳　〔日〕近藤安月子　姬野伴子

编　　者：何　琳　冷丽敏　李奇楠　彭广陆　孙佳音　孙建军　王轶群　周　彤

　　　　　〔日〕今井寿枝　岩田一成　小泽伊久美　押尾和美　国松昭　驹泽千鹤

　　　　　近藤安月子　野畑理佳　姬野伴子　丸山千歌　守屋三千代　结城圭绘

高年级综合日语（上/下册）

总主编：彭广陆　〔日〕守屋三千代

审　订：孙宗光　〔日〕阪田雪子　远藤织枝

编　者：丁　莉　何　琳　刘　健　彭广陆　秦　刚　孙佳音　王轶群　应　杰

　　　　〔日〕今井寿枝　冈智之　押尾和美　野畑理佳　百留惠美子　百留康晴

　　　　平高史也　守屋三千代

上述教材的编写得到日本国际交流基金会、笹川和平财团笹川日中友好基金会的资助，特此鸣谢。

《综合日语》（第三版）

总 主 编：彭广陆 〔日〕守屋三千代

副总主编：何 琳 冷丽敏 王轶群 秦 刚 丁 莉

〔日〕今井寿枝 野畑理佳 冈智之 滨田亮辅

编 者：丁 莉 何 琳 冷丽敏 刘 健 彭广陆 秦 刚 孙佳音

王轶群 杨 峻 应 杰 周 彤

〔日〕今井寿枝 冈智之 野畑理佳 滨田亮辅 苞山武义

守屋三千代 山本美纪

插 图：高村郁子 押尾和美

《综合日语》（第四册）（第三版）编者

中方（汉语拼音序）

何 琳（首都师范大学）

冷丽敏（北京师范大学）

刘 健（首都师范大学）

彭广陆（北京理工大学）

孙佳音（北京语言大学）

王轶群（中国人民大学）

杨 峻（北京语言大学）

周 彤（北京大学）

日方（五十音序）

今井寿枝（国际交流基金会关西国际中心）

野畑理佳（武库川女子大学）

滨田亮辅（浙江师范大学）

守屋三千代（创价大学）

山本美纪（同济大学）

前　言

　　《综合日语》（第一——四册）是面向中国高等院校日语专业基础阶段核心课程的教材，由中日两国从事日语教学与研究的专家学者全面合作编写。自2004年第一版、2009年修订版问世以来，受到国内外日语界的广泛关注和好评，成为众多高校日语专业的首选教材。

　　本教材以立德树人教育理念为指引，跟进新时代外语教育教学发展的步伐，不断更新、优化教材编写理念，反映时代的特点。本次修订注重并借鉴了语言学、外语教育学、学习理论、第二语言习得理论等学术研究的前沿性成果，同时，关注外语教材的时效性，以及互联网时代年轻人的认知特点等。期待本教材能够为日语专业培养学生的语言能力、跨文化交际能力，以及正确价值观的引领，提供有效的学习范本与素材。

　　本次修订工作在减轻学习负担等方面做了"减法"，在此前提下，保留了原教材以下特色：

　　(1) 关注语言的功能和意义；

　　(2) 关注语言情境的真实性；

　　(3) 关注文化因素，讲好中国故事；

　　(4) 通过生动有趣的故事情节、鲜明的人物个性表现语言特点；

　　(5) 关注以汉语为母语的中国日语学习者的学习特点；

　　(6) 关注作为日语学科专业日语学习的特点；

　　(7) 关注学生日语学习的全过程。

　　《综合日语》（第三版）保持了修订版的主要框架，以课文、解说、练习为主教材的基本结构，以内容、话题、功能等多条主线为编写大纲，为不同教学方法提供优质教学资源，给教师提供较大的发挥空间。

　　《综合日语》（第三版）修订原则如下：

　　○课文修订

　　保留大部分课文，对个别内容时效性较强的课文或段落、语句进行了调整和改动，使其整体更加完善，与时俱进。

○解说修订

精简内容，表述简洁化，形式上突出重点，尽量减轻阅读负担。同时增加反映相关学术领域最新研究成果的内容。

○练习修订

精准指向学习重点内容，完善课前、课堂学习活动。

○增加配套学习手册

学习手册供学生自主学习使用，由"课前学习""课后学习""自我检测"三个部分组成。

"课前学习"用思维导图等直观、简洁的方式展示各单元重点学习内容，帮助学生通过观察、思考、实践完成语言知识的自主学习，为课堂上更多地开展学习活动、解决问题做好准备，为翻转课堂、混合式教学等教学方式提供有效的支持。

"课后学习"帮助学生梳理各单元重点学习项目，对学习情况进行自我评价。

"自我检测"主要由原练习册的内容组成，帮助学生查漏补缺。

○增加配套教学参考用书

教学参考用书对于每一课都有针对性地提出教学目标、重点及难点，对于语法、词汇等做深度解读，并提出了示范教学思路。此外，还配有课文翻译、练习答案等教学资料。

○增加配套教学课件

教学课件提供课堂教学基本内容、课堂活动示例等，为教师教学的动态更新、优化教学内容提供有效资源。

○充分利用公共网络平台分享优质学习资源

通过公共平台分享大量原创初、中级日语语法教学视频、《综合日语》课文解说，以及反映时代特点的听力、阅读等学习资源，为学生自主学习提供强有力的支援。

《综合日语》（第三版）超越了固定模式，打破了"纸质"的限制，成为动态、多模态的系列教材。

《综合日语》（第三版）更加符合时代发展的需求，满足互联网时代学习者的需求，符合新时代学习者的学习特点与学习风格。"动态教材"的模式能够针对学习者的需求做出及时的反应，使本教材成为最贴近学习者的教材。

衷心感谢广大教师与学习者对本教材的厚爱，希望《综合日语》（第三版）能够伴随更多学习者轻松、愉快地学习日语。

《综合日语》（第三版）编者

2022年5月20日

登場人物

王　宇翔

京華大学 3 年生・東西大学に交換留学中

国際関係学部　吉田ゼミ所属　空手部所属

北京の仲間

高橋　美穂	京華大学 1 年生
李　　東	京華大学 4 年生

ゼミの先生と仲間

東西大学の人々

［吉田ゼミ］（異文化コミュニケーション）

吉田先生	国際関係学部教授
三好学	4 年生　（テニス部副部長）
劉芳	4 年生
木村あゆみ	4 年生

空手部の仲間

マイク・スミス	3 年生	アメリカ出身（国際関係学部　空手部副部長）
小川	4 年生	（空手部部長）
大山	1 年生	（文学部心理学科）

留学生の仲間

マリー・ギャバン	3 年生	フランス出身（女性）
チャリヤー・アンパーポン	3 年生	タイ出身（女性）
朴・ユンジョン	3 年生	韓国出身（男性）

目　次

第1課　コミュニケーション

学習目標

ユニット1　会話
(1) チャット等、会話するように書くコミュニケーションにおける終助詞「ね」「よ」を含む発話について、イントネーションを適確にイメージし、意図を理解することができる。
(2) 否定の形式をより深く理解して使うことができる。
(3) 談話の中の気づきの表現を理解して使うことができる。
(4) 友達同士で日本語のメールのやりとりをすることができる。

ユニット2　読解
(1) 投書を読んで、その内容について理解することができる。
(2) 段落を意識し、文章構成が理解できる。
(3) 限られた字数で自分の意見の理由を簡潔に伝えることができる。

★ よくチャットをしますか。誰としますか。
★ チャットをするとき、気をつけていることがありますか。

（札幌の雪祭り、沖縄首里城の雪像の前で）

ユニット1　会話

チャット

10：02

🧑 明けましておめでとう！

👩 新年快乐！　今年もよろしくね。

🧑 こちらこそ！　この間、雪祭り、行って来たんだ。

👩 札幌の？

🧑 そう。三好さんたちと行ったんだけど、超きれいだった！

👩 いいなぁ。

🧑 でも、寒かった～。長春ほどじゃないけど。

👩 スキー、トライした？

🧑 うん。でも、滑るそばから大転倒！　3分で雪まみれだよ。

👩 見たかったなあ、雪祭り。私も1月にハルビンに行ったじゃない？　冻死了!

🧑 だから、ハルビンは寒いよって言ったじゃない？

👩 でも、人気のスポットだし、ほんとにきれいで、もう感激！

🧑 そうなんだ。

👩 あ、やっぱり行ったことあるんじゃない？　さすが、長春出身！

🧑 え？　ないよ。

👩 ほとんど地元なのに？

🧑 うん 😊

👩 そうそう、鈴木さんが氷のパンダに激突した！

🧑 パンダ、かわいそう……

👩 私もハデに転んじゃって。それなのに美咲ときたら、心配するのは鈴木さんのことばっかり……

🧑 えっ、そうなの？

👩 最近ね、あの二人、すっごく仲良しなのよ。

へえ。

あ、ご両親から春節のカードをいただいたよ。

高橋さんのも来たよ。すごくセンスよくて感動！

でしょ😊　そうだ、空手部の合宿、どこになった？

沖縄！

沖縄！？

那覇国際大と練習試合もするんだ。マイクなんか毎日猛練習してるよ。

王さんも試合に出るの？

さあ、どうでしょう……

あ、ポップカルチャーの専門家に、沖縄は最高かも。

なんで？

行けば分かるよ！

教えて〜！

沖縄って夜にはよく誰かの家に集まって、歌ったり踊ったりするんだって。

おもしろそう！　若い人も？

そう！

こういう習慣から沖縄のポップカルチャーが生まれたんじゃないかなあ。あ、向こうの学生と、コンパ、することになってた！

チャーンス！

なんか、すっごく楽しみになってきた！

パフォーマンス、両方とも頑張ってね。

両方？

そう、試合も、歌とか踊りも。

無理だよ。秧歌じゃないんだから。

あ、もう行かなくちゃ。ごめん、またね！

うん、バイバイ！！

解説・語彙

1. -まみれ

「まみれ」接在名词之后，表示"沾满……，浑身是……"，常见的说法有「泥まみれ」「血まみれ」「汗まみれ」等。例如：

> （1）うん。でも、滑るそばから大転倒！3分で雪**まみれ**だよ。
> （2）小さい頃は、よく泥**まみれ**になって弟と遊んだものだ。
> （3）父は、自動車整備工場で毎日油**まみれ**になって働いている。

2. ハデ

在面向年轻人的杂志或年轻人之间的交流中，常会见到类似「ハデ(派手)」这种将常用汉字用片假名表示出来的例子。有学者统计，这种新流行的标记法常见于表示状态、性质的词汇 (如「キレイ(綺麗)」「ステキ(素敵)」「カッコイイ(格好いい)」等) 以及表示感情、感觉的词汇 (如「イヤ(嫌)」「コワイ(怖い)」「アツイ(暑い)」等)。这种标记法是年轻人特有的用法，强调年轻人特有的感觉、感性和感情。例如：

> （1）私も**ハデ**に転んじゃって。
> （2）サーファーの**ステキ**な彼にドキリ。
> （3）遠くまで行くのも**イヤ**だし、暑いのも**イヤ**。

解説・文法

1. Ｖそばから＜先后发生＞

意义：表示即使反复做该动作，也总是会很快出现后句表达的结果。说话人带有无奈、困惑的语气。

译文：总是刚刚……就……

接续：动词的词典形／动词的"た形"＋そばから

说明：注意后项不能使用判断、推测、命令、意志等表达方式。

> (1) 滑る**そばから**大転倒！
> (2) この商品は人気があって、用意する**そばから**次々と売れていきます。
> (3) あの子は聞いた**そばから**忘れるから、注意しても無駄だ。
> (4) ダイエットをすると言った**そばから**、ケーキに手を伸ばしている。

2. Nときたら＜话题＞

意义： 提出话题，后句陈述说话人关于此话题的否定性评价或具有消极意义的事实，多用来表示说话人的不满、责怪、批评。

译文： 说起……

接续： 名词＋ときたら

> (1) それなのに美咲**ときたら**、心配するのは鈴木さんのことばっかり……
> (2) あの人の言葉**ときたら**、ひどいものだ。
> (3) 隣の家**ときたら**、毎日けんかが絶えない。
> (4) 今年の天気**ときたら**、夏は涼しいし、冬は暖かいし、いったいどうなっているのでしょう。

解説・会話

1. 网络聊天的语言特点

　　尽管在网络上进行的对话采用的是文字语言形式，但由于它与口语的语音形式非常接近，而且大多是关系很好的朋友之间就相互非常熟悉的话题进行交谈，因此与通常的会话一样，甚至比其更多地使用省略表达方式，语序的自由变更、独词句等现象也很常见。

　　当然由于没有语音语调等语音特征的传递交流，围绕上述用法的误解也时有发生。

　　另外，网络聊天的时候，有时会使用表情符号、绘画符号等。

2. 语气助词「ね」和「よ」的语调对比

　　（1）「ね」

　　语气助词通常多读升调，其中「ね」多用于表示与听话人掌握相同的信息或关于某事具有相同的认识，这种用法反映说话人非常在意听话人的存在，说话人在与听话人共同构建语篇。不过，当说话人不要求听话人给予回答时，「ね」则读降调，它反映说话人并未关注听话人的存在。语气助词「ね」读降调的用法并非典型用法。

　　（2）「よ」

　　语气助词「よ」与「ね」的用法不同。当不要求听话人进行某一行为或没必要特别顾忌听话人时，它通常表示答应对方的要求，或表示所述内容不言而喻。总之，使用「よ」时，一般不太顾忌听话人的存在，因此通常读降调。但实际上，读降调的「よ」容易显得语气强硬，会使听话人感到无所适从，所以也常使用升调的「よ」表示对听话人的关注。

3.「じゃない」的用法及其语调

　　「じゃない」的用法大致可以分成两种：①表示所谓否定的「じゃない」；②主张没有否定的余地，即表示强烈肯定的「じゃない」。后者在形式上是否定的，但实际上表示毋庸置疑的肯定，即使是说话人也无法对上述内容进行否定。

　　1）一般性的否定。换成「ではない」意思也不会发生变化。通常读降调，「な」是声调核（高读的部分到「な」为止）。例如：

> （1）でも、寒かった〜。長春ほど**じゃない**けど。

　　2）向听话人强调所陈述的内容并非否定性的，且无否定的余地。「じゃない」表达这个意思时一般读降调，其语气相当肯定。也可以读成升调，表示确认的语感。当说话人的意见与听话人的意见相左时，则带有责备的语气。例如：

> （2）だから、寒いって言った**じゃない**？
> （3）わかったって言ってる**じゃない**、しつこいなあ。

　　与之相反，有时可以表示鼓励的意思。例如：

> （4）うまくなくたっていい**じゃない**？

　　3）虽然强调所陈述的内容没有否定的余地，但读成降调则语气太强硬，因此有时读成升调，表示向听话人进行确认的语气。例如：

(5) 沖縄って中国と交流が深い土地柄じゃない？

　　4）与听话人是否掌握该信息无关，只是将陈述内容作为语篇的前提加以提示。此时「じゃない」读升调。例如：

(6) 私、１月にハルピンに行ったじゃない？

4. 想起或转换话题的表达方式

　　在谈话过程中，说话人想起与话题有关的事情，并想表达出来时，可使用叹词「あ」等词语，以顺利地改变谈话的走向。例如：

(1) **あ**、向こうの学生と、コンパ、することになってた！
(2) **あ**、いいこと、思い出した！

$$\boxed{練\ 習}$$

A　内容確認

(1) このチャットはいつごろのものだと考えられますか。
(2) 王さんは北海道に行って、どんなことをしましたか。
(3) 王さんは札幌を寒いと感じましたか。
(4) 高橋さんはハルビンの雪祭りに行ってどんな感想を持ちましたか。
(5) 高橋さんは王さんがハルビンの雪祭りに行ったことがあると思いました。
　　それはなぜですか。
(6) 美咲さんと鈴木さんが仲良くなったことはどんなことから分かりますか。
(7) 高橋さんは王さんから春節年賀状をもらいましたか。
(8) 王さんは高橋さんから春節年賀状をもらいましたか。
(9) 王さんたちの空手部の合宿はどこで行われますか。
(10) 王さんは空手の試合に出ますか。それはどんな言葉から分かりますか。
(11) 高橋さんはなぜ沖縄がポップカルチャーの専門家にとって最高だと言っ

ていますか。

(12) 高橋さんはなぜ沖縄に行くとポップカルチャーのことが分かると思ったのですか。

(13) 王さんが「向こうの学生と、コンパ、することになってた」と言うと、高橋さんは「チャーンス」と言いました。それはなぜだと思いますか。

(14) 王さんは沖縄に行くのをとても楽しみにしています。それはなぜですか。

(15) 高橋さんが言った「パフォーマンス」とはどんな意味ですか。また、王さんがする「パフォーマンス」とは具体的にどんなことですか。

B　文法練習

1. 次の①②は（　）の中の言葉を正しい順番に並べてください。③は文を完成させてください。

(1) Vそばから

① (と・を・風邪・言った・引かない・そばから)

めったに＿＿＿＿＿＿＿＿＿＿＿＿＿＿＿＿風邪を引いてしまった。

② (を・そばから・聞いた・名前・忘れてしまう)

紹介された人が多くて、＿＿＿＿＿＿＿＿＿＿＿＿＿＿＿＿。

③ この商品は人気があるので、入荷したそばから＿＿＿＿＿＿＿。

(2) Nときたら

① (の・ときたら・最近・若者)

＿＿＿＿＿＿＿＿＿＿＿＿＿＿＿＿、スマホばかりいじっている。

② (に・とき・乗りたい・来てくれない)

このバスときたら、＿＿＿＿＿＿＿＿＿＿＿＿＿＿＿＿。

③ うちの母ときたら、＿＿＿＿＿＿＿＿＿＿＿＿＿＿＿＿。

C　会話練習

1．ポイント：終助詞のイントネーション

「今年もよろしくね」

モデル会話

木村（日本人学生）、劉（中国人留学生）、朴（韓国人留学生）

木村：もうすぐ①<u>春節</u>ね。日本にはないから、劉さん、さびしいでしょう。

劉　：うん。でも、もう慣れたけど。

木村：よかったら、大みそかにみんなで留学生会館に集まってお祝いしない？

朴　：賛成。韓国でも新暦と旧暦と両方でお正月をするんだよ。

木村：そう。韓国ではどんなお料理をお正月に作るの？

朴　：いろいろあるけど……②<u>そうだね</u>、例えば、韓国式雑煮とか。

劉　：③<u>韓国式のお雑煮ね</u>……。どんなものが入ってるの？

朴　：牛肉のスープに韓国のお餅や野菜、卵や海苔が入ってるんだよ。

劉　：おいしそう。私はまたギョーザを作ろうかな。

木村：じゃ、朴さんはお雑煮、劉さんはギョーザ。④<u>楽しみにしてるね</u>。

ここをおさえよう！

(1) 下線部①と③と④の「ね」のイントネーションは上昇ですか、それとも下降ですか。それはなぜですか。

(2) 下線部②の「ね」は下降イントネーションとなりますが、それはなぜだと思いますか。

✿言ってみよう！

　次の会話の下線部をイントネーションに気をつけて読んでください。

(1) Ａ：<u>いい天気だね</u>。気持ちが<u>いいね</u>。

　　Ｂ：うん。ちょっと遊びに<u>行きたいね</u>。

(2) Ａ：明日、一緒に映画に<u>行こうね</u>。

　　Ｂ：うーん、どうしようかな、実は宿題が<u>終わらなくてね</u>……。

(3) Ａ：今度の日曜日、うちでギョーザパーティーをするから、<u>来てね</u>。

　　Ｂ：<u>日曜日だね</u>。きっと行くから、<u>よろしくね</u>。

(4) Ａ：あ、そのパソコン、<u>かっこいいね</u>。

　　Ｂ：うん、<u>それがね</u>……。かっこはいいけど、すぐ壊れるんだ……。

　　Ａ：それは<u>困るね</u>。

❧正しいのはどっち？

　（　　）に「ね」か「よ」、「よね」を入れて、会話を完成してください。後でイントネーションに気をつけて発音してみましょう。

劉　　：春節のパーティーをするという話、もう聞いた？

三好：うん、王さんから聞いた（①）。楽しそうだ（②）

劉　　：うん。一人一品持ってきてほしいんだ。よろしく（③）。

三好：えっ、僕も参加していいの？

劉　　：もちろん。

三好：じゃあ、僕、チーズケーキを持っていく。劉さんも好きだ（④）。

劉　　：わあ、ありがとう。それ、自分で作るの、それとも買って来るの？

三好：作るんだ。僕のチーズケーキはおいしいんだ（⑤）。

劉　　：わあ、うれしい。三好さん、すごい（⑥）。

三好：僕の実家はパン屋なんだ。だから僕も作れるんだ（⑦）。

劉　　：ふーん。じゃあ、きっとおいしいんだろう（⑧）。

三好：もちろん。劉さんは？

劉　　：王さんとギョーザを作ることになってるんだ。

三好：それはおいしそうだ（⑨）。

❧発展練習：会話しよう！

　上の会話を参考にして、3、4人のグループを作って、春節のパーティーを開く準備について会話をしましょう。

2. ポイント：否定の意味になる「じゃない」と強い主張を表す「～じゃない」

「長春ほどじゃないけど」

「ハルビンは寒いよって言ったじゃない」

モデル会話

木村：英語の宿題、明日のお昼までだったよね。

劉　　：ううん、明日①じゃないよ。

木村：ええっ、水曜日まで②じゃない？

（掲示板を見て確認する）

木村：劉さん、やっぱり、宿題は明日まで③じゃない！

劉　　：わあ、どうしよう。

ここをおさえよう！

(1) ①から③までの「じゃない」のうち、否定を表すものはどれですか。

(2) 否定を表すものと否定を表さないものとでは、「ない」のアクセントにどんな違いがありますか。

♣言ってみよう！

次の下線部の「じゃない」のアクセントに気をつけて言ってください。

否定の意味なら「な」を高く「い」を低くして、強い主張なら高さを変えないで言ってください。

(1) 木村：あーあ、昨日の試験、全然できなかった。

三好：80点だった①じゃない。気にしなくてもいいよ。

木村：え、80点②じゃないよ。60点だよ。

三好：それでも平均点に届いているからいい③じゃない。

木村：そうかなあ。

(2) 劉　：朴さん、スマホ、①ここにあるじゃない。

朴　：ううん、②それじゃないんだ。

三好：ちょっと、そのスマホ見せて……　ああ、これ、③王さんのじゃない。

(3) 劉　：昨日あんなに来てってお願いしたのに、どうして来てくれなかったの？

三好：僕、行けないって言った①じゃない。

(4) 王　：そのアクセサリー、すごくいい①じゃない。

マリー：え、ほんと？　これ、特別いいもの②じゃないんだけど。

(5) マイク：準備はどう？

王　：準備って？

マイク：もうすぐ沖縄で空手の試合①じゃないか。その準備だよ。

王　：でも、試合に出られるかどうか、まだわからないよ。

マイク：王さんなら、きっと大丈夫に決まってる②じゃない。

王　：そうかなあ。

11

3. ポイント：聞き手の発言に注意を向ける「え（っ）」と、話し手自身に関する気づきの「あ（っ）」

「えっ、そうなの。」

「あ、ご両親から春節のカードをいただいたよ。」

モデル会話

（空手部の練習の前に）

王　　　：マイクさん、合宿の場所、決まりましたか。

マイク：うん、日本でたぶんいちばん暖かいところだよ。

王　　　：<u>えっ</u>……ああ、沖縄ですか。楽しみだなあ。

マイク：僕も楽しみにしてるんだよ。何といっても、空手の本場だしね。

王　　　：<u>①あ、そうなんですか</u>。僕たちの流派も沖縄でできたんですか。

マイク：うん。今回は沖縄東西大学と交流試合もするんだよ。

王　　　：すごいですね。あ、そうだ。僕は試合には出なくていいですよね。

マイク：もちろん。

王　　　：助かった！

マイク：出る！

王　　　：<u>②えっ、そうなんですか</u>。あ、マイクさん、それ冗談でしょう。

マイク：ううん、今年は全員出場って、決まったんだ。

王　　　：<u>えっ</u>、どうしよう……。

ここをおさえよう！

(1) 王さんはどんなときに「え（えっ）」と言っていますか。

(2) 王さんはどんなときに「あ（っ）」と言っていますか。

(3) 王さんの言葉の2箇所の下線部①「あ、そうなんですか」と②「え、そうなんですか」を逆にすると、王さんの伝えたいことはどのように変わりますか。

♣正しいのはどっち？

　次の会話の（　）に「あ（っ）」か「え（っ）」を入れて話してください。ただし、④はどちらも入ります。

中村：今日は三好さんの発表の予定だったね。

三好：（　①　）、そんなことないよ。ね、木村さん？

木村：ううん、今日の発表は三好さんだよ。

三好：えーと（　②　）、そうか！　朴さんに頼まれて代わりに発表すること
　　　になったんだっけ。どうしよう、準備してないよ。

先生：おはようございます。さ、始めましょうか。今日は朴さんの発表で
　　　したね。

三好：はいっ！　確か、そうでした。ぱ、朴さんでした。ね、中村さん。

中村：（三好の言葉に驚いて）（　③　）？！（三好が準備していないことを思い
　　　出して）（　④　）、そうそう、朴さんでした。

先生：なんだかみんな変ですねえ（手帳を見る）今日は三好さんの発表じゃ
　　　ないですか。

三好：先生、すみません。実は、準備ができていないんです。

先生：（　⑤　）？！　何ですって?!

D　総合練習

チャットやメールでやり取りしましょう

【ステップ1】

　次のチャットのメッセージを読んでください。

王宇翔

三好

王くん、お願い！

借りてた中国の雑誌、まだ読み終わってないんだ。

東京に帰ってくるまで、返すのを待ってもらえないかな。ごめんね。

いよいよ沖縄合宿で試合だね。怪我しないように頑張って！

僕も今度の試合、頑張るよ！

【ステップ2】

　王さんの代わりに上のメッセージに返事してください。書いたら、周りの人
と比べてみましょう。

【ステップ3】

　次の方法で、チャットとメールの違いを意識して、みんなでメールのやり取りをしましょう。

準備：

1. あなたは日本の文化や日本語などの愛好会のメンバーです。日本人留学生とパーティーを開きます。まず、例に従ってそのパーティーの目的を決めてみましょう。次にその目的に合わせて、いつ、どこで、どんなことをするか、費用はいくらぐらいにするか、どう払うかなどについて、決めて表に記入してください。

例

目的	第一回目の会なので、1：名前を覚える 　　　　　　　　　　2：友だちを作る 　　　　　　　　　　3：双方の文化の紹介と同時に自己紹介をする
日時	10月23日金曜日（14：00〜16：00）
場所	208教室
活動	1．全員身の回りのものを持ってきて、それを見せながら自己紹介をする。 2．食べながらおしゃべりをする（費用一人20元くらい）。 3．誰でも知っていそうな歌の歌詞を中国語・日本語で用意し、一緒に歌う練習をする。
用意するもの	名札・飲み物・お菓子・果物・ゴミ袋 歌詞のコピー

準備を書き出してみましょう。

目的	
日時	月　　日　曜日（　：〜　：　）
場所	
活動	
用意するもの	

2. あなたのハンドルネームを決めてください。

例：元気パンダ、ミーミーキャット

手順：

（1）例を参考に1で記入した準備の表を見ながら、実際にメールを3枚書いてみましょう。（下の部分に記入してから、2枚コピーしてもよい）

(2)　１のメールの文書３枚を先生に渡してください。

(3)　先生はあなたからのメールをクラスの人３人に渡します。誰に渡すかは、先生しか知りません。先生にはあなたのハンドルネームを知らせておいてください。

(4)　３枚メールの紙をもらったら、いちばんおもしろかった誘いのメールに行くという返事を、あとのメールには理由を考えて、断りの返信を書いて先生に渡してください。

(5)　先生は返事の紙を発信者の学生に渡します。あなたも３枚の返信を受け取ります。どんな返信がきましたか。

例：

宛先：○○○○さま
CC　：日本留学生会会長　高橋美穂さま
件名：交流会へのお誘い
○○○○さま 来週の金曜日、以下のよう中国人と日本人の交流会が行われます。 一緒に参加しませんか😊 日時：10月23日金曜日（14：00〜16：00） 場所：208教室（費用　20元くらい） 　　　当日は、全員「中国や日本を紹介できるものを一つ持ってきてください」とのことです。 　　　私は中国伝統の布の靴を持って行くつもりです。 　　　また、中国語と日本語の歌も歌うそうです。きっと楽しいと思います。 　　　ぜひ、一緒に行きましょう。 　　　　　　　　　　　　　　　　　　　　　　　　　　　　　　　　元気パンダ

宛先：
CC　：
件名：
    　　　　　　　　　　　　　　　　　　　　　　　　（あなたのハンドルネーム）

この上の部分まで書いたら、先生に渡してください。

下の部分には、友だちが書いた上のメールに対しての返事を書きましょう。

宛先 :
CC　 :
件名 :

（あなたのハンドルネーム）

ユニット2　読解

投書 −若い世代から−

(1) 電子決済の使い方を見直そう（会社員 23歳）

　電子決済とは、現金の受け渡しをせず、デジタルデータの送受信によって決済をする方法で、「キャッシュレス決済」という言葉でも知られています。電子決済は私たち日本人の生活においてかなり身近なものとなってきました。一昔前はクレジットカードぐらいしかありませんでしたが、今では交　5
通カードやスマホのアプリなども含め、実に多くの種類があります。

　カードやスマホがあれば、現金を持ち歩かなくても、必要なときに必要な物を簡単に購入することができます。また、スマホアプリでの電子決済ではポイントを貯めたり、クーポンを使って割引料金で買えたりするというメリットもあります。しかし、便利である反面、それほど必要のない物や高額な　10
物を値段を意識しないで買ってしまうということが起こりがちです。また、お店によって使える決済方法が限られていたり、停電やトラブルが起こったときには決済できなくなったりするというデメリットもあります。

　実は、私は、家族や同僚からは時代遅れと言われていますが、電子決済を使わない、つまり現金主義者なのです。財布の厚みや重みを手に感じない　15
と、お金を使った気がしません。現に電子決済で買いすぎたために、消費者金融から借金をし、さらにその借金のために犯罪に走る人もいることが報道されています。電子決済をめぐるトラブルは今後も絶えないでしょう。

　電子決済が使えなくなるとしたら、今はもう不便を感じる人のほうが多いでしょう。しかし、現実のお金の「重み」を忘れることなく電子決済を利用　20
すべきではないかと思います。

(2) 教室でもっと発言を（大学生 19歳）

　大学に入って、1年が経った。今日も教室は後ろの方から埋まっていく。この1年を振り返ってみると、いつもそうだった。それには二つの大きな理　25
由があるのではないだろうか。

　まず、大学の教師が、学生に発言を求めることがあまりにも少ないということである。そして、学生の方も、教師に指名されるのを恐れているのか、目立たない場所にいたいという気持ちがあるのか、いつも後ろの方の席にかたまりがちであることだ。　30

35　　私は、父の仕事の関係で、高校の2年間を海外で過ごした。そこでは一クラスの生徒数は少なく、授業はあくまで生徒中心だった。私たち生徒は、常に授業に真剣に取り組まねばならず、教室では自分の考えや意見をためらわずに述べていた。

　　ところが、日本の高校では教師が一人で授業を進めている。例えば、英語
40　の授業では教師が教科書を読み、日本語に訳して重要な表現を説明するだけで終わってしまう。英語の授業なのに、生徒は一言も英語を話すことがない。さすがに大学ではこんな授業は見られないかと思ったら、信じがたいことに大学も高校の延長にすぎなかった。授業中、寝ている人や授業とは関係のない本を広げている人がいても、周りの人に迷惑になるような大声で話し
45　ていない限り、注意されることもない。

　　たしかに、日本の学校は一クラスの人数が多いので、皆が積極的に自分の考えを述べることは難しいだろう。しかし、そういう状況の中でも、自分の意見を持ち、それを発言する勇気が必要ではないだろうか。自分という独立した人間が、自分だけの意見を持つことで、社会の中での自分の存在を再確
50　認できるはずだ。自分という存在を自覚するためにも、少し勇気を出して、積極的に発言していこうではないか。

解説・語彙

1. あまりにも

　　「あまりにも」是副词，表示程度之高，可译为"太、过于"。例如：

> （1）まず、大学の教師が、学生に発言を求めることが**あまりにも少ない**ということである。
>
> （2）**あまりにも**欠席者が多かったので、パーティーは盛り上がらなかった。
>
> （3）この計画を実行するには**あまりにも**問題が多すぎる。

2. さすがに

　　「さすがに」表示虽然认可某个事实，却有与之相反的心情，可译为"虽

然……但是"。例如：

> (1) **さすがに**大学ではこんな授業は見られないかと思ったら、信じがたいことに大学も高校の延長にすぎなかった。
>
> (2) 「自分でやれ」と言いたかったが、**さすがに**言えなかった。
>
> (3) 笑ってはいけないと思いつつも、**さすがに**我慢できず、大笑いしてしまった。

解説・文法

1. 〜反面＜相反的两面＞

意义：叙述某一事物同时具有的完全相反的两种性质。

译文：另一方面，……；与之相反，……

接续：动词、形容词的连体形＋反面　　名词／Ⅱ类形容词词干＋である＋反面

> (1) 便利である**反面**、それほど必要のない物や高額な物を値段を意識しないで買ってしまうということが起こりがちです。
>
> (2) 旅行は楽しい**反面**、トラブルの不安も常にある。
>
> (3) スマホは大変便利な道具である**反面**、様々な危険性も秘めている。
>
> (4) 長い髪を切るときは、どんなふうになるかと心配な**反面**、新しい自分に会える期待もある。
>
> (5) アルバイトは社会勉強になる**反面**、学業がおろそか[疏忽；马虎]になってしまうことも多い。

2. Nをめぐって／めぐる＜中心点＞

意义：表示多人就某一中心问题进行讨论、议论、争议。

译文：围绕……；就……问题

接续：名词＋をめぐって

说明：后接名词时，用「N₁をめぐるN₂」的形式。

（1）電子決済を**めぐる**トラブルは今後も絶えないでしょう。

（2）インターネットを**めぐる**諸問題について検討したいと思う。

（3）教育改革を**めぐって**、さまざまな議論が起きている。

（4）今まで仲のよかった家族が遺産を**めぐって**争っている。

3.　～としたら＜假定条件＞

意义：表示假定条件，即假定前句所述的情况成为事实，后句表达说话人在此基础上进行的判断、推测或提出的疑问。

译文：如果……；假设……

接续：简体句子＋としたら

（1）電子決済が使えなくなる**としたら**、今はもう不便を感じる人のほうが多いでしょう。

（2）報道されていることが事実だ**としたら**大変なことになる。

（3）生まれ変わる**としたら**、男か女か、どちらが良いですか。

（4）もしあの人のことを本当に愛していた**としたら**、あんなひどいことはしなかったでしょう。

4.　Ｖることなく＜未实行＞

意义：表示在该动作不实行或未实行的情况下进行后面的动作。

译文：不（做）……

接续：动词的词典形＋ことなく

说明：与「Ｖないで」意义相同，也用「こともなく」的形式。为书面语。

（1）現実のお金の「重み」を忘れる**ことなく**電子決済を利用すべきではないかと思います。

（2）失敗を恐れる**ことなく**、どんどん挑戦していってください。

（3）二人は長く付き合っていたが、結局結婚する**ことなく**別れてしまった。

（4）日々の生活において、危険や不安を感じる**ことなく**安心して暮らせることは、誰もが望んでいることである。

5. 〜かと思ったら＜出乎意料＞

意义： 表示后句叙述的事实与前句叙述的说话人的推测不一致，表达说话人意外、惊讶的心情。

译文： 以为……，（结果）……

接续： 名词／简体句子＋かと思ったら

> (1) さすがに大学ではこんな授業は見られない**かと思ったら**、信じがたいことに大学も高校の延長にすぎなかった。
>
> (2) 雨**かと思ったら**、雪でした。
>
> (3) もっと高い**かと思ったら**、意外と安かった。
>
> (4) アニメの中だけ**かと思ったら**、そんな人が現実にもいるんですね。
>
> (5) やっとレポートが書き終わる**かと思ったら**、突然パソコンがフリーズした。

6. Ｖがたい＜难以实现＞

意义： 表示动作或状态难以实现。

译文： 难以……

接续： 动词的第一连用形＋がたい

说明： 前接动词多为表达心理、思考、语言行为等的动词。

> (1) さすがに大学ではこんな授業は見られないかと思ったら、**信じがたい**ことに大学も高校の延長にすぎなかった。
>
> (2) 田舎に憧れていますが、都会の生活も**捨てがたい**です。
>
> (3) 世代間に**超えがたい**ギャップがある。
>
> (4) これは十分に説得力のある説明とは**言いがたい**。

7. 〜ない限り＜否定性的唯一条件＞

意义： 表示否定性的唯一条件，即只要某一动作或状态未实现，则与之相关的另一事项也无法成立。

译文： 只要不……，就不……；除非……，否则不……

接续： 名词、动词、形容词的否定形式＋限り

(1) 周りの人に迷惑になるような大声で**話していない限り**、注意されることもない。

(2) 宝くじでも**当たらない限り**、こんな高級車はとても買えない。

(3) 自分ならどうするかというのは、**本人でない限り**わからないでしょう。

(4) いまの子供たちの心が**健康でない限り**、明るい未来なんて築けない。

(5) 特別な理由が**ない限り**、申し込み後にキャンセルはできませんのでご注意ください。

練　習

A　内容確認

(1) 投稿（1）の主張は何ですか。また、主張の根拠は何ですか。

(2) 投稿（2）の主張は何ですか。また、主張の根拠は何ですか。

B　文法練習

1. 次の①②は、aかbか正しいほうを選んでください。③は文を完成させてください。

(1) ～反面

　　①この薬はよく効く反面、＿＿＿＿＿＿＿。

　　　a.副作用が強い　　　　　　b.副作用がない

　　②一人暮らしはさびしい反面、＿＿＿＿＿。

　　　a.不便だ　　　　　　　　　b.自由で楽だ

　　③スマホが壊れてしまって困る反面、＿＿＿＿＿。

(2) ～かと思ったら

　　①さっきまで泣いていたかと思ったら、＿＿＿＿＿。

　　　a.また泣き出した　　　　　b.もう笑っている

②反対されるかと思ったら、＿＿＿＿＿＿＿。

　　a.励まされて、うれしかった　　b.ひどいことを言われて、嫌だった。

③今日は晴れてきたから暖かくなるかと思ったら、＿＿＿＿＿＿＿。

(3)　～ない限り

①練習しない限り、＿＿＿＿＿＿＿。

　　a.上達が速い　　　　　　　　　b.上達できない

②手術しない限り、＿＿＿＿＿＿＿。

　　a.薬さえ飲めば大丈夫だ　　　　b.病気は治らない

③自分に自信を持たない限り、＿＿＿＿＿＿＿。

2. 次の①②は（　　）の中の言葉を正しい順番に並べてください。③は文を完成させてください。

(1)　Nをめぐって／めぐる

①　（をめぐる・ネットショッピング・消費者トラブル）

　　＿＿＿＿＿＿＿＿＿＿＿＿＿＿＿＿＿＿＿を防止しなければならない。

②　（の・が・と・意見・与党・野党・をめぐって・対立している）

　　この問題＿＿＿＿＿＿＿＿＿＿＿＿＿＿＿＿＿＿＿＿＿＿。

③　＿＿＿＿＿＿＿＿＿＿＿＿＿＿＿をめぐって、様々な意見が出された。

(2)　～としたら

①　（が・を・そんな・としたら・こと・あの人・言っていた）

　　本当に＿＿＿＿＿＿＿＿＿＿＿＿＿＿＿＿＿＿、悲しいです。

②　（を・本当に・いた・尊敬して・としたら）

　　あの人のこと＿＿＿＿＿＿＿、あんな失礼なことを言わなかったでしょう。

③　そのときお金を持っていたとしたら、＿＿＿＿＿＿＿＿＿＿＿＿＿＿。

(3)　Vることなく

①　（休む・24時間・動き続けている・ことなく）

　　インターネットは＿＿＿＿＿＿＿＿＿＿＿＿＿＿＿＿＿＿＿＿。

②　（を・迷う・志望した・日本語学科・ことなく）

　　日本文化に興味があったので、＿＿＿＿＿＿＿＿＿＿＿＿＿＿。

③　1週間飽きることなく、＿＿＿＿＿＿＿＿＿＿＿＿＿＿＿＿＿。

（4）Vがたい

　①（は・がたい・もの・である・誤り・避け）

　　どんな人にとっても_____。

　②（には・がたい・もの・常識的・理解し）

　　ピカソのような人物の価値観は、_____です。

　③ 電気のない生活は今の私たちにとっては、_____がたいものだ。

C　発展練習

1. 次の　　　　から適切な言葉を選んで（　）に入れてください。

死を選ばずに友と生きよう（大学生 19歳）

　中学生の少女2人が一緒に自殺した。（　　　　）自殺に至るまでには、それだけの苦しみや葛藤があったのだろう。（　　　　）同じ10代として、踏みとどまってほしかったと思う。

> それでも　もちろん　たとえ　だからといって　したがって

　もちろん「自分の命だから、どうしようと勝手だ」と考える人もいるかもしれない。（　　　　）ある個人の存在は、その人だけのものではないはずだ。（　　　）ある日、唐突に大切な人が消えてしまったとしたら、どれほど苦しみ傷つくことだろう。自分の死が他者の人生まで狂わせることを考えてほしい。

> もしも　たしかに　そういえば　しかし　だからこそ

　私も、生きていることの意味が分からなくなり、疲れ果て、死のうと思ったことがある。そんな気持ちが救われたのは友だちのおかげだ。私は友だちと徹底的に意見をぶつけあった。答えなどないと分かっていても、生きている意味について一緒に考えた。（　　　）私には友だちという他者が必要であることを知ると同時に、友だちにとっても私が必要であることを知ったのである。

> それでも　それによって　それにしても　それに対して　それなら

　（　　　）悩み苦しむ友がいたら、相手とただ一体化するだけでなく、他者の存在を意識しつつ、自分と相手を救う道を考えたい。大切なのは、「個」を尊重すること。自分という個を尊重できれば、他者も尊重できるはずだ。傷をなめあうだけの関係ならば、それを友情と呼ぶのは悲しすぎる。

> それで　そして　それに　それには　それなら

D　総合練習

５つの言葉

【ステップ１】

　あなたにとって、人生にとっていちばん大切なものとは何ですか。辞書を引きながら、５つ以上、四角の中に書き出してみてください。

　

【ステップ２】

　ステップ１で書いた言葉の中から、いちばん大切だと感じるものを５つ選んでください。

―――――　―――――　―――――　―――――　―――――

【ステップ３】

　例を参考にステップ２で選んだ言葉を表に記入し、その理由を書いてみましょう。

順位	大切なもの	理由
1	正義	正しいことが公平に行われる社会でないと、個人が頑張っても幸せが来ないと思うからです。
2	健康	健康は幸せの基本だからです。
3	趣味	
4	愛	
5	富	

◎自分の表

順位	大切なもの	理由
1		
2		
3		
4		
5		

【ステップ4】

隣の人がどんな表を書いたのかを聞いて、下の表に書いてください。隣の人の表を見せてもらって写すのでなくて、お互いに聞き合って書いてみましょう。

◎隣の人の表

順位	大切なもの	理由
1		
2		
3		
4		
5		

【ステップ5】

自分の表と隣の人の表を比べて、気がついたことや思ったことを2つ以上書いてみましょう。書いたら、隣の人と意見を交換してみましょう。

気がついたこと

1：

2：

电脑及网络常用语

安装：インストール　　　　　打印：印刷

版本：バージョン　　　　　　打印机：プリンター

保存：保存　　　　　　　　　单击右键：右クリック

病毒：ウイルス　　　　　　　单击左键：左クリック

菜单：メニュー　　　　　　　多媒体：マルチメディア

插入：挿入　　　　　　　　　防火墙：ファイア・ウォール

查找：検索　　　　　　　　　访问：アクセス

初始化：初期化　　　　　　　服务器：サーバー

窗口：ウィンドウ　　　　　　复制：コピー

磁盘：ディスク　　　　　　　覆盖：上書き

错误：エラー　　　　　　　　格式化：フォーマット

打开：開く　　　　　　　　　关闭：閉じる

光标：カーソル，ポインター

黒客：クラッカー，ハッカー

回车键：リターン・キー

回收站：ごみ箱

记事本：メモ帳

剪切：切り取り

建立：作成

键盘：キーボード

空格键：スペース・キー

控制面板：コントロールパネル

口令：パスワード

快捷方式：ショートカット

连接：接続

乱码：文字化け

内存：メモリ

平板电脑：タブレット

屏幕保护程序：スクリーンセーバー

启动：起動，立ち上げる

墙纸：壁紙（かべがみ）

驱动程序：ドライバー

驱动器：ドライブ

取消：キャンセル

确定：確定，OK

容量：容量

软件：ソフトウェア，ソフト

扫描仪：スキャナー

杀毒软件：アンチウイルスソフト

删除：削除

上传：アップロード

设置：設定，セットアップ

升级：アップグレード，バージョンアップ

输出：出力，アウトプット

输入：入力，インプット

鼠标：マウス

鼠标垫：マウス・パッド

数据库：データベース

刷新：更新

双击：ダブルクリック

死机：フリーズ

图标：アイコン

网络：ネットワーク

应用软件：アプリ

云：クラウド

第2課　沖縄合宿

ユニット1　会話

（1）料理を例に動作（スル）と変化（ナル）の使い分けができる。

（2）条件の表現が正しく使える。

（3）自分の言い漏らしたことへの添加・補足や、相手の言い漏らしたことへの聞き返しができるようになる。

ユニット2　読解

（1）5W1H（いつ・どこで・だれが・なにを・なぜ・どのように）が整理できる。

（2）見聞や経験と、感想や意見とを区別して読むことができる。

（3）淡々と書かれた文章からでも、筆者の気持ちやユーモアを読み込むことができる。

⭐ あなたの得意料理は何ですか。

⭐ 日本料理と中華料理の違いは何だと思いますか。

（空手の型）

ユニット1　会話

めんそーれ

(東西大学空手部一行は那覇国際大学空手部と合同合宿をするために沖縄に行く。那覇空港で)

王　　　：ここが沖縄かあ。あったかいなあ！

マイク：海の青さといい、空気の爽やかさといい、同じ日本とは思えないなあ。

(那覇国際大学の顧問と部長が近づいて来る。小川が気づく)

小　川：あっ、比嘉先生！　お久しぶりです。

比　嘉：やあ、小川君。皆さん、めんそーれ！

小　川：今年もよろしくお願いします。那覇国際さんは、去年にも増してますます強くなったと聞いてますよ。

比　嘉：いやいや、東西さんこそ。強い1年生が入ったそうじゃありませんか。うちの大学はこのところ負けっぱなしでね。今度の試合はお手柔らかにお願いしますよ。

喜屋武：じゃあ、まず腹ごしらえにこの近くの市場にご案内します。1階で好きな食材を買ったら2階で料理してくれますから、向こうに着いたら各自食材を選んでください。

全　員：おす！

(市場の中を歩く。あちこちのお店が熱心に声を掛けてくる)

おばあ：お兄さん、何がいい？

大　山：んー、魚、食べたいんですけど、よく分からなくて……。

おばあ：それなら、いろんな種類をちょっとずつ選んだらどう？　これとこれと……。あ、そうだ。それから、あと、このイラブーも。

大　山：えっ、こ、これ、食べられるんですか。

おばあ：もちろん！　これ、海蛇ね。イラブー汁にするとおいしいんだよ。

大　山：（後ずさりする）海蛇？！　いやあ、いいっす……。

おばあ：じゃあ、これは？　ハリセンボン。こうなる前の姿がこれね。（皮
　　　　を剥ぐ前のものを見せる）

大　山：ぎゃああ！（青い顔でその場を離れる）

（2階の食堂）

店　員：お客さんたち、どちらから？　よかったら、これ、味見してって
　　　　よ。それから、ゴーヤーチャンプルーの作り方教えてあげるから、
　　　　こっちいらっしゃい。

マイク：わーい、ゴーヤーチャンプルーだあ！

店　員：（食材を示しながら説明する）はい、材料は、ゴーヤー、卵、鰹節、島
　　　　豆腐、ポーク缶詰、それと調味料。

王　　：ゴーヤーって、「苦瓜」とも言いますよね。中国では発音は違いま
　　　　すけど、同じ漢字を使うんですよ。

店　員：へえ。

王　　：それに、島豆腐って中国の豆腐に似てますねえ。きっと両方とも中
　　　　国から伝わったんだろうな。

店　員：ああ、そうかもね。じゃあ、炒める前に下ごしらえね。ゴーヤーは
　　　　縦二つに切って、中の種を取ったら、薄切りにする。そして、島豆
　　　　腐は手で大きくちぎっておく。……ポークは厚さ5ミリぐらいに
　　　　切って……と。

マイク：（少しつまみ食いする）うん！　これ、懐かしい味！

店　員：こらこら！　……卵は器に割ってよく混ぜておく。はい、下ごしら
　　　　えは終わり！　さあ、ここからは自分たちでやってみる？

マイク：はい！

店　員：まず、熱したフライパンに豆腐を入れて、よく火を通して……

マイク：はい。最初に豆腐を炒めるんですね。

店　員：……で、豆腐に火が通ったら、それを皿に取り出しておいて、（皿
　　　　を渡す）それから、フライパンをそのまま強火にかけて、ポークを入
　　　　れて、炒める。

マイク：豆腐を炒めたあとはポーク……と。（ポークをフライパンに入れる）

店　員：はい。それから、ゴーヤーを入れて、よく炒まったら軽く塩を振っ
　　　　て、味付けね。

マイク：（塩を入れながら）砂糖は入れないんですか。

店　員：そう。やまとの料理には何でも砂糖を入れちゃうんでしょ。砂糖が
　　　　入っていないのが沖縄料理の特徴なんだよ。

王　　：へえ、それも中華料理とちょっと似てますね。中華料理と日本料理
　　　　が混じったのが沖縄料理なのかなあ。

マイク：それとアメリカ料理もね！

店　員：最後に鰹節と卵を入れて混ぜて、火が通ったらできあがり。

王　　：わあ！　おいしそう！　冷めないうちに食べよう！

（王とマイクがゴーヤーチャンプルーを持って皆のところに行く）

王　　：お待ちどおさま！　あれ、大山さんは？

小　川：さっき青い顔して戻ってきて、先にホテルに行ってるって。

王　　：えっ、そうですか。どうしたのかなあ……。

解説・語彙

1. このところ

　　「このところ」可译为"近来""最近"，表示从说话时点之前开始到说话时点
的一段时间，句子谓语既可为非过去时，也可为过去时。例如：

> (1) うちの大学はこのところ負けっぱなしでね。
>
> (2) このところ、はっきりしない曇りがちの天気が続いているので、洗濯
> 　　物が干せなくて困る。
>
> (3) このところ忙しかったものですから、ちっとも電話しないでごめんな
> 　　さい。

2. いいっす

　　在本课中的「いいっす」表示说话人强烈的语气。大山在见到海蛇时，非常吃
惊，因此发出这样的感叹。其中的「っす」可理解为「です」的缩略形式，接在用言
终止形或体言之后，表示强调。例如：

> (1) 海蛇？！　いやあ、いいっす……。

这种用法仅出现在口语当中，且略感粗俗，大家听懂即可，不必模仿。

3. こらこら

本课中的「こらこら」是叹词，用于叫住对方或引起对方注意，此外还可表示责备对方的语气。一般不可以对上级或年长者使用。例如：

(1) **こらこら**！　……卵は器に割ってよく混ぜておく。
(2) **こらこら**、待って。
(3) **こらこら**、そこで何をしてるんだ。

解説・文法

1. N₁といい、N₂といい＜并列举例＞

意义： 列举具有并列关系的事物。

译文： ……也罢，……也罢；无论……还是……

接续： 「といい」接在性质相同的两个（或多个）名词之后

说明： 「N₁といいN₂といい」后续的内容常为发话人的评论或评价，表示其惊讶、感慨、钦佩、失望等感情。

(1) 海の青さ**といい**、空気の爽やかさ**といい**、同じ日本とは思えないなあ。
(2) テレビ**といい**、スマホ**といい**、一昔前に比べると機能が多くなったものだ。
(3) 職場の人**といい**、近所の人**といい**、みんな親切にしてくれてありがたい。
(4) 経験**といい**実力**といい**、彼以上の人はいない。

2. Nにも増して＜超过基准＞

意义： 表示超过该基准（多为某个时间段）的程度。

译文： 比起……更加……

接续： 时间名词（或代词、疑问词等）等＋にも増して

(1) 那覇国際さんは、去年**にも増して**、ますます強くなったと聞いてますよ。

(2) 教育、研究とともに、社会貢献が従来**にも増して**大学に求められている。

(3) AI技術はこれまで**にも増して**、人々の生活に浸透している。

☞ 「にもまして」前接疑问词如「いつにも増して、どこにも増して、だれにも増して、何にも増して」，其意义相当于「いつもより、どこよりも、だれよりも、何よりも」。

(4) いつ**にも増して**彼は元気がよかった。

解説・会話

1. 按照时间顺序简单介绍事情的进程

1) 「スル」与「ナル」

烹调或操作电脑等机器时多为"行为（开始）→变化→行为→……变化（完了）"这一顺序，在日语中呈现这种顺序往往与"他动词→自动词→他动词→……自动词"相对应，按照这种结构进行说明，内容简明易懂。例如：

(1) まず、熱したフライパンに豆腐を入れて、よく火を**通して**……で、豆腐に火が**通ったら**、それを皿に取り出しておいて、（皿を渡す。）それから、フライパンをそのまま強火にかけて、ポークを入れて、**炒める**。～それから、ゴーヤーを入れて、よく**炒まったら**軽く塩を振って、味付けね。

(2) まずお湯を**沸かします**。お湯が**沸いたら**麺を**ゆでます**。麺が**ゆだったら**スープを入れてできあがりです。

2) 时间和条件的表达方式

时间和条件的表达不仅通过连接的词语完成，还与句尾形式相呼应，这点需要注意。例如：

> （1）じゃあ、炒め**る前に**下ごしらえね。ゴーヤーは縦二つに切って、中の種を取ったら、薄切りにする。
>
> 豆腐を炒め**たあと**はポーク……と。
>
> はい。**それから**、ゴーヤーを入れて、よく炒まったら軽く塩を振って、味付けね。
>
> **最後に**鰹節と卵を入れて混ぜて、火が通ったらできあがり。

2. 补充的表达方式

表示补充时一般使用「それから」「あと」和表示突然想起某事的「あ」「そうそう」「そうだ」。「そして」「それで」等虽然意思相近，但一般不用于表示补充。例如：

> （1）これとこれと……。**あ、そうだ**。**それから**、**あと**、このイラブーも。
> （2）よかったら、これ、味見してってよ。**それから**、ゴーヤーチャンプルーの作り方教えてあげるから、こっちいらっしゃい。
> （3）すみません、これください。**あ、それから**、そのはがきも2枚お願いします。

3. 为让对方注意眼前的事物而不使用助词

在指示谈话现场的某个事物时，不使用表示话题的助词「は」等，可以把听话人的注意力吸引到该事物上去，还可以表示说话人的惊叹。这与单纯说明该对象为何物相比，能够取得更好的效果。例如：

> （1）えっ、**こ、これ**、食べられるんですか。
> （2）**この海蛇**、刺身にするとおいしいのよ。
> （3）よかったら、**これ**、味見してってよ。

練　習

A　内容確認

(1) 「あったかい」は会話で使われますが、ふつうはどう言いますか。

(2) 「めんそーれ」はどんな意味だと思いますか。またどんなときに使うと思いますか。

(3) 那覇国際大学空手部は、最近勝つことが多いですか。負けることが多いですか。

(4) 空手部員たちは市場に着いてからまず何をしましたか。

(5) 市場で、大山さんは沖縄にどんな習慣があることにびっくりしましたか。

(6) どうして王さんは古代から中国と沖縄に交流があったと考えたのですか。

(7) ゴーヤーチャンプルーの作り方を正しい順番に並べてください。

　　①ゴーヤーをフライパンで炒める。

　　②卵を割って、炒める。

　　③中の種を取ってゴーヤーを薄く切る。

　　④フライパンに島豆腐を入れて炒める。

　　⑤ポークを入れて、炒める。

　　⑥島豆腐を手でちぎる。

　　⑦塩を入れて、味をつける。

　　⑧缶詰のポークを５ミリに切る。

　　⑨鰹節と卵を入れて、混ぜる。

　　⑩島豆腐を一度皿に取り出す。

(8) 「ヤマト」の料理と沖縄料理はどんなところが違いますか。下線に文を入れてください。

　　「ヤマト」の料理は_____のに対し、沖縄料理は_____。

B　文法練習

1. 例を参考にして文を完成させてください。

　(1)　～といい、～といい

　　　①日曜日だから、_____といい、_____といい、どこも満員です。

　　　②_____といい、_____といい、このテレビは私の条件にぴったりだ。

③＿＿＿＿といい、＿＿＿＿といい、申し分ない夕食でした。

2. 次の①②は正しい順番に並べ替えてください。③は文を完成させてください。

（1）Nにも増して

① （が・にも・も・増して・父親・息子・腕・いい）

父親は料理の腕がいいが、＿＿＿＿＿＿＿＿＿＿＿＿＿＿＿＿＿＿＿＿。

② （にも・そのもの・いつ・真剣・増して）

その顔は＿＿＿＿＿＿＿＿＿＿＿＿＿＿＿＿＿＿＿＿＿＿＿だった。

③＿＿＿＿＿＿は今までにも増して重要になったと言わざるを得ない。

C　会話練習

1. ポイント：料理におけるスル表現（動作）とナル表現（変化）の使い分け

「まず、熱したフライパンに豆腐を入れて、よく火を通して……」

モデル会話

マリー、料理の先生

> 先生　：今日は肉じゃがを作ってみましょう。ジャガイモは皮をむいて、
> 　　　　大きめに切って牛肉は薄切りにします。
>
> マリー：はい。（メモをする）
>
> 先生　：では、牛肉を炒めます。炒まったらジャガイモを入れて火を通します。
> 　　　　……
> 　　　　はい、だいたい火が通りました。ここで、だし汁を加えて煮立てます。
> 　　　　煮立ったら弱火にして、砂糖と酒とみりんを加えて、蓋をします。
> 　　　　５分ぐらい経ったらしょうゆを加えて、柔らかくなるまで煮ます。
>
> マリー：そろそろ柔らかくなったかな……。ちょっと味見をしてもいいですか。
>
> 先生　：ええ。どうですか、柔らかく煮えていますか。
>
> マリー：はい、……わあ、おいしい！
>
> 先生　：はい、肉じゃがのできあがりです。

ここをおさえよう！

(1) 料理の先生が作り方を説明するときの動詞の使い方に注目してください。
動詞を書き出して、説明の内容により動詞がどのように使い分けられてい
るか、整理してください。

✤言ってみよう！

次はインスタントラーメンの作り方です。スル表現かナル表現かを選んで
言ってください。

① 鍋に（湯を沸かす・湯が沸く）。

② （湯を沸かしたら・湯が沸いたら）、（麺を入れる・麺が入る）。

③ （麺をやわらかくしたら・麺がやわらかくなったら）、（卵を落とす・卵が
落ちる）。

④ （卵を固めたら・卵が固まったら）、（スープを入れる・スープが入る）。

⑤ （火をとめて・火がとまって）、よく（混ぜて・混ざって）できあがり。

2. ポイント：条件の表現

「それなら、いろんな種類をちょっとずつ選んだらどう？」

✤正しいのはどれ？

〔　　〕の中から適当な語を選んでください。（答えは一つではないことも
あります。）また、｛　　｝の中から正しい語を一つ選んでください。

チャリヤー：劉芳さん。ちょっと教えてくれる？

劉芳　　　：うん、いいよ。

チャリヤー：あのね、青茶を買ったんだけど、この茶碗でどうやってお茶
　　　　　　を入れたらいいのか、わからなくて……

劉芳　　　：それ①〔と／では／だったら〕、入れ方を教えようか。

チャリヤー：ありがとう！　よろしく。

劉芳　　　：じゃあ、説明するね。茶葉を入れる②｛まま／あと／前／う
　　　　　　ち｝に、まず、蓋碗を温めておきます。お湯の温度が③〔高
　　　　　　いと／高いなら／高ければ／高かったら〕高いほどお茶はお
　　　　　　いしくなるのよ。

チャリヤー：（チャリヤー、思わず蓋碗にさわってしまう）あちち……。はい。

劉芳　　　：茶器がよく④〔温まると／温まるなら／温まれば／温まったら〕、中のお湯を捨てて、蓋碗の４分の１ぐらいまで茶葉を入れます。茶葉を⑤〔入れると／入れたなら／入れれば／入れたら〕高いところから勢いよくポットのお湯を入れます。

チャリヤー：わあ

劉芳　　　：いっぱいにお湯を⑥〔入れると／入れるなら／入れれば／入れたら〕、５秒ぐらい置いて、その⑦｛まま／あと／前／うち｝蓋碗の中のお茶を捨てて……。

劉芳　　　：そして、蓋碗にもう一度ポットのお湯をたっぷり入れて、蓋をして２〜３分⑧〔経つと／経つなら／経てば／経ったら〕、おいしい青茶のできあがり。

チャリヤー：うわあ。おいしい！　それに、いい香り！　私も部屋でやってみよう！　劉さん、ありがとう！

3. ポイント：言い漏らしたことの添加、および聞き返し

「あ、そうだ。それから、あと、このイラブーも。」

モデル会話

警察官　落し物をした会社員

（交番で）

警察官：カバンの中には何が入っていたんですか。

会社員：えーっと、財布と、免許証と、スマホと、書類と、ハンカチと鍵です。

警察官：財布と、免許証と、スマホと、書類と、ハンカチと鍵ですね。

会社員：そうそう、それから折りたたみの傘も。

警察官：折りたたみの傘、と。

会社員：あ、あと家族の写真も入ってました。

警察官：家族の写真もですね。ずいぶん大事なカバンを無くしたんですねえ。

会社員：ええ、だから今日はここに泊めてほしいんです。

警察官：えっ？

ここをおさえよう！

　上のモデル会話について、次の質問に答えてください。

(1) 会社員が話している途中で、最初に思い出したものは何ですか。

(2) 会社員が最後に思い出したものは何ですか。

♣言ってみよう！

　言い漏らしたことの添加、および聞き返しができる。

(1) A：あのう、何か落としましたよ。

　　 B：えっ、あっ、切符だ、ありがとうございます。

　　 A：それからこの帽子も。

　　 B：あ、すみません。

(2) A：明日の遠足にはお弁当と水筒と地図を忘れずに持ってきてください。

　　 B：はい、分かりました。あと、おやつも持ってきていいですか。

　　 A：いいですよ。

(3) A：今日の営業は渋谷と原宿だ。

　　 B：そうですか。他には？

　　 A：あ、そうそう、それから帰りに秋葉原にも行かないと。

　　 B：え、それは仕事、それとも趣味？

(4) A：まず血液検査をします。ちょっと痛いけど我慢してくださいね。

　　 B：ええっ、血液を採るんですか。

　　 A：ええ、それから注射も打っておきましょう。

　　 B：うわあ、嫌だなあ。

(5) A：すみません、前にお願いしていた書類、今日が締め切りなんですが……。

　　 B：あ、そうだった。忘れてた。これからすぐ送ります。

　　 A：あと、健康診断書も忘れずにお願いしますね。

　　 B：はい、分かりました。

ユニット2　読解

グッド・ハウスキーピング

　　結婚して二年目くらいのことだったと思うけれど、僕は半年くらい「主夫＝ハウスハズバンド」をやっていたことがある。そのときはなんということもなくごく普通に毎日を送っていたのだが、今になってみるとあの半年は僕の人生の最良の一ページであったような気がする。

5　　もっともその当時はとくに「主夫」をやろうと志していたわけではなく、たまたまちょっとしためぐりあわせで、女房が仕事に出て僕が家に残ることになったのだ。もうかれこれ十二、三年前、ジョン・レノンが「主夫」をやって話題になる以前の話である。

　　「主夫」の日常は「主婦」の日常と同じくらい平穏である。まず朝七時に
10　起きて食事を作り、女房を仕事に送りだし、かたづけものをする。流しの中にある食器はすぐに洗ってしまうというのが家事の鉄則のひとつである。それから普通なら新聞を読むか、TVを観るか、ラジオをつけるかというところだが、僕はそういうことはやらない。何故ならその当時我々は無形文化財的に貧乏で、ラジオもTVも買えず、新聞をとる金さえなかったからだ。だか
15　ら家の中には何もない。金がないと生活というのはおどろくくらいどシンプルになる。世の中には「シンプル・ライフ」というブランドの洋服があるが「シンプル・ライフ」のことなら僕の方がずっと詳しい。

　　朝食のかたづけが済むと洗濯をする。とはいっても洗濯機がないから、風呂場でぐしゃぐしゃと足で踏んで洗っちゃうわけである。これは時間はかか
20　るけれど、なかなか良い運動になる。そして干す。

　　洗濯が終わると食事の買い物に行く。買い物とはいっても冷蔵庫がないから（それにしても貧乏だなあ）余分なものは買えない。その日使うものだけを余りの出ないように買うわけだ。だからその日の夕食が大根の味噌汁と大根の煮物としらすおろしなんていう状況もかなりの頻度で現出し得るわけで
25　ある。こういうのを「シンプル・ライフ」と呼ばずしていったい何と呼べばいいのだろう？

　　買い物のついでに「国分寺書店」に寄って本を売ったり、安い古本を買ったりした。それから家にかえって簡単に昼食をとり、アイロンをかけ、ざっと掃除をし（僕は掃除が苦手なのであまり丁寧にはやらない）、夕方まで縁
30　側に座って猫と遊んだり本を読んだりしてのんびりと過ごす。なにしろ暇な

"十二五"普通高等教育本科国家级规划教材

思政课程

综合日语

第三版

单词分册

总 主 编 彭广陆 〔日〕守屋三千代

副总主编 何 琳 冷丽敏 王轶群 秦 刚 丁 莉

〔日〕今井寿枝 野畑理佳 冈智之 滨田亮辅

第四册

主编 孙佳音 杨 峻

〔日〕野畑理佳 今井寿枝 滨田亮辅

编者 何 琳 冷丽敏 刘 健 彭广陆 孙佳音

王轶群 杨 峻 周 彤

〔日〕今井寿枝 野畑理佳 滨田亮辅 守屋三千代 山本美纪

北京大学出版社

PEKING UNIVERSITY PRESS

目　次

目　次

第1課　コミュニケーション

ユニット1

新出単語

1-1

明けましておめでとう（あけましておめでとう）③-⓪		新年好；恭贺新年
明ける（あける）⓪	〈自Ⅱ〉	明；亮；过年，过(某一时间)；满(某一时间)
雪祭り（ゆきまつり）③	〈名〉	冰雪节
祭り（まつり）⓪	〈名〉	（传统）节日；庆祝活动
札幌（さっぽろ）⓪	〈固名〉	(地名)札幌
超きれい（ちょう奇麗/▼綺麗・ちょうきれい）①	〈形Ⅱ〉	非常美；特漂亮；超美
超-（ちょう-）	〈接頭〉	非常；超级；超
トライ（try）②	〈名・自Ⅲ〉	尝试；试试
滑る（すべる）②	〈自Ⅰ〉	滑；打滑；滑行；(嘴、笔)失言；走笔
雪まみれ（ゆき▽塗れ・ゆきまみれ）③	〈名〉	浑身是雪
-まみれ（-▽塗れ）	〈接尾〉	沾满；沾污
ハルビン①	〈固名〉	(地名)哈尔滨
感激（かんげき）⓪	〈名・自Ⅲ〉	感动
真似（まね）⓪	〈名・他Ⅲ〉	模仿；仿效；装作；举止
氷（こおり）⓪	〈名〉	冰；冰块
激突（げきとつ）⓪	〈名・自Ⅲ〉	猛撞；剧烈冲突
ハデ（派手）②	〈名・形Ⅱ〉	夸大；严重；大大地；鲜艳；华丽；高调
すっごい（▼凄い）③	〈形Ⅰ〉	(「すごい」的强调说法)好得很；极其；厉害
那覇（なは）①	〈固名〉	(地名)那覇

練習試合(れんしゅうじあい)⑤	＜名＞	训练性比赛；以赛促练
猛練習(もうれんしゅう)③	＜名・他Ⅲ＞	强化训练；大运动量训练
猛-(もう-)	＜接頭＞	强化；剧烈；拼命
専門家(せんもんか)⓪	＜名＞	专家
コンパ①	＜名＞	(「コンパニー」(company)的省略说法)学生联谊会；联欢会
秧歌(ヤンガー)①	＜名＞	(中国东北)秧歌
バイバイ(bye-bye)①	＜感＞	拜拜！再见！

練習用単語 1-1

入荷(にゅうか)⓪	＜名・自他Ⅲ＞	进货；到货
スマホ⓪	＜名＞	(「スマートフォン」的省略说法)智能手机
いじる②	＜他Ⅰ＞	摆弄；玩，把玩
平均点(へいきんてん)③	＜名＞	平均成绩；平均分
平均(へいきん)⓪	＜名＞	平均
アクセサリー(accessory)①	＜名＞	饰品；首饰
下線部(かせんぶ)②	＜名＞	下划线部分
下線(かせん)⓪	＜名＞	下划线
流派(りゅうは)①	＜名＞	流派，派别
冗談(じょうだん)③	＜名＞	玩笑
愛好会(あいこうかい)③	＜名＞	爱好者协会
身の回り(みのまわり)⓪	＜名＞	(衣服、首饰、文具等)身边物品；日常生活；应由自己处理的事情
歌詞(かし)①	＜名＞	歌词
名札(なふだ)⓪	＜名＞	姓名牌；姓名卡；姓名签；胸卡
ゴミ袋(ごみぶくろ)③	＜名＞	垃圾袋
レコーダー(recorder)②	＜名＞	录音机；记录器；记录员

ハンドルネーム(handle name)⑤	〈名〉	网名
記入(きにゅう)⓪	〈名・他Ⅲ〉	填写；记录
布(ぬの)⓪	〈名〉	布；布匹

ユニット2
新出単語

1-2

見直す(みなおす)③	〈他Ⅰ〉	重新看待，重新审视
受け渡し(うけわたし)⓪	〈名・他Ⅲ〉	交付；递交
デジタルデータ(digital data)⑤	〈名〉	电子数据
データ(data)①	〈名〉	数据；数字
送受信(そうじゅしん)④	〈名・他Ⅲ〉	收发消息
キャッシュレス(cashless)①	〈名〉	去现金(的)；无现金(的)
一昔前(ひとむかしまえ)⑥	〈名〉	多年前
身近(みぢか)⓪	〈名・形Ⅱ〉	身边(的)；近处(的)
電子マネー(でんしmoney)④	〈名〉	电子货币
実に(じつに)②	〈副〉	非常；真正
持ち歩く(もちあるく)④⓪	〈他Ⅰ〉	随身携带
商品券(しょうひんけん)③	〈名〉	商品券；赠券
反面(はんめん)③⓪	〈名〉	反面；另一面
高額(こうがく)⓪	〈名〉	高额；大额
停電(ていでん)⓪	〈名・自Ⅲ〉	停电
同僚(どうりょう)⓪	〈名〉	同事；同僚
時代遅れ(じだいおくれ)④	〈名〉	落后于时代；落伍
-主義者(-しゅぎしゃ)②	〈接尾〉	～主义者；信奉～主义的人
済む(すむ)①	〈自Ⅰ〉	完；终了；结束
現に(げんに)①	〈副〉	实际上；事实上
消費者金融(しょうひしゃきんゆう)⑤	〈名〉	个人贷款机构

金融(きんゆう)⓪	<名>	金融；金融机构
犯罪(はんざい)⓪	<名>	犯罪
絶える(たえる)②	<自Ⅱ>	断绝；停止；消失；中断
発言(はつげん)⓪	<名・自Ⅲ>	发言；讲话
埋まる(うまる)⓪	<自Ⅰ>	挤满；拥挤；堆满；(被)埋上
あまりにも(余りにも)③④	<副>	太；过于
かたまる(固まる)⓪	<自Ⅰ>	聚在一起；成群；凝固；固定
生徒数(せいとすう)③	<名>	(多指中小学)学生人数
あくまで①	<副>	原本；到底，终究
ためらう(▼躊躇う)③	<自他Ⅰ>	踌躇；犹豫；迟疑
訳す(やくす)②	<他Ⅰ>	翻译；译；解释
一言(ひとこと)②	<名>	一句话；三言两语
信じる(しんじる)③⓪	<他Ⅱ>	相信；确信；深信
さすがに(流石に)⓪	<副>	不愧是；果然；到底；甚至；但是
延長(えんちょう)⓪	<名・自他Ⅲ>	延长；继续
自覚(じかく)⓪	<名・他Ⅲ>	认识；自知；认识到

練習用単語

1-2

副作用(ふくさよう)③	<名>	副作用
手術(しゅじゅつ)①	<名・自Ⅲ>	(做)手术
防止(ぼうし)⓪	<名・他Ⅲ>	防止
与党(よとう)①⓪	<名>	执政党
対立(たいりつ)⓪	<名・自Ⅲ>	对立
ピカソ(Picasso)②	<固名>	(人名)毕加索
死(し)①	<名>	死
友(とも)①	<名>	友人；朋友；志同道合
自殺(じさつ)⓪	<名・自Ⅲ>	自杀
至る(いたる)②	<自Ⅰ>	至；到；达；达到；到来
▼葛▼藤(かっとう)⓪	<名・自Ⅲ>	纠纷；纠葛

踏みとどまる(踏み止まる・ふみとどまる)⑤	〈自Ⅰ〉	站稳；留下；打消念头
唐突(とうとつ)⓪	〈形Ⅱ〉	唐突；突然；贸然；冒昧
傷つく(きずつく)③	〈自Ⅰ〉	受伤；受到伤害
他者(たしゃ)①	〈名〉	别人；其他人；他者
狂わせる(くるわせる)④	〈他Ⅱ〉	使发狂；使失常；使发生问题；打乱
だからこそ①	〈接〉	正因为如此(……才)
疲れ果てる(つかれはてる)⑤⓪	〈自Ⅱ〉	疲劳不堪；筋疲力尽
死ぬ(しぬ)⓪	〈自Ⅰ〉	死；死亡；去世
救う(すくう)⓪	〈他Ⅰ〉	挽救；救援；抢救；解救
悩み苦しむ(なやみくるしむ)⑥	〈自Ⅰ〉	苦于；烦恼于
尊重(そんちょう)⓪	〈名・他Ⅲ〉	尊重；重视
なめる(嘗める)②	〈他Ⅱ〉	尝；含；舔；尝受；经历；轻视；小看
公平(こうへい)⓪	〈名・形Ⅱ〉	公平；公道
富(とみ)①	〈名〉	财富；财产；资产；资源
写す(うつす)②	〈他Ⅰ〉	抄写；誊抄；画

第2課　沖縄合宿

2-1

ユニット1

新出単語

めんそーれ③	〈感〉	(冲绳方言「こんにちは」之意)你好；欢迎
一行(いっこう)⓪	〈名〉	一行；同行者
あったかい(▽暖かい・▽温かい)④	〈形I〉	(「暖かい」的口语简略形式)暖和；温暖；热情；温和
比嘉(ひが)⓪	〈固名〉	(姓氏)比嘉
増す(ます)⓪	〈自他I〉	增长；提高；胜过；增加；扩大
このところ(この所)⓪	〈名〉	最近；近来
お手柔らかに(おてやわらかに)⓪	〈副〉	手下留情
腹ごしらえ(はらごしらえ)③	〈名・自III〉	先吃饭；先填饱肚子
腹(はら)②	〈名〉	肚子；内心；想法；心情；情绪；器量
各自(かくじ)①	〈名・副〉	各自；自行
食材(しょくざい)⓪	〈名〉	烹调用材料；食材
各店(かくてん)①	〈名〉	各个店；每个店
おばあ②	〈名〉	(「おばあさん」的缩略语)祖母；外祖母；奶奶；外婆
イラブー①	〈名〉	(冲绳方言「海蛇」之意)海蛇
海蛇(うみへび)⓪	〈名〉	海蛇
イラブー汁(イラブーじる)⑤	〈名〉	海蛇酱汤
汁(しる)①	〈名〉	汤；酱汤；汁液
後ずさり(あとずさり)③	〈名・自III〉	后退；惊得后退；退缩；畏缩
ハリセンボン(針千本)③	〈名〉	(动物)刺鲀
剥ぐ(はぐ)①	〈他I〉	剥(皮)；剥下；揭掉；剥夺
ぎゃああ①	〈感〉	啊

味見（あじみ）⓪③	〈名・他Ⅲ〉	尝口味；尝咸淡
ゴーヤーチャンプルー⑤	〈名〉	炒苦瓜
ゴーヤ（ー）⓪	〈名〉	苦瓜
▼鰹節（かつおぶし）⓪	〈名〉	(调料)干制鲣鱼；木鱼
島豆腐（しまどうふ）③	〈名〉	冲绳岛的豆腐
ポーク缶詰（porkかんづめ）④	〈名〉	猪肉罐头
ポーク（pork）①	〈名〉	猪肉
調味料（ちょうみりょう）③	〈名〉	调味品；调料；佐料
苦瓜（にがうり）②⓪	〈名〉	苦瓜
下ごしらえ（したごしらえ・下拵え）③	〈名・自他Ⅲ〉	事先准备；置备；大致的准备
種（たね）①	〈名〉	种子；籽儿；果核；根源；原料
薄切り（うすぎり）⓪	〈名〉	薄片；切薄片
ちぎる（千切る）②	〈他Ⅰ〉	切成块；撕碎；摘取
厚さ（あつさ）⓪	〈名〉	厚；厚度
ミリ（法语milli）⓪	〈名〉	毫米
つまみ食い（つまみぐい）⓪	〈名・他Ⅲ〉	抓着吃；偷吃
つまみ（摘まみ）⓪	〈名〉	捏；拿；掐
こらこら①	〈感〉	喂；呀；哎呀
器（うつわ）⓪	〈名〉	容器；器皿；器具；（能力/人物）才干
熱する（ねっする）②⓪	〈自他Ⅲ〉	加热；发热；热中；激动；冲动
フライパン（frying-pan）⓪	〈名〉	平锅；(平底)炒菜锅
とおる（通る）①	〈自Ⅰ〉	加热；热透；够火候；通过
取り出す（とりだす）③⓪	〈他Ⅰ〉	拿出；取出；抽出
強火（つよび）⓪	〈名〉	旺火；大火；冲火
炒まる（いたまる）③	〈自Ⅰ〉	炒好；炒熟
やまと（大和）①	〈固名〉	大和(日本旧藩国之一，相当于今奈良县)；日本国的别称；特指除冲绳以外的日本的其他地区

混じる(まじる)②	〈自Ⅰ〉	混杂；搀在一起；夹杂；交往
できあがり(出来上がり)⓪	〈名〉	做好，完成；做出来
お待ちどおさま(おまちどおさま)⓪	〈感〉	让您久等了

練習用単語 2-1

満員(まんいん)⓪	〈名〉	满员；客满
条件(じょうけん)③	〈名〉	条件；要求
ぴったり③	〈名・副・自Ⅲ〉	刚好符合；正好吻合；正合适
申し分(もうしぶん)⓪③	〈名〉	缺点；欠缺；挑剔；意见
父親(ちちおや)⓪	〈名〉	父亲
肉じゃが(にくじゃが)⓪	〈名〉	土豆和(牛或猪)肉一起炖的菜
ジャガイモ⓪	〈名〉	马铃薯；土豆
むく(剥く)⓪	〈他Ⅰ〉	剥；削
牛肉(ぎゅうにく)⓪	〈名〉	牛肉
だし汁(だしじる)⓪③	〈名〉	高汤，上汤
煮立てる(にたてる)③	〈他Ⅱ〉	煮开
煮立つ(にたつ)②	〈自Ⅰ〉	(煮)开
弱火(よわび)⓪	〈名〉	微火；小火
みりん【味▼酥】⓪	〈名〉	甜料酒
煮る(にる)⓪	〈他Ⅱ〉	煮；炖；熬焖
煮える(にえる)⓪	〈自Ⅱ〉	煮好；煮熟；烧开
インスタントラーメン(instant ラーメン)⑦	〈名〉	方便面
鍋(なべ)①	〈名〉	锅
沸かす(わかす)②	〈他Ⅰ〉	烧开
沸く(わく)⓪	〈自Ⅰ〉	沸腾；水开
固める(かためる)③	〈他Ⅱ〉	使……凝固；固定；加固
とめる⓪	〈他Ⅱ〉	关停；停下
とまる⓪	〈自Ⅰ〉	停止；停下来

混ざる（まざる）②	〈自Ⅰ〉	混杂；掺杂
青茶（チンチャ）⓪	〈名〉	清茶
蓋碗（がいわん）⓪	〈名〉	带盖的茶碗
茶葉（ちゃば）①	〈名〉	茶叶
温める（あたためる）④	〈他Ⅱ〉	温；热；烫；恢复
温まる（あたたまる）④	〈自Ⅰ〉	热；温；烫
さわる（触る）⓪	〈自他Ⅰ〉	接触；触碰；摸
勢い（いきおい）③	〈名〉	势头；强势；劲头
ポット（pot）①	〈名〉	热水壶；热水瓶；暖壶
たっぷり③	〈副・形Ⅱ〉	充分；满；多；足够；绰绰有余
言い漏らす（いいもらす）④	〈他Ⅰ〉	忘（记）说了；说漏嘴
添加（てんか）⓪	〈名・他Ⅲ〉	添加；加上
警察官（けいさつかん）④③	〈名〉	警察
免許証（めんきょしょう）⓪	〈名〉	执照；资格证书
折りたたみ（おり畳み・おりたたみ）⓪	〈名〉	折叠(式)
聞き返す（ききかえす）③	〈他Ⅰ〉	重复问；反问
泊める（とめる）⓪	〈他Ⅱ〉	(留人)住宿；过夜；停泊；收容
切符（きっぷ）⓪	〈名〉	票；票证
水筒（すいとう）⓪	〈名〉	水壶；水筒
渋谷（しぶや）⓪	〈固名〉	(地名)涩谷
原宿（はらじゅく）⓪	〈固名〉	(地名)原宿
血液（けつえき）②⓪	〈名〉	血液
採る（とる）①	〈他Ⅰ〉	采样；采摘
注射（ちゅうしゃ）⓪	〈名・他Ⅲ〉	注射；打针
健康診断書（けんこうしんだんしょ）⑨	〈名〉	健康诊断书
診断書（しんだんしょ）⑤⓪	〈名〉	诊断书

ユニット2

新出単語

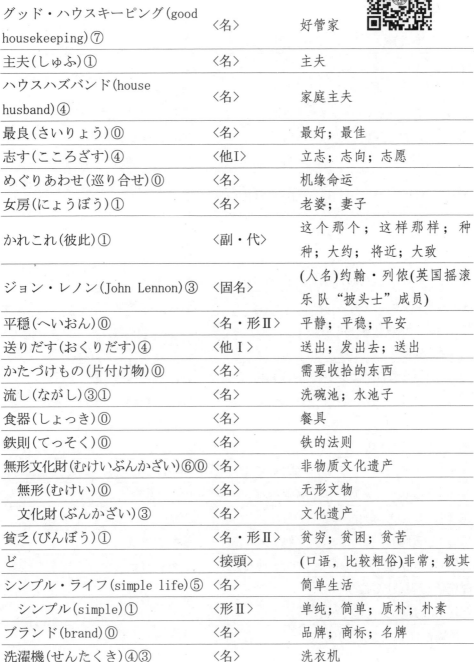

2-2

グッド・ハウスキーピング(good housekeeping)⑦	〈名〉	好管家
主夫(しゅふ)①	〈名〉	主夫
ハウスハズバンド(house husband)④	〈名〉	家庭主夫
最良(さいりょう)⓪	〈名〉	最好；最佳
志す(こころざす)④	〈他Ⅰ〉	立志；志向；志愿
めぐりあわせ(巡り合せ)⓪	〈名〉	机缘命运
女房(にょうぼう)①	〈名〉	老婆；妻子
かれこれ(彼此)①	〈副・代〉	这个那个；这样那样；种种；大约；将近；大致
ジョン・レノン(John Lennon)③	〈固名〉	(人名)约翰・列侬(英国摇滚乐队"披头士"成员)
平穏(へいおん)⓪	〈名・形Ⅱ〉	平静；平稳；平安
送りだす(おくりだす)④	〈他Ⅰ〉	送出；发出去；送出
かたづけもの(片付け物)⓪	〈名〉	需要收拾的东西
流し(ながし)③①	〈名〉	洗碗池；水池子
食器(しょっき)⓪	〈名〉	餐具
鉄則(てっそく)⓪	〈名〉	铁的法则
無形文化財(むけいぶんかざい)⑥⓪	〈名〉	非物质文化遗产
無形(むけい)⓪	〈名〉	无形文物
文化財(ぶんかざい)③	〈名〉	文化遗产
貧乏(びんぼう)①	〈名・形Ⅱ〉	贫穷；贫困；贫苦
ど	〈接頭〉	(口语，比较粗俗)非常；极其
シンプル・ライフ(simple life)⑤	〈名〉	简单生活
シンプル(simple)①	〈形Ⅱ〉	单纯；简单；质朴；朴素
ブランド(brand)⓪	〈名〉	品牌；商标；名牌
洗濯機(せんたくき)④③	〈名〉	洗衣机

風呂場（ふろば）③	〈名〉	浴室；澡堂；浴池
ぐしゃぐしゃ⓪①	〈副Ⅱ・自Ⅲ〉	浸透；泡坏；压坏
余分（よぶん）⓪	〈名・形Ⅱ〉	多余；剩余；超额；额外
余り（あまり）③	〈名〉	剩余；剩下；余数
大根（だいこん）⓪	〈名〉	萝卜
味噌汁（みそしる）③	〈名〉	酱汤
煮物（にもの）⓪	〈名〉	煮的菜；烩煮料理
しらすおろし（白子下ろし）④	〈名〉	做成糊状或泥状的小沙丁鱼、小鲱鱼、小沙丁鱼
しらす（白子）⓪	〈名〉	小鲱鱼
おろし（下ろし）③	〈名〉	(将萝卜、芥末、小鱼擦成的)糊；泥
頻度（ひんど）①	〈名〉	频度；频率
現出（げんしゅつ）⓪	〈名・自他Ⅲ〉	出现；露出；呈现
国分寺（こくぶんじ）⓪⑤	〈固名〉	(日本姓氏或地名)国分寺
アイロンをかける（ironをかける）⓪+②		用熨斗熨衣物
ざっと⓪	〈副〉	粗略地；简略地；略微
縁側（えんがわ）⓪	〈名〉	(日式建筑屋檐下方的)廊子；套廊；走廊
なにしろ（何しろ）①	〈副〉	无论怎样；不管怎样；反正；(后接「なので/だから」)因为；由于
講談社（こうだんしゃ）③	〈固名〉	(日本出版社名)讲谈社
少年少女世界名作全集（しょうねんしょうじょせかい めいさくぜんしゅう）⑤-①-⑤	〈固名〉	少年少女世界名著全集
名作（めいさく）⓪	〈名〉	名著；名作
全集（ぜんしゅう）⓪	〈名〉	全集

読破(どくは)①	<名・他Ⅲ>	通读；读完
細雪(ささめゆき)③	<名>	微雪疏疏落落的雪花；(日本作家谷崎润一郎小说)《细雪》
仕度(したく)⓪	<名・他Ⅲ>	准备
炊く(たく)⓪	<他Ⅰ>	煮饭；烧菜
今更(いまさら)⓪	<名・副>	现在才；现在开始；事到如今；事已至此
網(あみ)②	<名>	网；烧烤网；铁丝网
のせる(載せる)⓪	<他Ⅱ>	放；搁；托；记载；刊登
感興(かんきょう)⓪	<名>	兴趣；兴致
食う(くう)①	<他Ⅰ>	吃
腹減った(はらへった)⓪-⓪		(「腹が減った」的口语表达方式，男性用语)肚子饿了
頭に来る(あたまにくる)③-①		神志失常；头昏脑胀；气得发昏；酒上头
奇妙(きみょう)①	<名・形Ⅱ>	奇怪；出奇；奇异；怪异
段(だん)①	<名>	时候；一～就～；关头
型崩れ(かたくずれ)③	<名>	走形；走样
盛りわける(もり分ける)④	<他Ⅱ>	分盛；分饭菜
しっぽ(尻尾)③	<名>	尾巴
卑下(ひげ)①	<名・自他Ⅲ・形Ⅱ>	自卑；过分谦虚
料理人(りょうりにん)⓪	<名>	厨师
習性(しゅうせい)⓪	<名>	习性；习惯成性
解釈(かいしゃく)①	<名・他Ⅲ>	解释；理解；说明
世間(せけん)①	<名>	社会；人世；世上
属性(ぞくせい)⓪	<名>	属性；特性；特征
同義(どうぎ)⓪	<名>	同义

年をとる(としを取る・としをとる)②-①		年龄增长；上岁数
過程(かてい)⓪	<名>	过程
ただ(唯・只・徒)①	<副>	只有；只是；只不过(是)；仅
生じる(しょうじる)⓪③	<自Ⅱ>	生；长；产生；发生
性向(せいこう)⓪	<名>	性情；个性；性格倾向
多かれ少なかれ(おおかれすくなかれ)⑦	<副>	或多或少；多多少少
せめて①	<副>	哪怕是~(也好)；至少
短時間(たんじかん)③	<名>	短时间
なりとも①	<副助>	哪怕是~(也好)
まかりとおる(▼罷り通る)④	<自Ⅰ>	走过；通过；盛行；横行
通念(つうねん)①	<名>	普通的想法；一般的想法
確実(かくじつ)⓪	<名・形Ⅱ>	确实；准确；可靠
基盤(きばん)⓪	<名>	基础；底座
成立(せいりつ)⓪	<名・自Ⅲ>	成立
心ゆく(こころゆく)⓪④	<自Ⅰ>	心满意足；尽情
村上春樹(むらかみ-はるき)⓪-①	<固名>	(人名)(日本作家)村上春树
逆襲(ぎゃくしゅう)⓪	<名・自他Ⅲ>	逆袭

練習用単語　　　　　　　　　　　　　　　　　　　2-2

覚悟(かくご)①	<名・自他Ⅲ>	精神准备；决心；觉悟
受かる(うかる)②	<自Ⅰ>	考中；被录取；考上
一休み(ひとやすみ)③	<名>	稍事休息；短暂休息
普通(ふつう)⓪	<名・形Ⅱ>	普通；平常；一般情况
証拠(しょうこ)⓪	<名>	证据；证明
現場(げんば)⓪	<名>	现场；当场
暖房(だんぼう)⓪	<名>	暖气
若干(じゃっかん)⓪	<名>	若干；少许；一些
多少(たしょう)⓪	<名・副>	多多少少；稍微；一点儿

コツ ⓪	〈名〉	秘诀；窍门；要领；手法
効率(こうりつ)⓪	〈名〉	效率
工夫(くふう)⓪	〈名・他Ⅲ〉	(下)工夫；(花)精力
ペア(pair)①	〈名〉	一对儿；成对儿
すらすら①	〈副〉	流利(地)；流畅(地)
大声(おおごえ)③	〈名〉	大声；高声
短文作り(たんぶんづくり)⑤	〈名〉	造句(练习)
短文(たんぶん)⓪	〈名〉	短句，句子
宇宙飛行士(うちゅうひこうし)⑤	〈名〉	宇航员
宇宙(うちゅう)①	〈名〉	宇宙
飛行士(ひこうし)②	〈名〉	飞机驾驶员；飞行员
操縦(そうじゅう)⓪	〈名・他Ⅲ〉	驾驶；操纵；驾驭；控制
宇宙船(うちゅうせん)⓪	〈名〉	宇宙飞船；航天飞机
脱出(だっしゅつ)⓪	〈名・自Ⅲ〉	逃出；逃脱；逃亡
細菌(さいきん)⓪	〈名〉	细菌
兵器(へいき)①	〈名〉	兵器；武器
生き残る(いきのこる)④⓪	〈自Ⅰ〉	保住性命；幸存；留存下来；残存
死亡(しぼう)⓪	〈名・自Ⅲ〉	死亡
星(ほし)⓪	〈名〉	星斗；星星
権利(けんり)①	〈名〉	权利
農民(のうみん)⓪	〈名〉	农民
宗教家(しゅうきょうか)⓪	〈名〉	僧侣、牧师等从事宗教事业的人，或指热心信徒
警官(けいかん)⓪	〈名〉	警官；警察
按摩師(あんまし)③	〈名〉	按摩师
ホスト(host)①	〈名〉	男招待；主人；东道主
ミュージシャン(musician)①③	〈名〉	音乐人
強盗(ごうとう)⓪	〈名〉	强盗；抢劫
最終的(さいしゅうてき)⓪	〈名・形Ⅱ〉	最终(的)

最終(さいしゅう)⓪	〈名〉	最终；最后
年齢(ねんれい)⓪	〈名〉	年龄
レインボー(rainbow)②	〈名〉	虹；彩虹
ペガサス(Pegasus)①	〈固名〉	飞马座

第3課　クロスカルチャー

ユニット1

新出単語

3-1

クロスカルチャー(cross-culture)④	〈名〉	跨文化
打ち上げ(うちあげ)⓪	〈名〉	比赛(演出、工作)结束；庆祝工作完成的宴会；庆功会
居酒屋(いざかや)⓪	〈名〉	小酒家；小酒馆
ガタガタ(と)①	〈副・自Ⅲ〉	咯嗒咯嗒；咕咚咕咚；摇摇晃晃；发抖
喜屋武(きゃん・きやん)①	〈固名〉	(人名)喜屋武
負かす(まかす)⓪	〈他Ⅰ〉	战胜；打败；驳倒；(价格)还价
まぐれ①③	〈名〉	偶然；侥幸
ダメもと(駄目元)⓪	〈名〉	(「駄目で元々」的省略说法)不行也没关系；失败了也无所谓
がむしゃら⓪	〈名・形Ⅱ〉	鲁莽；有勇无谋；玩儿命；不顾一切
ぶつかる③	〈自Ⅰ〉	碰；撞
包帯(ほうたい)⓪	〈名〉	绷带
日常茶飯事(にちじょうさはんじ)⑥	〈名〉	家常便饭；司空见惯的事
ぐーっと⓪	〈副〉	使劲；一口气；大大地；哑口无言
泡盛(あわもり)②	〈名〉	烧酒的一种(冲绳特产)
注ぐ(そそぐ)⓪②	〈他Ⅰ〉	注入；倒；投入
無礼講(ぶれいこう)⓪②	〈名〉	不讲客套；不计较规矩
一気に(いっきに)①	〈副〉	一口气；一下子；一饮而尽
飲み干す(のみほす)⓪③	〈他Ⅰ〉	喝光；喝净
いける口(いけるくち)⓪	〈名〉	很能喝酒的人
両肩(りょうかた)⓪	〈名〉	两肩；双肩

左腕(さわん)①	〈名〉	左腕；左臂
師範(しはん)①	〈名〉	师傅；老师；先生
一杯(いっぱい)①	〈名〉	一杯酒；一盅酒
おーっとっとっと①	〈感〉	(倒酒声)咕嘟咕嘟；突突突
酔う(よう)①	〈自Ⅰ〉	醉；喝醉；晕；陶醉
三線(さんしん)⓪	〈名〉	(类似于三弦琴)冲绳三弦乐器
楽器(がっき)⓪	〈名〉	乐器
二胡(にこ)①	〈名〉	二胡
俺(おれ)⓪	〈名〉	咱；我
両腕(りょううで)⓪	〈名〉	双臂；双手
ひっぱる(引っ張る)③	〈他Ⅰ〉	拉；拽；拉紧；绷紧
知念奈美(ちねん-なみ)①-①	〈固名〉	(人名)知念奈美
SPEEDY(スピーディー)②	〈固名〉	乐队名称
DA STEP(ダステップ)③	〈固名〉	乐队名称
J-POP(ジェイポップ)③	〈名〉	日本流行音乐
うちなー(沖縄)⓪	〈名〉	(方言)冲绳
土着(どちゃく)⓪	〈名〉	土著；定居(在某地)
ジーンズ(jeans)①	〈名〉	牛仔服；牛仔裤
宴会(えんかい)⓪	〈名〉	宴会
ウチナンチュ③⓪	〈名〉	(表示「沖縄の人」之意的冲绳方言)冲绳人
血(ち)⓪	〈名〉	血；血统
すじ(筋)①	〈名〉	素质；(某方面)才干；门第
大した(たいした)①	〈連体〉	了不起的
東北人(とうほくじん)④	〈名〉	东北地区的人
酔っぱらう(酔っ払う・よっぱらう)⓪④	〈自Ⅰ〉	喝醉(酒)
ぶつける③	〈他Ⅱ〉	碰；撞
やれやれ①	〈感〉	(表示感叹、放心等)哎呀呀；哎呀

寝かせる（ねかせる）⓪	〈他Ⅱ〉	使躺下；使睡觉
稽古をつける（けいこをつける）①-②		教练；练功
手加減（てかげん）②	〈名・自他Ⅲ〉	(处理事务时)留情；照顾；分寸；火候
パイチュウ③	〈名〉	中国白酒
あんしぇー、またやーさい	〈感〉	(「また会いましょう」的冲绳方言)再见

練習用単語 3-1

文字化け（もじばけ）⓪	〈名〉	乱码
家賃（やちん）①	〈名〉	房租
愛着（あいちゃく）⓪	〈名・自Ⅲ〉	留恋；难以忘怀
生まれ育つ（うまれそだつ）⑤	〈自Ⅰ〉	产生长大；生长
おかしい（可笑しい）③	〈形Ⅰ〉	可笑；滑稽；奇怪；不正常；可疑
冷え込む（ひえこむ）⓪③	〈自Ⅰ〉	气温骤冷；寒冷
パスポート（passport）③	〈名〉	护照
謙▼遜（けんそん）⓪	〈名・自Ⅲ〉	谦虚；谦逊；自谦
適切（てきせつ）⓪	〈名・形Ⅱ〉	恰当；妥当；适应；适当；适于；确切
出題（しゅつだい）⓪	〈名・自Ⅲ〉	出题；命题
早朝（そうちょう）⓪	〈名〉	早晨；清晨
テニスコート（tennis court）④	〈名〉	网球场
持ち合わせ（もちあわせ）⓪	〈名〉	现有的钱；手头的钱；现有的东西
おごる（奢る）⓪	〈自他Ⅰ〉	请客；做东；奢侈
揃える（そろえる）③	〈他Ⅱ〉	备置；预先准备；生来具备；统一
松田（まつだ）⓪	〈固名〉	(姓氏)松田
岡田（おかだ）⓪	〈固名〉	(姓氏)冈田

フライドチキン（fried chicken）⑤〈名〉		炸鸡块
ポテトチップス（potato chips）④〈名〉		炸薯条
野菜スティック（やさいstick）⑤	〈名〉	蔬菜条
スティック（stick）②	〈名〉	棒；条；棒状物；条状物
降ろす（おろす）②	〈他Ⅰ〉	使（人）降下；卸（货）；取下；拿下；放下
発話（はつわ）⓪	〈名・自Ⅲ〉	发话；发言；话语
プロジェクト（project）②③	〈名〉	项目
金額（きんがく）⓪	〈名〉	金额
倒産（とうさん）⓪	〈名・自Ⅲ〉	倒闭；破产
本格的（ほんかくてき）⓪	〈名・形Ⅱ〉	正式的；真正的
経費（けいひ）①	〈名〉	经费；开销；开支；费用
節減（せつげん）⓪	〈名・他Ⅲ〉	节省；减少
感情（かんじょう）⓪	〈名〉	感情
眼前描写（がんぜんびょうしゃ）⑤	〈名〉	对所看到的情景的描写
描写（びょうしゃ）⓪	〈名・他Ⅲ〉	描述；描写
アスペクト（aspect）①③	〈名〉	(语)体；样子；情景
化粧（けしょう）⓪	〈名・自他Ⅲ〉	化妆
飲み会（のみかい）②	〈名〉	酒会
無人島（むじんとう）⓪	〈名〉	无人岛
生存（せいぞん）⓪	〈名・自Ⅲ〉	生存
要る（いる）⓪	〈自Ⅰ〉	需要；必要
マッチ（match）①	〈名〉	火柴
ロープ（rope）①	〈名〉	绳子；绳索；缆绳
下着（したぎ）⓪	〈名〉	贴身衣服；内衣；衬衣
望遠鏡（ぼうえんきょう）⓪	〈名〉	望远镜
タオル（towel）①	〈名〉	毛巾
毛布（もうふ）①	〈名〉	毛毯；毯子
テント（tent）①	〈名〉	帐篷
ペット（pet）①	〈名〉	宠物

裁縫(さいほう)⓪	<名・自Ⅲ>	縫纫；针线活儿
化粧品(けしょうひん)⓪	<名>	化妆品
ナイフ(knife)①	<名>	小刀；餐刀
順位(じゅんい)①	<名>	名次；位次；席次；等级

ユニット2
新出単語

3-2

物事(ものごと)②	<名>	事物；事情
遭遇(そうぐう)⓪	<名・自Ⅲ>	遭遇；遇到
冷静(れいせい)⓪	<名・形Ⅱ>	冷静；镇静；沉着；清醒；心平气和
土台(どだい)⓪	<名>	根基；地基；基础；根脚
あてはめる(当て▼嵌める)④	<他Ⅱ>	适用；应用
わがまま(我▼儘)③④	<名・形Ⅱ>	任性；恣意；放肆
非常識(ひじょうしき)②	<名・形Ⅱ>	没有常识；不合乎常理
視点(してん)⓪	<名>	视点；视角；视线的集中点；观点
近しい(ちかしい)③	<形Ⅰ>	(与「親しい」意义相同)近；亲近；亲密；亲切；不生疏；不稀奇
あてはまる(当て▼嵌まる)④	<自Ⅰ>	适用；适合；合适；恰当
無神経(むしんけい)②	<名・形Ⅱ>	反应迟钝；没反应；没感觉；粗心；不顾别人；缺心眼儿
言動(げんどう)⓪	<名>	言行
責める(せめる)②	<他Ⅱ>	责备；责难
ふと(不図)⓪①	<副>	偶然；突然
シンドローム(syndrome)④	<名>	症候群
陥る(おちいる)③⓪	<自Ⅰ>	落入；掉进；陷进；坠入
対峙(たいじ)①⓪	<名・自Ⅲ>	对峙；相持
差異(さい)①	<名>	差异；差别；差距；不同
集中(しゅうちゅう)⓪	<名・自他Ⅲ>	集中

真っ黒(まっくろ)③	〈名・形Ⅱ〉	漆黑；乌黑；污黑
塗る(ぬる)⓪	〈他Ⅰ〉	涂；抹；刷；转嫁
唇(くちびる)⓪	〈名〉	嘴唇
ガングロ(顔黒)⓪	〈名〉	(日本年轻女性的一种化妆法，将脸部涂抹后变成的)黑面
施す(ほどこす)③⓪	〈他Ⅰ〉	施舍；周济；施加；施行
特異(とくい)①	〈名・形Ⅱ〉	奇特(的)；奇异(的)；特殊(的)
人種(じんしゅ)⓪	〈名〉	人种；种族
決め付ける(きめづける)③	〈他Ⅱ〉	下结论；主观断定
奪う(うばう)⓪	〈他Ⅰ〉	抢；夺；剥夺
着目(ちゃくもく)⓪	〈名・自Ⅲ〉	着眼于；关注
逆説(ぎゃくせつ)⓪	〈名〉	反论；似是而非的论点
肝要(かんよう)⓪	〈名・形Ⅱ〉	要紧；重要；必要
慎む(つつしむ)③	〈他Ⅰ〉	谨慎；慎重；小心；节制；恭谨
離れ業(はなれわざ)⓪	〈名〉	绝技
構築(こうちく)⓪	〈名・他Ⅲ〉	构筑；构建；建构
サーフィン(surfing)①	〈名〉	冲浪
波乗り(なみのり)⓪③	〈名・他Ⅲ〉	冲浪；乘风破浪
近道(ちかみち)②	〈名〉	近路；近道；捷径
実践(じっせん)⓪	〈名・他Ⅲ〉	实践；自己实行；身体力行
積む(つむ)⓪	〈他Ⅰ〉	积攒；积累
付随(ふずい)⓪	〈名・自Ⅲ〉	附随；随带
きわめて(極めて)②	〈副〉	极其；特别
恣意的(しいてき)⓪	〈形Ⅱ〉	恣意；任意；约定俗成
付加(ふか)①	〈名・他Ⅲ〉	附加；添加
ニュアンス(法语nuance)①	〈名〉	语气；语感；微妙差别；(表达)细腻；细致
ややこしい④	〈形Ⅰ〉	复杂；麻烦；难办
至難の技(しなんのわざ)①⓪-②	〈名・形Ⅱ-名〉	极难的工作

度合い（どあい）⓪	〈名〉	程度
久米昭元（くめ-あきもと）⓪-②	〈固名〉	(人名)久米昭元
長谷川典子（はせがわ-のりこ）②-①	〈固名〉	(人名)长谷川典子
ケース（case）①	〈名〉	案例；事例
有斐閣（ゆうひかく）③	〈固名〉	(出版社名)有斐阁

練習用単語　　　　　　　　　　　　　　　　　　　3-2

扱う（あつかう）⓪③	〈他Ⅰ〉	做~业务；处理；对待
費用（ひよう）①	〈名〉	费用
ドリアン（durian）①	〈名〉	榴莲
熱帯地方（ねったいちほう）⑤	〈名〉	热带地区
疑う（うたがう）⓪	〈他Ⅰ〉	怀疑；质疑
終電（しゅうでん）⓪	〈名〉	(城铁、地铁的)末班车
許す（ゆるす）②	〈他Ⅰ〉	原谅；谅解；容忍
短所（たんしょ）①	〈名〉	短处；缺点；毛病
けち①	〈名・形Ⅱ〉	小气；吝啬；抠门儿
無駄（むだ）⓪	〈名・形Ⅱ〉	浪费
書き出す（かきだす）③	〈他Ⅰ〉	写出；开始写
誇り高い（ほこりたかい）④	〈形Ⅰ〉	自尊心强(的)；要强(的)；自豪（的）

第4課　読書

4-1

ユニット1

新出単語

ブック・トーク(book talk)④	〈名〉	专题图书介绍
参観(さんかん)⓪	〈名・他Ⅲ〉	参观；观摩
長春市(ちょうしゅんし)③	〈固名〉	(地名)长春市
水木(みずき)⓪	〈固名〉	(姓氏)水木
ユミ①	〈固名〉	(人名)日本歌手竹田侑美
ピース①	〈固名〉	日本歌手组合名
ハロー・ガールズ(hello girls)④	〈固名〉	日本女子歌手组合名
ルントー(潤土)①	〈固名〉	(人名)（鲁迅小说《故乡》中的人物）润土
夏目漱石(なつめそうせき)⓪-①	〈固名〉	(人名)夏目漱石(日本近代作家,本名金目夏之助)
吾輩は猫である(わがはいはねこである)⑥	〈固名〉	夏目漱石小说《我是猫》
吾輩(わがはい)⓪	〈名〉	我；吾
芥川龍之介(あくたがわ-りゅうのすけ)③-⓪	〈固名〉	(人名)（日本作家）芥川龙之介
蜜柑(みかん)①	〈名〉	橘子；芥川龙之介小说《橘子》
川端康成(かわばた-やすなり)⓪-②	〈固名〉	(人名)（日本作家,1968年诺贝尔文学奖获得者）川端康成
伊豆の踊り子(いずのおどりこ)⓪	〈固名〉	(小说)川端康成小说《伊豆舞女》
宮沢賢治(みやざわ-けんじ)⓪-①	〈固名〉	(人名)（日本诗人、童话作家）宫泽贤治

注文の多い料理店(ちゅうもんのおおいりょうりてん)〈固名〉 ⓪-①-③		(小说)宫泽贤治作品《苛刻的餐馆》
太宰治(だざいおさむ)①	〈固名〉	(人名)（日本作家）太宰治
走れメロス(はしれメロス)②-①	〈固名〉	(小说)太宰治小说《奔跑吧!梅洛斯》
メロス①	〈固名〉	(人名)（《奔跑吧！梅洛斯》中人物）梅洛斯
班(はん)①	〈名〉	组；小组；班
セリヌンティウス⑤	〈固名〉	(人名)塞利奴提乌斯
シラクス①	〈固名〉	(地名)锡拉库斯城(位于意大利西西里岛)
王(おう)①	〈名〉	首领；大王；国王；帝王
不審(ふしん)⓪	〈名・形Ⅱ〉	可疑；疑问
つかまえる(捕まえる/▼掴まえる/▼捉まえる)⓪	〈他Ⅱ〉	抓住；抓捕；叫住；拦住
皇后(こうごう)③	〈名〉	皇后
家来(けらい)①	〈名〉	家臣；臣下；仆从
殺す(ころす)⓪	〈他Ⅰ〉	杀死；致死
激怒(げきど)①	〈名・自Ⅲ〉	震怒；勃然大怒
乗り込む(のりこむ)③	〈自Ⅰ〉	开进；进入；乘上；坐进
捕まる(つかまる)⓪	〈自Ⅰ〉	被抓住；被捕获
処刑(しょけい)⓪	〈名・他Ⅲ〉	处刑；处死
間近(まぢか)①⓪	〈名・形Ⅱ〉	临近即将；眼前
日没(にちぼつ)⓪	〈名〉	日落
村(むら)②	〈名〉	村落；村庄
身代わり(みがわり)⓪	〈名〉	代替某人；替身
すませる(済ませる)③	〈他Ⅱ〉	办完；结束
数々(かずかず)①	〈名・副〉	种种；许多
苦難(くなん)①⓪	〈名〉	苦难

裏切る（うらぎる）③	〈他Ⅰ〉	背叛；出卖
貫く（つらぬく）③	〈他Ⅰ〉	贯穿；贯通；贯彻；坚持
ふりしぼる（振り絞る）④	〈他Ⅰ〉	竭尽全力；扯着嗓子喊
寸前（すんぜん）⓪	〈名〉	临近；眼看就要
駆け込む（かけこむ）⓪③	〈自Ⅰ〉	跑到；跑进
抱き合う（だきあう）③	〈他Ⅰ〉	拥抱；相抱
尊ぶ（とうとぶ・たっとぶ）③	〈他Ⅰ〉	尊贵；尊重；尊敬
尊さ（とうとさ）③	〈名〉	宝贵；珍贵；贵重
改心（かいしん）①	〈名・自Ⅲ〉	改悔；改过自新；悔改
興味深い（きょうみぶかい）④	〈形Ⅰ〉	很有兴趣；颇有意思；兴致勃勃

練習用単語 4-1

李健（りけん）①	〈固名〉	(人名)李健
アクション（action）①	〈名〉	动作；武打
ホラー映画（horrorえいが）④	〈名〉	恐怖电影
詩（し）⓪	〈名〉	诗；诗词；诗歌
斉藤（さいとう）⓪	〈固名〉	(姓氏)齐藤
清水良一（しみずりょういち）①-⓪	〈固名〉	(人名)清水良一
クローズアップワールド（close-up world）⑧	〈固名〉	(节目名)《全球关注》
クローズアップ（close up）⑤	〈名・他Ⅲ〉	放大；聚焦；关注
ワールド（world）①	〈名〉	世界；全球；天下
今夜（こんや）①	〈名〉	今夜；今天晚上
構想（こうそう）⓪	〈名〉	构想；构思；想法
ねらい（狙い）⓪	〈名〉	目的；目标
昨年（さくねん）⓪	〈名〉	去年
基づく（もとづく）③	〈自Ⅰ〉	根据；基于；以……为前提/基础/蓝本
強調（きょうちょう）⓪	〈名・他Ⅲ〉	强调

言及(げんきゅう)⓪	〈名・他Ⅲ〉	言及；说起；谈到
提唱(ていしょう)⓪	〈名・他Ⅲ〉	提倡
反響(はんきょう)⓪	〈名・自Ⅲ〉	反响；反应；反馈
架け橋(かけはし)②	〈名〉	桥梁；纽带
連体修飾(れんたいしゅうしょく)⑤	〈名〉	(日语语法术语)连体修饰；定语修饰
焦点(しょうてん)①	〈名〉	焦点
散文(さんぶん)⓪	〈名〉	散文
伝記(でんき)⓪	〈名〉	传；传记
青春(せいしゅん)⓪	〈名〉	青春
古典(こてん)⓪	〈名〉	古典作品；古书；古籍
ブックリスト(booklist)④	〈名〉	书目；书单
エリザベス・キュブラー・ロス(Elisabeth Kübler-Ross)③-①-①	〈固名〉	(人名)伊丽莎白・库伯勒・罗斯
あらすじ(粗筋)⓪	〈名〉	概略；梗概；概要
臨死患者(りんしかんじゃ)④	〈名〉	临终病人
ケア(care)①	〈名・他Ⅲ〉	照顾；看护；护理；关心
真正面(ましょうめん)②	〈名〉	正对面；正面；正前方
向き合う(むきあう)③	〈自Ⅰ〉	相对；相向；面对面
死後(しご)①	〈名〉	死后；去世后
アピールポイント(和製appeal point)⑤	〈名〉	诉求点
宗教的(しゅうきょうてき)⓪	〈名・形Ⅱ〉	宗教(的)；宗教性(的)
宗教(しゅうきょう)①	〈名〉	宗教
無(む)①	〈名〉	无；没有；零
老い(おい)②⓪①	〈名〉	老；年老；衰老；老年人；老人
唯物史観(ゆいぶつしかん)⑤	〈名〉	唯物史观
救い(すくい)⓪	〈名〉	救援；搭救；拯救；挽救
題名(だいめい)⓪	〈名〉	题目；书名

配布(はいふ)⓪	〈名・他Ⅲ〉	散发；分发
張り出す(はりだす)③	〈他Ⅰ〉	突出；伸出；公布；揭示；张贴
回収(かいしゅう)⓪	〈名・他Ⅲ〉	回收；收回
集計(しゅうけい)⓪	〈名・他Ⅲ〉	合计；总计；统计
もしくは①	〈接〉	或者
回し読み(まわしよみ)⓪	〈名・他Ⅲ〉	轮流朗读；接力朗读
振り返り(ふりかえり)⓪	〈名〉	回顾
友情(ゆうじょう)⓪	〈名〉	友情；友谊
横暴(おうぼう)⓪	〈名・形Ⅱ〉	横暴；蛮横；残暴
漢詩(かんし)⓪	〈名〉	古诗；中国古诗；汉诗
友(とも)①	〈名〉	朋友；好友
ならわし(慣わし)⓪	〈名〉	习俗；风气；习惯；惯例
シルクロード(silk road)④	〈固名〉	丝绸之路
敦煌(とんこう)①	〈固名〉	(地名)敦煌
しみじみ③	〈副〉	痛切；深切
陳凱歌(チェンカイコー)①-①	〈固名〉	(人名)(中国导演)陈凯歌
北京ヴァイオリン(ぺきんviolin)④	〈固名〉	(电影名)《和你在一起》
ヴァイオリン(violin)⓪	〈名〉	小提琴
絆(きずな)⓪	〈名〉	羁绊；纽带；束缚
見守る(みまもる)⓪③	〈他Ⅰ〉	守护；呵护；关怀；关注
かけがえ(掛け替え)⓪	〈名〉	代替的东西；替换的东西
何気ない(なにげない)④	〈形Ⅰ〉	不形于色；假装没事；泰然自若
息づく(息衝く・いきづく)③	〈自Ⅰ〉	呼吸；喘气；喘息；叹息

ユニット2

新出単語

4-2

愛読書(あいどくしょ)③	〈名〉	喜欢读的书；爱读的书
寺田寅彦(てらだ-とらひこ)⓪-②	〈固名〉	(人名)寺田寅彦(日本随笔作家、地球物理学家、画家。夏目漱石小说《三四郎》的主人公原型。)

随筆(ずいひつ)⓪	<名>	随笔；杂文；散文
命題(めいだい)⓪	<名>	命题
試み(こころみ)⓪④	<名>	试；尝试
糸口(いとぐち)②	<名>	头绪；线索；眉目；开始；开端
回転(かいてん)⓪	<名・自Ⅲ>	转；转动；旋转
記憶力(きおくりょく)③	<名>	记忆力；记性
推理力(すいりりょく)③	<名>	推断力；推理能力
必ずしも(かならずしも)④	<副>	不一定；未必
適する(てきする)③	<自Ⅲ>	适合；适于；适当；适宜
資質(ししつ)⓪	<名>	资质；天资；素质；天性
劣る(おとる)②⓪	<自Ⅰ>	差；劣；逊色；不如
乞う(こう)①	<他Ⅰ>	请求；企求；希望
謙虚(けんきょ)①	<名・形Ⅱ>	谦虚；谦和
執拗(しつよう)⓪	<名・形Ⅱ>	固执；顽强；执拗
扉(とびら)⓪	<名>	门；门扇；(书籍)扉页
現行(げんこう)⓪	<名>	现行；正在实行(的)
選抜(せんばつ)⓪	<名・他Ⅲ>	选拔；挑选；选优
石井象二郎(いしい-しょうじろう)⓪-①	<固名>	(人名)石井象二郎（日本昆虫学家）
代助(だいすけ)①	<固名>	(人名)代助，夏目漱石文学作品《后来的事》(『それから』)的主人公
三四郎(さんしろう)③	<固名>	(人名)三四郎，夏目漱石文学作品《三四郎》(『三四郎』)的主人公)
二郎(じろう)①	<固名>	(人名)二郎，夏目漱石文学作品《行人》(『行人』)的主人公。
宗助(そうすけ)①	<固名>	(人名)宗助，夏目漱石文学作品《门》(『門』)的主人公。

津田(つだ)⓪	〈固名〉	(姓氏)津田，夏目漱石文学作品《明暗》(『明暗』)的主人公。
かくして①	〈副・接〉	如此；这样
美禰子(みねこ)①	〈固名〉	(人名)美弥子，夏目漱石的文学作品《三四郎》(『三四郎』)的女主人公。
直(なお)①	〈固名〉	(人名)直，夏目漱石的文学作品《行人》(『行人』)的主人公。
お米(およね)②	〈固名〉	(人名)阿米，夏目漱石的文学作品《门》(『門』)的主人公。
三千代(みちよ)⓪	〈固名〉	(人名)三千代，夏目漱石的文学作品《后来的事》(『それから』)的主人公。
お延(おのぶ)②	〈固名〉	(人名)阿延，夏目漱石的文学作品《明暗》(『明暗』)的主人公。
誠実(せいじつ)⓪	〈名・形Ⅱ〉	诚实；真诚；老实
戦く(おののく)③	〈自Ⅰ〉	战栗；战战兢兢
村上陽一郎(むらかみ-よういちろう)⓪-③	〈固名〉	(人名)(日本科学史家、科学哲学家)村上阳一郎
頸椎(けいつい)⓪	〈名〉	颈椎
差し入れる(さしいれる)④⓪	〈他Ⅱ〉	插入；投入；装进；送食物；送慰劳品；(给犯人)送东西
俳人(はいじん)⓪	〈名〉	俳句诗人
俳句(はいく)⓪	〈名〉	俳句(日本短诗)
万葉(まんよう)⓪	〈名〉	特指《万叶集》
古今(こきん)①⓪	〈名〉	特指《古今集》
親しむ(したしむ)③	〈自Ⅰ〉	亲密；亲近；接近；爱好；喜好
冗談半分(じょうだんはんぶん)⑤	〈名〉	半开玩笑
-めく	〈接尾・自Ⅰ〉	(接在名词后，形成动词)有特点；有感觉

やたら(に)⓪	〈形Ⅱ〉	胡乱；随便；任意；过分
湿っぽい(しめっぽい)④⓪	〈形Ⅰ〉	潮湿；湿润；(心情)郁闷；抑郁
-じみる	〈接尾・自Ⅱ〉	(接在名词后，形成动词)沾上；沾污；好像；仿佛
才能(さいのう)⓪	〈名〉	才能；才干
和らげる(やわらげる)④	〈他Ⅱ〉	使缓和；使柔和
サラダサーバー(salad server)④	〈名〉	沙拉专用餐具
著者(ちょしゃ)①	〈名〉	著者；作者
ミーハー⓪③	〈名〉	赶时髦的人；追星族
癖(くせ)②	〈名〉	癖好；习惯；毛病；习气；脾气；特征；特点
独占(どくせん)⓪	〈名・他Ⅲ〉	独占；垄断
岩城宏之(いわきひろゆき)①-②	〈固名〉	(人名)岩城宏之(指挥家)
朝日新聞(あさひしんぶん)④	〈固名〉	(报纸名)《朝日新闻》
学芸部(がくげいぶ)③	〈名〉	文艺部

練習用単語　　　　　　　　　　　　　　　　　4-2

ドナルド・キーン(Donald Keene)⑤	〈固名〉	(人名)(从事日本文学研究的美国学者)唐纳德・金
詩歌(しいか)①	〈名〉	诗歌
多様(たよう)⓪	〈名・形Ⅱ〉	多种多样；各式各样；多样
連想(れんそう)⓪	〈名・他Ⅲ〉	联想
満面(まんめん)⓪	〈名〉	满面；满脸
笑み(えみ)①	〈名〉	笑容；笑
一隅(いちぐう)⓪	〈名〉	一角；一隅
飾る(かざる)⓪	〈他Ⅰ〉	修饰；润色；装点；装饰
教養(きょうよう)⓪	〈名〉	教养；素养；素质
謎(なぞ)⓪	〈名〉	迷；谜语；迷惑

不快(ふかい)⓪②	〈名・形Ⅱ〉	不快；不愉快；不舒服
強烈(きょうれつ)⓪	〈名・形Ⅱ〉	強烈；非常；极其
会見(かいけん)⓪	〈名・自Ⅲ〉	会见；见面
空欄(くうらん)⓪	〈名〉	空格；空栏；空白处
お詫び(おわび)⓪	〈名〉	道歉
ジャンル(法语genre)①	〈名〉	体裁；种类
長編(ちょうへん)⓪	〈名〉	长篇
短編(たんぺん)⓪	〈名〉	短篇
論説(ろんせつ)⓪	〈名〉	论说；评论；(报刊)社论
説く(とく)①	〈他Ⅰ〉	说明；劝说；说服；宣传；说教
前世(ぜんせ/ぜんせい)①	〈名〉	前世
変身(へんしん)⓪	〈名・自Ⅲ〉	化(身)为～；改变装束；化装；变身
建立(こんりゅう)⓪	〈名・他Ⅲ〉	兴建(寺庙)；修建
囲む(かこむ)⓪	〈他Ⅰ〉	包围；围绕；环绕
日進月歩(にっしんげっぽ)⑤	〈名・自Ⅲ〉	日新月异

第5課　さまざまな学び

5-1

ユニット1

新出単語

伊藤(いとう)⓪	〈固名〉	(姓氏)伊藤
潤(じゅん)①	〈固名〉	(人名)润
上野(うえの)⓪	〈固名〉	(地名)上野
満開(まんかい)⓪	〈名〉	盛开
見回す(みまわす)⓪③	〈他Ⅰ〉	环视
よいしょ①	〈感〉	(抬重物或开始一个动作时发出的声音)一二三
ひょっとして⓪	〈副〉	也许；说不定；万一
オーケー(OK)①	〈感・名・自Ⅲ〉	好；行；可以(也可以说成「オッケー」)
花より団子(はなより-だんご)②-⓪		舍华求实；务实；避虚就实；美景不如美食
卵焼き(たまごやき)⓪	〈名〉	(日式)鸡蛋卷；玉子烧
苦笑い(にがわらい)③	〈名・自Ⅲ〉	苦笑
まさか①	〈副・感〉	不会吧；莫非；难道
部下(ぶか)①	〈名〉	部下；下属
赴任(ふにん)⓪	〈名・自Ⅲ〉	赴任；上任
信哉(しんや)①	〈固名〉	(人名)信哉
部活(ぶかつ)⓪	〈名〉	社团活动；俱乐部活动
夢中(むちゅう)⓪	〈名・形Ⅲ〉	着迷；专注
サクラチル⓪⑤		樱花凋谢；(用樱花凋谢委婉地表达)高考落榜(名落孙山)
ちる(散る)⓪	〈自Ⅰ〉	(花)凋谢；离散；传播；(精神)涣散
縁起でもない(えんぎでもない)⓪-①		不吉之兆；不吉利
年号(ねんごう)③	〈名〉	年号

鳴く(なく)⓪	<自Ⅰ>	啼叫；鸣叫。文中指日本人用794年的谐音「なくよ」来帮助记忆794年开始的平安时代及恒武天皇迁都平安京(今京都市)这一事件。全文为「鳴くよ、ウグイス、平安京(へいあんきょう)。」
うぐいす(鶯)②	<名>	黄莺；(俗)歌喉好的女性
焦る(あせる)②	<自Ⅰ>	着急；焦急
慣らす(ならす)②	<他Ⅰ>	使习惯；适应
こら①	<感>	(表示训斥或制止)嘿
あいにく⓪	<名・副>	不巧；偏偏
語呂合わせ(ごろあわせ)③	<名>	谐音；谐音的俏皮话

練習用単語　　　　　　　　　　　　　　　　　　　5-1

打ち込む(うちこむ)③	<自他Ⅰ>	专注；努力；用功
精一杯(せいいっぱい)④	<名・形Ⅱ>	拼尽全力；尽力
決定権(けっていけん)③⓪	<名>	决定权；裁决权
食事会(しょくじかい)③	<名>	聚餐
印鑑(いんかん)⓪③	<名>	印章
サイン(sign)①	<名・自他Ⅲ>	签字；签名
疑問(ぎもん)⓪	<名>	疑问
与益(よえき)⓪	<名・自Ⅲ>	给……好处、恩惠、利益等
変更(へんこう)⓪	<名・他Ⅲ>	变更；变化
再来週(さらいしゅう)⓪	<名>	下下周
次第(しだい)⓪	<名>	(用于解释原因、经过)情况；情形
急用(きゅうよう)⓪	<名>	急事
サンキュー(thank you)①	<感>	(比较随意的说法)谢谢！感谢！多谢！
オーナー(owner)①	<名>	所有者；业主

改装(かいそう)⓪	〈名・他Ⅲ〉	重新装修
ヘルシー(healthy)①	〈名・形Ⅱ〉	健康的；有益健康的
マーカー(marker)①	〈名〉	标记，标识；记号笔
次回(じかい)①⓪	〈名〉	下一次；下回；下一集
移る(うつる)②	〈自Ⅰ〉	转移；移动；转换；变换

ユニット2
新出単語

5-2

科学(かがく)①	〈名〉	科学
語源(ごげん)⓪	〈名〉	语源；词源
運び去る(はこびさる)④	〈他Ⅰ〉	运走；运送到
気晴らし(きばらし)⓪	〈名〉	散心；消遣；解闷
曝す(さらす)⓪	〈他Ⅰ〉	曝晒；漂白；暴露
解き放つ(ときはなつ)④	〈他Ⅰ〉	解开；放开；解放
心身(しんしん)①	〈名〉	身心
リフレッシュ(refresh)③	〈名・他Ⅲ〉	重新振作；恢复精神
役立つ(やくだつ)③	〈自Ⅰ〉	有用；有益；起作用
大脳(だいのう)①	〈名〉	大脑
発達(はったつ)⓪	〈名・自Ⅲ〉	发达；高度发展
知恵(ちえ)②	〈名〉	智慧
高度(こうど)①	〈名・形Ⅱ〉	高度；高级
身体的(しんたいてき)⓪	〈名・形Ⅱ〉	身体性(的)
身体(しんたい)⓪	〈名〉	身体
限界(げんかい)⓪	〈名〉	界限；范围；限度
位置付ける(いちづける)④	〈他Ⅱ〉	确定~的(地位)；定位；赋予
競技(きょうぎ)①	〈名・自Ⅲ〉	体育比赛；比赛
世界選手権(せかいせんしゅけん)⑥	〈名〉	世界锦标赛
競技スポーツ(きょうぎsport)⑤	〈名〉	体育比赛

在り方(ありかた)⓪	<名>	存在方式；理想状态
ウォーキング(walking)⓪①②	<名・自Ⅲ>	走路；健步走
くくる(括る)⓪	<他Ⅰ>	总括；总结；捆扎；绑住
生きがい(生き甲斐・いきがい)⓪③	<名>	生活的价值；生存的意义
生涯(しょうがい)①	<名>	生涯；一生；终生
機械文明(きかいぶんめい)④	<名>	机械文明；近代文明
どっぷり(と)③	<副>	浸透；沉湎
浸かる(つかる)⓪	<自Ⅰ>	泡；浸泡；淹
現代人(げんだいじん)③	<名>	现代人
極端(きょくたん)⓪	<名・形Ⅱ>	极端(的)；极其(的)
飽食(ほうしょく)⓪	<名・自Ⅲ>	饱食
出納(すいとう)⓪	<名・他Ⅲ>	出纳；收支
成人病(せいじんびょう)⓪	<名>	成人病(指动脉硬化、高血压、糖尿病等)
障害(しょうがい)⓪	<名>	障碍；妨碍
唯一(ゆいいつ/ゆいつ)①	<名>	唯一；独一无二
無縁(むえん)⓪	<名・形Ⅱ>	无缘；没有关系
結びつく(むすび付く・むすびつく)④	<自Ⅰ>	结合；有联系；有关系
半世紀(はんせいき)③	<名>	半个世纪
国威発揚(こくい-はつよう)①-⓪	<名>	发扬国威
絶好(ぜっこう)⓪	<名・形Ⅱ>	绝好；最佳；最好
認識(にんしき)⓪	<名・他Ⅲ>	认识；意识
知見(ちけん)⓪	<名>	知识和见识；见解；想法
蓄積(ちくせき)⓪	<名・他Ⅲ>	积蓄；积累；积攒
ソ連(それん)①	<固名>	(国名)(「Soviet連邦共和国」的省略说法)苏联
東独(とうどく)⓪	<固名>	(国名)东德

東欧圏(とうおうけん)③	〈固名〉	东欧圈；东欧区域
先行(せんこう)⓪	〈名・自Ⅲ〉	先行；领先；走在前头
西欧諸国(せいおうしょこく)⑤	〈名〉	西欧各国
西欧(せいおう)⓪	〈名〉	欧洲西部；(明治、大正时期）欧洲总称
諸国(しょこく)①	〈名〉	各国；诸国
ギャップ(gap)⓪①	〈名〉	(意见)分歧；隔阂；差距；裂缝
集積(しゅうせき)⓪	〈名・自他Ⅲ〉	集积；集聚
測定(そくてい)⓪	〈名・他Ⅲ〉	测量；测定
埋める(うめる)⓪	〈他Ⅱ〉	填；补足；掩埋；埋入
サポート(support)②⓪	〈名・他Ⅲ〉	支持；支援；赞助；供养
なし(無し)①	〈形Ⅰ・名〉	(「ない」的古语形式)无；没有
競技者(きょうぎしゃ)③	〈名〉	参赛者；竞赛者
競技力(きょうぎりょく)③	〈名〉	竞技能力
発揮(はっき)⓪	〈名・他Ⅲ〉	发挥
心技体(しんぎ-たい)①-①	〈名〉	心情、技术、身体
打具(だぐ)①	〈名〉	(体育运动中)用来拍击或击打的球拍、球杆等
シューズ(shoes)①	〈名〉	鞋子
ウェア(wear)①	〈名〉	服装
用具(ようぐ)①⓪	〈名〉	用具；工具
自動(じどう)⓪	〈名〉	自动
速報(そくほう)⓪	〈名・他Ⅲ〉	快报；速报；迅速报道
競技会(きょうぎかい)③	〈名〉	体育比赛；运动会
最先端(さいせんたん)③	〈名〉	最尖端；最前沿
活用(かつよう)⓪	〈名・自他Ⅲ〉	有效地利用；运用；实际应用；活用
蓄える(たくわえる)④③	〈他Ⅱ〉	积蓄；储备；储存
働きかけ合う(はたらきかけあう)⑦	〈他Ⅰ〉	互相起作用；互动

恩恵(おんけい)⓪	〈名〉	恩惠；恩典；好处
同時(どうじ)⓪①	〈名〉	同时
悪魔性(あくませい)⓪	〈名〉	恶魔性；魔鬼性
ドーピング(doping)⓪	〈名〉	兴奋剂
遺伝子(いでんし)②	〈名〉	遗传基因
懸念(けねん)⓪	〈名・他Ⅲ〉	担心；忧虑；惦念；固执
フェアプレー(fair play)④	〈名〉	公正的比赛；光明磊落
フェア(fair)①	〈名・形Ⅱ〉	公平；公正；光明正大
要求(ようきゅう)⓪	〈名・他Ⅲ〉	要求
幸福(こうふく)⓪	〈名・形Ⅱ〉	幸福
浅見俊雄(あさみ-としお)⓪-⓪	〈固名〉	(人名)浅见俊雄(日本足球界名宿)

練習用単語　　　　　　　　　　　　　　　　　　　　5-2

眼鏡橋(めがねばし)④	〈固名〉	(桥梁名称)眼镜桥(位于日本长崎市)
かせい(火星)⓪	〈名〉	火星
うんが(運河)①	〈名〉	运河
銀貨(ぎんか)①	〈名〉	银币
立ち止まる(たちどまる)③	〈自Ⅰ〉	站定；站住
悪影響(あくえいきょう)③	〈名〉	不好的影响；恶劣影响
個人差(こじんさ)②	〈名〉	个体差异
勝利者(しょうりしゃ)③	〈名〉	胜出者；获胜者
勝利(しょうり)①	〈名・自Ⅲ〉	胜利
読み比べる(よみくらべる)⑤	〈他Ⅱ〉	对比阅读；对照阅读
道場(どうじょう)⓪	〈名〉	训练场；(佛教)道场
フィギュアスケート(figure skate)⑤	〈名〉	花样滑冰
入賞(にゅうしょう)⓪	〈名・自Ⅲ〉	得奖；获奖
グランプリ(法语grand prix)②④	〈名〉	大奖；最高级别奖项
メダル(medal)⓪①	〈名〉	奖牌

獲得(かくとく)⓪	〈名・他Ⅲ〉	获得；得到
強豪(きょうごう)⓪	〈名〉	高手；强手；劲旅；劲敌
開幕(かいまく)⓪	〈名・自他Ⅲ〉	开幕；开赛
ジャンプ(jump)①	〈名・自Ⅲ〉	跳跃；起跳；腾空
欠場(けつじょう)⓪	〈名・自Ⅲ〉	缺席；缺阵
冬季(とうき)①	〈名〉	冬季；冬天

第6課　子供と大人

ユニット1

新出単語

6-1

おばあちゃん子(おばあちゃんこ)④	〈名〉	依恋奶奶(姥姥)的孩子
ー子(ーこ)	〈接尾〉	小孩；人；子
指導教授(しどうきょうじゅ)④	〈名〉	导师；指导老师
八百屋(やおや)⓪	〈名〉	蔬果店
インターフォン(interphone)③	〈名〉	对讲门铃；门铃电话
家内(かない)①	〈名〉	(我)妻子；内人；拙荆
主人(しゅじん)①	〈名〉	(我)丈夫
お義母さん(おかあさん)②	〈名〉	岳母；婆婆
見える(みえる)②	〈自Ⅱ〉	(「来る」的尊敬说法)来；光临；莅临
気を遣う(きをつかう)⓪-⓪		用心；客气；顾虑
恐れ入る(おそれいる)⓪	〈自Ⅰ〉	不好意思；受之有愧；惶恐
お持たせ(おもたせ)⓪②	〈名〉	用客人带来的礼品招待客人
どれどれ①	〈感〉	(「どれ」的叠词形式)哎；啊；喂
清水健太(しみずけんた)①-①	〈固名〉	(人名)清水健太
退席(たいせき)⓪	〈名・自Ⅲ〉	退席；退场；离席；离场
バージョン(version)①⓪	〈名〉	版本；形式；种类
意外(いがい)⓪	〈名・形Ⅱ〉	意外；出人意料；没想到
アジュマ⓪①		(韩语)阿姨；大妈
違和感(いわかん)②	〈名〉	不协调的感觉，觉得别扭，合不来
奥様(おくさま)①	〈名〉	(敬称)您夫人；您爱人；您太太；夫人；太太
おや②	〈感〉	(表示意外或疑问)哎；唷；噢；哎呀

練習用単語

孫(まご)②	〈名〉	(外)孙子；(外)孙女；孙辈
収蔵品(しゅうぞうひん)⓪	〈名〉	收藏品
呼称(こしょう)⓪	〈名・自他Ⅲ〉	称呼；名称；做体操时喊出的口号"一二三四"
ニューファミリー(new family)③	〈名〉	新家庭
ひまわり(向日葵)②	〈名〉	向日葵
放し飼い(はなしがい)⓪	〈名〉	放养；散养
シマウマ(縞馬)⓪	〈名〉	斑马
李楠(り-なん)①-①	〈固名〉	(人名)李楠
張静南(ちょう-せいなん)①-①	〈固名〉	(人名)张静南
金麗花(きん-れいか)①-①	〈固名〉	(人名)金丽花
白雪莉(はく-せつり)①-①	〈固名〉	(人名)白雪莉
張一昭(ちょう-いっしょう)①-①	〈固名〉	(人名)张一昭
長女(ちょうじょ)①	〈名〉	长女；大女儿
次女(じじょ)①	〈名〉	次女；二女儿
居候(いそうろう)④⓪	〈名・自Ⅲ〉	食客；吃闲饭的；寄人篱下
メス(雌)②	〈名〉	雌；牝
餌(えさ)⓪②	〈名〉	食饵；饲料；诱饵
合言葉(あいことば)③	〈名〉	口令；暗语；口号
ロボット(robot)②①	〈名〉	机器人
逃げる(にげる)②	〈自Ⅱ〉	逃跑；逃走
役柄(やくがら)⓪	〈名〉	职务；(任务、工作的)性质；职位的身分
ボーイフレンド(boy friend)④	〈名〉	男朋友
滞在(たいざい)⓪	〈名・自Ⅲ〉	停留；逗留
熱烈歓迎(ねつれつかんげい)⑤	〈感〉	热烈欢迎
快適(かいてき)⓪	〈名・形Ⅱ〉	舒适；方便

ユニット2

新出単語　　　　　　　　　　　　　　　　　　　　　　　　　　　6-2

変容(へんよう)⓪	〈名・自他Ⅲ〉	改变面貌；变样
社会力(しゃかいりょく)②	〈名〉	社会交际能力；社会交往能力
不登校(ふとうこう)②	〈名〉	不上学；不想上学；逃学
登校(とうこう)⓪	〈名・自Ⅲ〉	上学
引きこもり(ひきこもり)⓪	〈名〉	闷在家里；不出屋；隐居；宅
非社会的(ひしゃかいてき)⓪	〈名・形Ⅱ〉	逃避社会(交往)
問題視(もんだいし)③	〈名・他Ⅲ〉	视为问题；当成问题
-視(-し)	〈接尾〉	看作；看成；看待
久しい(ひさしい)③	〈形Ⅰ〉	好久；很久
筑波大学(つくばだいがく)④	〈固名〉	(日本)筑波大学
門脇厚司(かどわき-あつし)②-①	〈固名〉	(人名)门胁厚司(日本教育学家)
要因(よういん)⓪	〈名〉	要因；主要原因
試みる(こころみる)④	〈他Ⅱ〉	试；尝试；试验一下
概要(がいよう)⓪	〈名〉	概要；概略
形態(けいたい)⓪	〈名〉	形态；形式；样子
住居(じゅうきょ)①	〈名〉	住所；住宅
外部化(がいぶか)⓪	〈名・自Ⅲ〉	(家庭功能的)社会化
外部(がいぶ)①	〈名〉	外部；外界；外面；社会
世帯(せたい)②①	〈名〉	家庭；户
人数(にんずう)①	〈名〉	人数；人员数量
マイホーム(和製英語my home)③	〈名〉	(属于)自己的房子；自己的家
マイルーム(和製英語my room)③	〈名〉	自己的房间
進行(しんこう)⓪	〈名・自Ⅲ〉	进行；进展；发展
-あたり	(接尾)	每～
夫婦(ふうふ)①	〈名〉	夫妇；夫妻
郊外(こうがい)①	〈名〉	郊外；郊区
都心(としん)⓪	〈名〉	(大城市的)市中心

空ける(あける)⓪	〈他Ⅱ〉	空出；腾出；空开
交わり(まじわり)④⓪	〈名〉	交往；打交道
近所(きんじょ)①	〈名〉	近邻；近处
付き合い(つきあい)③⓪	〈名〉	交际；交往
-ぐるみ	〈接尾〉	全都；连～在内；带
失う(うしなう)⓪	〈他Ⅰ〉	失去；失掉；丧失
希薄(きはく)⓪	〈名・形Ⅱ〉	稀薄；不足
おおもと(大本)⓪④	〈名〉	根本；根源；根基
培う(つちかう)③	〈他Ⅰ〉	培植；培养；培育
衰弱(すいじゃく)⓪	〈名・自Ⅲ〉	衰弱；减弱
増強(ぞうきょう)⓪	〈名・他Ⅲ〉	增强；加强
促す(うながす)③⓪	〈他Ⅰ〉	促进；促使；催促
阻害(そがい)⓪	〈名・他Ⅲ〉	阻碍；障碍；妨碍
休息(きゅうそく)⓪	〈名・自Ⅲ〉	休息
提供(ていきょう)⓪	〈名・他Ⅲ〉	提供
保障(ほしょう)⓪	〈名・他Ⅲ〉	保障
慰安(いあん)⓪	〈名・他Ⅲ〉	安慰；慰劳
和む(なごむ)②	〈自Ⅰ〉	平静，缓和；温和
心理的(しんりてき)⓪	〈名・形Ⅱ〉	心理的；心理上的
性的(せいてき)⓪	〈名・形Ⅱ〉	性的；性欲上的；性别上的
欲求(よっきゅう)⓪	〈名・他Ⅲ〉	欲望；希求；需求
満たす(みたす)②	〈他Ⅰ〉	满足；充满；填充
充足(じゅうそく)⓪	〈名・自他Ⅲ〉	充足；充裕；补充
担う(になう)②	〈他Ⅰ〉	肩负；担负；承担
生殖(せいしょく)⓪	〈名・他Ⅲ〉	生殖；繁殖
家系(かけい)⓪	〈名〉	血统；香火；门第
養育(よういく)⓪	〈名・他Ⅲ〉	养育；抚养
広範(こうはん)⓪	〈名・形Ⅱ〉	广泛；广大
激化(げきか/げっか)①⓪	〈名・自Ⅲ〉	激化；加剧；愈演愈烈
塾(じゅく)①	〈名〉	私塾；补习班；补习学校

昔話(むかしばなし)④	<名>	故事；传说；过去的事；旧话
親子(おやこ)①	<名>	亲子；父(母)女；父(母)子
触れ合い(ふれあい)⓪	<名>	沟通；交往；接触
変質(へんしつ)⓪	<名・自Ⅲ>	变质；变态；性格异常
形成(けいせい)⓪	<名・他Ⅲ>	形成
及ぼす(およぼす)③	<他Ⅰ>	波及；影响到；带来
情緒的(じょうちょてき/じょうしょてき)⓪	<名・形Ⅱ>	情趣的；风趣的
情緒(じょうちょ/じょうしょ)①	<名>	情趣；风趣；情绪
薄い(うすい)⓪②	<形Ⅰ>	淡；薄
共同(きょうどう)⓪	<名・自Ⅲ>	共同；一起；合作
もちつもたれつ(持ちつ持たれつ)②-③		互相帮助
要するに(ようするに)③	<副>	总之；总而言之
依存(いぞん/いそん)⓪	<名・自Ⅲ>	依存；依靠；赖以生存

練習用単語　　　　　　　　　　　　　　　　　　　　6-2

解決策(かいけつさく)④	<名>	解决办法，解决方案
大接戦(だいせっせん)③	<名>	(势均力敌的)硬仗
接戦(せっせん)⓪	<名・自Ⅲ>	势均力敌之战；肉搏战
隠れる(かくれる)③	<自Ⅱ>	隐藏；躲藏
取り入れる(とりいれる)④⓪	<他Ⅱ>	采纳；采用；引进

第7課　説　明

7-1

ユニット1
新出単語

たまらない(▽堪らない)⓪	〈形Ⅰ〉	~得不得了；难以形容；非常；受不了
名刺(めいし)⓪	〈名〉	名片
だらし(が)ない④	〈形Ⅰ〉	散漫；懒散；不守规矩
言い訳(いいわけ)⓪	〈名・自他Ⅲ〉	辩解；分辨
以後(いご)①	〈名〉	以后；今后
座談会(ざだんかい)②	〈名〉	座谈会
座談(ざだん)⓪	〈名〉	座谈
そう(沿う)⓪	〈自Ⅰ〉	按照；沿着；顺着
トイレットペーパー(toilet paper)⑥	〈名〉	卫生纸，手纸
ピンイン⓪	〈名〉	拼音
阿倍仲麻呂(あべの-なかまろ)⓪-⓪	〈固名〉	(人名)阿倍仲麻呂(698-770，日本奈良时代遣唐留学生，入唐后改名晁衡(朝衡))
李白(りはく)①	〈固名〉	(人名)(唐朝诗人)李白
史実(しじつ)①	〈名〉	史实；历史事实
帰り道(かえりみち)③	〈名〉	回去的路上；归途
打ち上げ(うちあげ)⓪	〈名〉	放(烟花)；发射(卫星等)；(比赛、庆典、工作等)结束

練習用単語

7-1

順調(じゅんちょう)⓪	〈名・形Ⅱ〉	顺利
改革開放 (かいかく-かいほう) ④-④	〈名〉	改革开放
改革(かいかく)⓪	〈名・他Ⅲ〉	改革
開放(かいほう)⓪	〈名・他Ⅲ〉	开放
方針(ほうしん)⓪	〈名〉	方针

非難(ひなん)①	〈名・他Ⅲ〉	非难，责备；指责
謝罪(しゃざい)⓪	〈名・自他Ⅲ〉	赔礼；道歉；赔罪
横浜(よこはま)⓪	〈固名〉	(地名)横滨
苦情(くじょう)⓪	〈名〉	抱怨；棘手之事；投诉；诉苦
婉曲(えんきょく)⓪	〈名・形Ⅱ〉	委婉；婉转
回避(かいひ)①	〈名・他Ⅲ〉	回避；躲避；规避
話を切る(はなしをきる)③-①		打断(别人的)话
わりと(割と)⓪	〈副〉	比较；相对
エピソード(episode)①③	〈名〉	插曲；趣谈；轶事
宝物(たからもの)⓪⑤④	〈名〉	宝贝；宝物；法宝

ユニット2
新出単語

7-2

年功制(ねんこうせい)⓪	〈名〉	年功制(以员工在本企业的工龄和功劳，决定员工的薪酬和职位晋升)，论资排辈
年功(ねんこう)⓪	〈名〉	多年的功绩；功劳；资历；长年的经验
成果主義(せいかしゅぎ)④	〈名〉	结果主义(只注重结果而不管过程)
導入(どうにゅう)⓪	〈名・他Ⅲ〉	导入；引进；引入；引用
バブル崩壊(bubbleほうかい)①-④	〈名〉	泡沫(经济)破裂(破灭)
痛手(いたで)⓪	〈名〉	重伤；重创；沉重打击
各社(かくしゃ)①	〈名〉	各公司
変革(へんかく)⓪	〈名・他Ⅲ〉	变革；改革；变化
迫る(せまる)②	〈自Ⅰ〉	强迫；迫使；迫近；逼近；陷于困境
年功序列(ねんこうじょれつ)⓪⑤	〈名〉	论资排辈
終身雇用(しゅうしんこよう)⑤	〈名〉	终身雇用(制)

打ち砕く（うちくだく）④⓪	〈他Ⅰ〉	打碎；粉碎
代わる（かわる）⓪	〈自Ⅰ〉	更换；更迭；代理；代替
システム（system）①	〈名〉	系统
模索（もさく）⓪	〈名・他Ⅲ〉	摸索
単純（たんじゅん）⓪	〈名・形Ⅱ〉	单纯；简单
低迷（ていめい）⓪	〈名・自Ⅲ〉	沉沦；沦落；低迷
人件費（じんけんひ）③	〈名〉	人事费；劳动力成本
圧縮（あっしゅく）⓪	〈名・他Ⅲ〉	压缩；缩短
コスト削減（costさくげん）④	〈名〉	降低成本
コスト（cost）①	〈名〉	成本
削減（さくげん）⓪	〈名・他Ⅲ〉	削减；减少
至上命題（しじょうめいだい）④	〈名〉	(由「至上命令」发展而来)最重要的课题，最迫切的任务
至上（しじょう）⓪	〈名〉	至上；无上；高于一切
命題（めいだい）⓪	〈名〉	命题；题目
要件（ようけん）③⓪	〈名〉	重要的事情；必要的条件
手厚い（てあつい）⓪③	〈形Ⅰ〉	热情；热忱；丰厚；优厚
給与（きゅうよ）①	〈名・他Ⅲ〉	工资；薪金；津贴；供给
ポスト（post）①	〈名〉	地位；工作岗位；职位
報いる（むくいる）③⓪	〈自他Ⅱ〉	报答；报偿；答谢
手法（しゅほう）⓪	〈名〉	手法；技巧
合理的（ごうりてき）⓪	〈名・形Ⅱ〉	合理的
モチベーション（motivation）③⓪	〈名〉	动机；动因；积极性
引き出す（ひきだす）③	〈他Ⅰ〉	引导；抽出；调动
組織（そしき）①	〈名〉	组织；构造；构成
集合体（しゅうごうたい）⓪	〈名〉	集合体；群体
必然的（ひつぜんてき）⓪	〈名・形Ⅱ〉	必然的
生産性（せいさんせい）⓪	〈名〉	生产率；生产经营的效率
定期昇給（ていきしょうきゅう）④	〈名〉	定期提薪；定期加薪
定期（ていき）①	〈名〉	定期

昇給(しょうきゅう)⓪	〈名・自Ⅲ〉	提薪；加薪
引き下げる(ひきさげる)④	〈他Ⅱ〉	降低；减低；撤回
トータル(total)①	〈名〉	总计；合计；总额；整体
絶望(ぜつぼう)⓪	〈名・自Ⅲ〉	绝望；毫无希望
自主的(じしゅてき)⓪	〈名・形Ⅱ〉	自主，独立自主，主动
去る(さる)①	〈自Ⅰ〉	离开；离去
なお(尚)①	〈副〉	更；还；再
いちはやく (いち早く)③	〈副〉	迅速；飞快；马上
賃金(ちんぎん)①	〈名〉	工资；薪金；报酬
社内(しゃない)①	〈名〉	公司内部
同(どう)①	〈名〉	同；该
またたく間に(瞬くまに)③	〈副〉	转眼间；眨眼间；一瞬间
またたく(瞬く)③	〈自Ⅰ〉	眨眼；闪烁；明灭
浸透(しんとう)⓪	〈名・自Ⅲ〉	(液体、思想等)渗入；渗透
厚生労働省(こうせいろうどうしょう)⑦	〈名〉	厚生劳动省(日本负责医疗卫生和社会保障的政府部门)
厚生(こうせい)⓪	〈名〉	保健；卫生；提高生活；增进健康
就労(しゅうろう)⓪	〈名・自Ⅲ〉	着手工作；就业
時点(じてん)①	〈名〉	时间；时候
達する(たっする)⓪③	〈自Ⅲ〉	到达；达到；完成
中堅(ちゅうけん)⓪	〈名〉	骨干；中坚；主力军
産業界(さんぎょうかい)③	〈名〉	产业界
戦略(せんりゃく)⓪	〈名〉	战略
象徴(しょうちょう)⓪	〈名・他Ⅲ〉	象征
長期(ちょうき)①	〈名〉	长期；长时间
余儀ない(よぎない)③	〈形Ⅰ〉	不得已；无奈何；没办法
事情(じじょう)⓪	〈名〉	(实际)情况；情形
拍車をかける(はくしゃをかける)⓪-②		加快；加速；促进；推动
拍車(はくしゃ)⓪	〈名〉	马刺

否めない(いなめない)③		不能拒绝；不能否认
否む(いなむ)②	〈他Ⅰ〉	拒绝；否定
勤労(きんろう)⓪	〈名・自Ⅲ〉	勤劳；劳动
招く(まねく)②	〈他Ⅰ〉	招呼；招待；宴请；聘请；招聘；招致
従業員(じゅうぎょういん)③	〈名〉	员工；职工；工作人员
格差(かくさ)①	〈名〉	差距；差别；等级差别
足をひっぱる(あしをひっぱる)②-③		扯后腿；暗中阻止别人进步
ほぼ(略)①	〈副〉	大体上；大致；大略
倍増(ばいぞう)⓪	〈名・自Ⅲ〉	增加一倍；倍增
試行錯誤(しこうさくご)④	〈名〉	试错；反复试验；不断摸索
試行(しこう)⓪	〈名・他Ⅲ〉	试行；试验
錯誤(さくご)①	〈名〉	错误；错谬(书面语)
相変わらず(あいかわらず)⓪	〈副〉	照旧；依旧
支障(ししょう)⓪	〈名〉	故障；障碍
メンタル(mental)①	〈名・形Ⅱ〉	心理的；精神的；智力的
危うい(あやうい)⓪③	〈形Ⅰ〉	危险
病(やまい)①	〈名〉	病；疾病；毛病
超える(こえる)⓪②	〈他Ⅱ〉	超过；超越
働きざかり(はたらきざかり)⑤	〈名〉	壮年期；年富力强；正当年
休職(きゅうしょく)⓪	〈名・自Ⅲ〉	停职；病休
裁量(さいりょう)⓪③	〈名・他Ⅲ〉	斟酌决定；酌情处理；酌量定夺
欠如(けつじょ)①	〈名・自Ⅲ〉	缺乏；缺少
一因(いちいん)⓪	〈名〉	一个原因
労災(ろうさい)⓪	〈名〉	工人灾害补偿；工伤
請求(せいきゅう)⓪	〈名・自他Ⅲ〉	请求；要求；索取
件数(けんすう)③	〈名〉	件数
-増(-ぞう)	〈接尾〉	(接在表示数量的名词后)增加；多

無関係(むかんけい)②	＜名＞	无关；没关系
多大(ただい)⓪	＜名・形Ⅱ＞	很大；极大；巨大
もたらす③⓪	＜他Ⅰ＞	带来
後戻り(あともどり)③	＜名・自Ⅲ＞	往回走；返回；倒退；退步；走回头路
犠牲(ぎせい)⓪	＜名・他Ⅲ＞	奉献；牺牲
更なる(さらなる)①	＜連体＞	更加；进一步
富士通(ふじつう)②	＜固名＞	(日本公司名称)富士通
前述(ぜんじゅつ)⓪	＜名・自Ⅲ＞	前述；上述
城繁幸(じょう-しげゆき)①-②	＜固名＞	(人名)城繁幸(作家)
氏(し)①	＜名＞	先生；位
若年層(じゃくねんそう)③	＜名＞	年轻人；青年人
若年(じゃくねん)⓪	＜名＞	青少年；年轻；年少
中高年(ちゅうこうねん)③	＜名＞	中老年
管理職(かんりしょく)③	＜名＞	(公司的)管理人员
課する(かする)②	＜他Ⅲ＞	课以；分配；要求
支配(しはい)①③	＜名・他Ⅲ＞	管理；控制；支配；统治；指使
ステイタス/ステータス(status)②	＜名＞	社会地位；身份
永遠(えいえん)⓪	＜名・形Ⅱ＞	永远
見出す(みいだす)③⓪	＜他Ⅰ＞	找到；发现；找出来
新報(しんぽう)①	＜名＞	新报；新报纸；新消息
既得権(きとくけん)③	＜名＞	既得权利；既得权
報う(むくう)②⓪	＜自他Ⅰ＞	(同「報いる」)报答；报偿；答谢

練習用単語　　　　　　　　　　　　　　　　　　　　　7-2

実現(じつげん)⓪	＜名・自Ⅲ＞	实现
浮かび上がる(うかびあがる)④	＜自Ⅰ＞	浮上来；显现出来；浮现
主旨(しゅし)①	＜名＞	主旨；中心思想

就活（しゅうかつ）⓪	〈名・自Ⅲ〉	（「就職活動」的省略说法）找工作；求职
交渉（こうしょう）⓪	〈名・自他Ⅲ〉	交涉；斡旋；打交道
笑顔（えがお）①	〈名〉	笑脸；笑容
反論（はんろん）⓪	〈名・自他Ⅲ〉	相反意见；不同观点；反驳
不況（ふきょう）⓪	〈名〉	经济不景气；萧条
閉鎖（へいさ）⓪	〈名・自他Ⅲ〉	封锁；闭塞；关闭；堵住
追及（ついきゅう）⓪	〈名・他Ⅲ〉	追究
一回戦（いっかいせん）⓪	〈名〉	首战；首轮比赛
逆ギレ（ぎゃくぎれ）⓪	〈名・自Ⅲ〉	应该被发火（指责）的人反而发火
販売（はんばい）⓪	〈名・他Ⅲ〉	贩卖；售卖；销售
経緯（けいい）①	〈名〉	经纬；经过；始末
解消（かいしょう）⓪	〈名・自他Ⅲ〉	解除；取消；排解
編集長（へんしゅうちょう）③	〈名〉	总编；主编
記者（きしゃ）②①	〈名〉	记者
模造紙（もぞうし）②	〈名〉	模造纸（日本仿牛皮纸）
図表（ずひょう）⓪	〈名〉	图表
下書き（したがき）⓪	〈名・他Ⅲ〉	草稿；底稿
出典（しゅってん）⓪	〈名〉	出处
リソース（resource）②	〈名〉	资源
見出し（みだし）⓪	〈名〉	标题；索引；词条；条目
メイン（main）①	〈名〉	主要；核心
囲み（かこみ）⓪	〈名〉	周围；用线圈起来的报道（读物）；花边文字；包围
サブ（sub）①	〈名〉	次要；副；辅助
シンデレラ（Cinderella）③	〈固名〉	（人名）灰姑娘
爆笑（ばくしょう）⓪	〈名・自Ⅲ〉	爆笑；哄堂大笑
渦（うず）①	〈名〉	漩涡；漩涡状；混乱状态

見事(みごと)①	〈形Ⅱ・副・名〉	完全；徹底；漂亮；卓越；好看
創作劇(そうさくげき)④	〈名〉	自编剧；原创剧
創作(そうさく)⓪	〈名・他Ⅲ〉	创作；编创
審査(しんさ)①	〈名・他Ⅲ〉	审查；评审
総評(そうひょう)⓪	〈名・他Ⅲ〉	总评
独創性(どくそうせい)⓪	〈名〉	原创性；独创性
勝ち取る(かちとる)⓪③	〈他Ⅰ〉	获得；获取；争取；夺得
トップ記事(topきじ)④	〈名〉	(新闻、报纸等的)头条；消息
トップ(top)①	〈名〉	顶端；上方；第一
レイアウト(layout)③	〈名・他Ⅲ〉	版面设计；配置计划
スペース(space)②	〈名〉	空格；空白
段組み(だんぐみ)⓪	〈名・他Ⅲ〉	分栏
字数(じすう)②	〈名〉	字数
読み合う(よみあう)③	〈他Ⅰ〉	合作朗读；一起朗读
講評(こうひょう)⓪	〈名・他Ⅲ〉	讲评

第8課 発表

ユニット1

新出単語

8-1

受講生(じゅこうせい)②	<名>	听课学生
受講(じゅこう)⓪	<名・他Ⅲ>	听课；听讲
設定(せってい)⓪	<名・他Ⅲ>	设定；规定
文献(ぶんけん)⓪	<名>	文献
米田（よねだ）①	<固名>	(姓氏)米田
大山(おおやま)⓪	<固名>	(姓氏)大山
お手元(おてもと)⓪	<名>	您手上；您手里；您身边
手元(てもと)③	<名>	手里；手头；身边
レジュメ(法语résumé)⓪	<名>	(研究报告、讲座、课程等的)摘要；概要
−部(−ぶ)	<接尾>	部；(前接数词)份；部；册；本
橋本(はしもと)⓪	<固名>	(姓氏)桥本
ブーム(boom)①	<名>	热潮；超级流行
マスコミ⓪	<名>	(「マス・コミュニケーション(mass communication)」的省略说法)大众媒体；大众传媒；新闻媒体
報じる(ほうじる)⓪③	<自他Ⅱ>	报道；报告；报答
実態(じったい)⓪	<名>	实际情况
抱える(かかえる)⓪	<他Ⅱ>	怀抱；抱有
一端(いったん)③⓪	<名>	一部分；一面；一端
明らか(あきらか)②	<形Ⅱ>	清楚；明显；明确
世論調査(せろんちょうさ/よろんちょうさ)④	<名>	社会调查；民意测验
世論(せろん/よろん)①	<名>	舆论
飼育(しいく)⓪	<名・他Ⅲ>	饲养；养

あたかも(▼恰も)①	〈副〉	正好；正是；犹如
急増(きゅうぞう)⓪	〈名・自他Ⅲ〉	剧增；猛增
-台(-だい)	〈接尾〉	表示数量的范围；辆，台
比率(ひりつ)⓪	〈名〉	比率；比例
上昇(じょうしょう)⓪	〈名・自Ⅲ〉	上升
鳥類(ちょうるい)①	〈名〉	鸟类
魚類(ぎょるい)①	〈名〉	鱼类
横ばい(よこばい)⓪	〈名〉	平稳；停滞；原来的(状态)
示唆(しさ)①	〈名・他Ⅲ〉	启示；指点
とうとう①	〈副〉	终于；到底；终究
核家族化(かくかぞくか)⓪	〈名〉	核心家庭化；小家庭化
核家族(かくかぞく)③	〈名〉	核心家庭；小家庭
核(かく)①	〈名〉	核；核心；中心
拍手(はくしゅ)①	〈名・自Ⅲ〉	鼓掌；拍手；掌声
中西(なかにし)②	〈固名〉	(姓氏)中西
売り上げ(うりあげ)⓪	〈名〉	销售额；销售业绩
考察(こうさつ)⓪	〈名・他Ⅲ〉	考察；研究
コンパニオンアニマル(companion animal)⑦	〈名〉	宠物伙伴；动物伙伴
コンパニオン(companion)③	〈名〉	朋友；伙伴；伴侣
アニマル(animal)①	〈名〉	动物；野兽
一点(いってん)③⓪	〈名〉	一点；一点点；一分；(数量)一件，一个
対等(たいとう)⓪	〈名・形Ⅱ〉	对等；同等；平等
欧米(おうべい)⓪	〈名〉	欧美；西洋；西方
触れる(ふれる)⓪	〈自Ⅱ〉	接触；触及；触摸；触碰
あたる(当たる)⓪	〈自Ⅰ〉	查；弄清；查明
前期(ぜんき)①	〈名〉	前期；上半期；初期；上学期
一考察(いちこうさつ)③	〈名〉	考察；一个考察；一个研究
大山強(おおやま-つよし)⓪-①	〈固名〉	(人名)大山强

及び(および)①⓪	〈接〉	以及；和；与
参照(さんしょう)⓪	〈名・他Ⅲ〉	参照；参看；参阅
まぎれる(紛れる)③	〈自Ⅱ〉	解闷；排遣；忘怀；混同
潤い(うるおい)⓪③	〈名〉	情趣；风趣；湿润；补益
安らぎ(やすらぎ)⓪	〈名〉	平静；安乐；安稳
過半数(かはんすう)②④	〈名〉	过半数；大多数；半数以上
防犯(ぼうはん)⓪	〈名〉	防范；防盗
とどまる(止まる)③	〈自Ⅰ〉	止于～；仅仅
愛玩(あいがん)⓪	〈名・他Ⅲ〉	玩赏；欣赏
伴侶(はんりょ)①	〈名〉	伙伴；伴侣
喪失感(そうしつかん)④	〈名〉	失落感
喪失(そうしつ)⓪	〈名・他Ⅲ〉	丧失；失去
まとめ⓪	〈名〉	总结；小结；整理
林良博(はやし-よしひろ)⓪-②	〈固名〉	(人名)林良博(日本解剖学家)
森裕司(もり-ゆうじ)⓪-①	〈固名〉	(人名)森裕司(日本动物行为学家)
奥野卓司 (おくの-たくじ) ①-①	〈固名〉	(人名)奥野卓司(日本人类学家)
岩波書店(いわなみしょてん)⑤	〈固名〉	(出版社名)岩波书店
横山章光(よこやま-あきみつ)②-②	〈固名〉	(人名)横山章光(日本精神科医生)
セラピー(therapy)①	〈名〉	治疗；疗法
NHK(日本放送協会の略/エヌエイチケー)⑥	〈固名〉	日本广播协会
ブックス(books)①	〈名〉	书；书籍；书刊
なごやか(和やか)②	〈形Ⅱ〉	平静；和谐；和睦

練習用単語　　　　　　　　　　　　　　　　　　8−1

口頭(こうとう)⓪	〈名〉	口头
濃い(こい)①	〈形Ⅰ〉	浓；深；密；稠；亲密
素人(しろうと)①	〈名〉	外行；门外汉；素人

動機（どうき）⓪	<名>	动机
▼胡弓（こきゅう）①⓪	<名>	胡琴
楽曲（がっきょく）⓪	<名>	乐曲
ボーダーレス/ボーダレス（borderless）①	<名>	无国界；无疆界
根付く（ねづく）②	<自Ⅰ>	生根；扎根
関連付ける（かんれんづける）⑥	<他Ⅱ>	有关系；相关联
ポップミュージック（pop music）④	<名>	流行音乐
ミュージック（music）①	<名>	音乐；乐曲
発信源（はっしんげん）③	<名>	信息源头
発信（はっしん）⓪	<名・他Ⅲ>	发射信号；发送信息
見通し（みとおし）⓪	<名>	预想；预料；推测
島唄（しまうた）⓪	<名>	冲绳岛、奄美群岛的地方歌曲
客観的（きゃっかんてき）⓪	<名・形Ⅱ>	客观的；客观地
誤解（ごかい）⓪	<名・他Ⅲ>	误解；误会
首相（しゅしょう）⓪	<名>	首相；总理大臣
勤勉（きんべん）⓪	<名・形Ⅱ>	勤勉；勤劳；勤奋
もはや（▽最早）①	<副>	(事到如今)已经
共同声明（きょうどうせいめい）⑤	<名>	联合声明
声明（せいめい）⓪	<名・自Ⅲ>	声明

ユニット2

新出単語

8-2

明晰（めいせき）⓪	<名・形Ⅱ>	明晰；清晰；清楚
論理的（ろんりてき）⓪	<名・形Ⅱ>	符合逻辑的；有条理的
論理（ろんり）①	<名>	逻辑
もとより①	<副>	不必说；自不待言；固然
値する（あたいする）⓪	<自Ⅲ>	值；值得；有价值
的確（てきかく）⓪	<名・形Ⅱ>	正确；准确；恰当
論理性（ろんりせい）⓪	<名>	逻辑性

妥当(だとう)⓪	〈名・形Ⅱ〉	恰当；妥当；妥善
誤読(ごどく)⓪	〈名・他Ⅲ〉	错读；错误理解
誤字脱字(ごじだつじ)①-⓪	〈名〉	错字漏字
-だらけ	〈接尾〉	满；沾满；尽是
読み手(よみて)⓪	〈名〉	读者；读(书、报、杂志的)人
正確(せいかく)⓪	〈名・形Ⅱ〉	正确；准确
備える(そなえる)③②	〈他Ⅱ〉	具备；完备；配备
推論(すいろん)⓪	〈名・他Ⅲ〉	推论；推断；判断
共感(きょうかん)⓪	〈名・自Ⅲ〉	同感；共感；共鸣
技法(ぎほう)⓪	〈名〉	技术；技巧
好感度(こうかんど)③	〈名〉	好感度
未知(みち)①	〈名〉	未知的事情
除く(のぞく)⓪	〈他Ⅰ〉	消除；除外；排除
含意(がんい)①	〈名・他Ⅲ〉	含义；内涵
語り手(かたりて)⓪	〈名〉	说话人；叙事者
意図(いと)①	〈名・他Ⅲ〉	意图
反する(はんする)③	〈他Ⅲ〉	与~相反；违反
反発(はんぱつ)⓪	〈名・自Ⅲ〉	抗拒；排斥；不接受
むやみ①	〈名・形Ⅱ〉	过度地；胡乱地
挿入(そうにゅう)⓪	〈名・他Ⅲ〉	插入；装入；填入
丁寧体(ていねいたい)⓪	〈名〉	敬体；礼貌体
無意識(むいしき)②	〈名・形Ⅱ〉	无意识
母語話者(ぼごわしゃ)③	〈名〉	母语话者；说母语的人
ありのまま⓪	〈名〉	如实；按照实际情况；原样
幼稚(ようち)⓪	〈名・形Ⅱ〉	幼稚
削ぐ(そぐ)⓪	〈他Ⅰ〉	削；削弱
重々しい(おもおもしい)⑤	〈形Ⅰ〉	庄重；严肃；郑重；沉重
文言(もんごん)⓪③	〈名〉	文章中的词语
冗漫(じょうまん)⓪	〈名・形Ⅱ〉	冗长；啰嗦
中級(ちゅうきゅう)⓪	〈名〉	中级

漢文調(かんぶんちょう)⓪	<名>	汉文风格的
-調(-ちょう)	<接尾>	～风格
荘重(そうちょう)⓪	<名・形Ⅱ>	庄严；庄重
比する(ひする)②	<自Ⅲ>	比较；对比
あまり①	<名・副>	过于～
滑稽(こっけい)⓪	<名・形Ⅱ>	滑稽；可笑
ものす②	<他Ⅲ>	作(诗)；写(文章)
主題(しゅだい)⓪	<名>	主题；话题
深化(しんか)①	<名・自他Ⅲ>	深化
演説(えんぜつ)⓪	<名・他Ⅲ>	演说；演讲
周知(しゅうち)①	<名・他Ⅲ>	众所周知；广泛知晓
過剰(かじょう)⓪	<名・形Ⅱ>	过剩；过分
不要(ふよう)⓪	<名・形Ⅱ>	不需要；不必要
越す(こす)⓪	<自他Ⅰ>	超过；胜过
修正(しゅうせい)⓪	<名・他Ⅲ>	修正；改正；订正
論(ろん)①	<名>	理论；观点
改行(かいぎょう)⓪	<名・自Ⅲ>	换行；另起一行
方向指示器(ほうこうしじき)⑥	<名>	方向指示器
向ける(むける)⓪	<他Ⅱ>	面向；面对
エネルギー(energie)②③	<名>	能量；热量
相関性(そうかんせい)⓪	<名>	相关性；关联性
文頭(ぶんとう)⓪	<名>	文章、句子的开头
高める(たかめる)③	<他Ⅱ>	提高
接続語(せつぞくご)⓪	<名>	接续词；连词
改める(あらためる)④	<他Ⅱ>	改；修改；改正；改善
逆接(ぎゃくせつ)⓪	<名>	转折(接续)
前提(ぜんてい)⓪	<名>	前提；预设
補強(ほきょう)⓪	<名・他Ⅲ>	加强；增强；强化
中古(ちゅうこ)①	<名>	(日本)中古时期(平安时代)，半旧；半新不旧；二手

源氏物語(げんじものがたり)⑥	〈固名〉	(日本文学名著)《源氏物语》
さて①	〈接続・感〉	那么；且说；却说
本論(ほんろん)①	〈名〉	本论；正文
肩すかしをくらう(かたすかしをくらう)③-⓪		期待落空
肩すかし(かたすかし)③	〈名〉	(相扑)躲闪术
くらう⓪②	〈他Ⅰ〉	蒙受；吃；喝
本題(ほんだい)⓪①	〈名〉	主题；正题
剽窃(ひょうせつ)⓪	〈名・他Ⅲ〉	剽窃
無断(むだん)⓪	〈名〉	擅自；私自，未经允许
明記(めいき)①	〈名・他Ⅲ〉	清楚记载；写明
切り貼り(きりばり)⓪	〈名・他Ⅲ〉	剪贴；粘贴
通称(つうしょう)⓪	〈名〉	通称
コピペ(和製copy and paste)⓪	〈名・他Ⅲ〉	复制并粘贴
即座(そくざ)①	〈名〉	立即；即刻；马上
恥ずべき(はずべき)③	〈連体〉	可耻的
肝に銘じる(きもにめいじる)②-⓪/②-③		铭记在心；铭诸肺腑
肝(きも)②	〈名〉	肝脏；内脏；胆量；内心深处
銘じる(めいじる)⓪③	〈他Ⅱ〉	铭记
ベトナム(Vietnam)⓪	〈固名〉	(国名)越南
一晩(ひとばん)②	〈名〉	一晚；一个晚上
夜中(よなか)⓪	〈名〉	半夜；深夜
必死(ひっし)⓪	〈名・副〉	拼命；全力
推敲(すいこう)⓪	〈名・他Ⅲ〉	推敲
危険(きけん)⓪	〈名・形Ⅱ〉	危险
後悔(こうかい)①	〈名・他Ⅲ〉	后悔
ひととなり⓪	〈名〉	天赋；秉性；品格；身材；体格

練習用単語　　　　　　　　　　　　　　　　　　　　　　　　　　8-2

要点(ようてん)③	〈名〉	要点
メモリー(memory)⓪①	〈名〉	(电脑)内存；记忆
第一歩(だいいっぽ)③	〈名〉	第一步；最开始
中途半端(ちゅうとはんぱ)④	〈名・形Ⅱ〉	不完善；不完整；半途而废；不明朗
努力家(どりょくか)⓪	〈名〉	非常努力的人
不動産屋(ふどうさんや)⓪	〈名〉	不动产公司；房屋中介公司
持ち込み(もちこみ)⓪	〈名〉	带入；携带～进入～
予想(よそう)⓪	〈名・他Ⅲ〉	预测；预料；预计
円相場(えんそうば)③	〈名〉	日元汇率
キャラ⓪	〈名〉	(「キャラクタ」的省略说法)性格；人设
読者(どくしゃ)①	〈名〉	读者
数社(すうしゃ)⓪	〈名〉	数家公司
了承(りょうしょう)⓪	〈名・他Ⅲ〉	知晓；知悉；了解；清楚
契約(けいやく)⓪	〈名・他Ⅲ〉	合同；签订合同
受験票(じゅけんひょう)⓪	〈名〉	准考证
月日(つきひ)②	〈名〉	日月；岁月；年月；日子
痛感(つうかん)⓪	〈名・他Ⅲ〉	痛感；深切感受到
折り鶴(おりづる)③⓪	〈名〉	纸鹤
折る(おる)①	〈他Ⅰ〉	折；折叠
親善(しんぜん)⓪	〈名〉	亲善，友好
勘違い(かんちがい)③	〈名・他Ⅲ〉	误解；误会
箇条書き(かじょうがき)⓪	〈名〉	分条写；分项写；一条一条地写；列举
大雪(おおゆき)⓪	〈名〉	大雪
刊行(かんこう)⓪	〈名・他Ⅲ〉	出版；发行
虹(にじ)⓪	〈名〉	虹；彩虹
気象庁(きしょうちょう)②	〈名〉	(日本政府机构)气象厅

気象（きしょう）⓪	〈名〉	气象；天气情况
事典（じてん）⓪	〈名〉	(汇集各种各样的事情并加以解说的书籍)百科全书
銀河（ぎんが）①	〈名〉	银河
大林太良（おおばやし-たりょう）③-①	〈固名〉	(人名)大林太良(日本民族学家)
小学館（しょうがくかん）⑤	〈固名〉	(日本出版社名)小学馆
水滴（すいてき）⓪	〈名〉	水滴
進入（しんにゅう）⓪	〈名・自Ⅲ〉	进入；入内
内部（ないぶ）①	〈名〉	内部
進路（しんろ）①	〈名〉	前进的道路；(升学、就业等)发展方向
折れ曲がる（おれまがる）④⓪	〈自Ⅰ〉	(道路；线；枝条等)弯曲；曲曲折折
アーチ状（archじょう）⓪	〈名〉	拱形
アーチ（arch）①	〈名〉	拱门；拱桥；弓形结构；弓形门；彩牌坊
雨上がり（あめあがり）③	〈名〉	雨停
屈折（くっせつ）⓪	〈名・自Ⅲ〉	曲折；折射；歪曲；不自然
書名（しょめい）⓪	〈名〉	书名
URL（ユーアールエル）⑥	〈名〉	(uniform resource locator的省略说法)网络链接；网址
記す（しるす）②⓪	〈他Ⅰ〉	记录；记载；标记
専門書（せんもんしょ）⓪	〈名〉	专业书籍
メキシコ（Mexico）⓪	〈固名〉	(国名)墨西哥
橙（だいだい）⓪	〈名〉	橙；橙色
藍（あい）①	〈名〉	蓝色；蓝靛
紫（むらさき）②	〈名〉	紫色
仕上げる（しあげる）⓪	〈他Ⅱ〉	完成

第9課　コミュニケーション新時代

ユニット1

新出単語

9-1

電器店(でんきてん)③	<名>	电器店
電器(でんき)①	<名>	(「電気器具」的省略说法)电器
申し付ける(もうしつける)⑤	<他Ⅱ>	吩咐；指示；命令
持ち運び(もちはこび)⓪	<名>	随身携带
鮮やか(あざやか)②	<名・形Ⅱ>	清晰；鲜明；漂亮
音質(おんしつ)⓪	<名>	音质
ござる(御座る)②	<自Ⅰ>	(「ある」的郑重表现形式)有
電卓(でんたく)⓪	<名>	计算器
ずばり(と)②	<副>	干脆；击中要害；一语道破；直截了当
かしこまる(畏まる)④	<自Ⅰ>	是、知道了；必恭必敬；拘谨
陳列棚(ちんれつだな)④	<名>	陈列架
陳列(ちんれつ)⓪	<名・他Ⅲ>	陈列；展示；展览
軽量(けいりょう)⓪	<名>	分量轻
老若男女(ろうにゃくなんにょ)⑤	<名>	男女老少
老若(ろうにゃく/ろうじゃく)⓪①	<名>	老若；老幼；老少
スピーカー(speaker)②	<名>	扩音器；喇叭；扬声器
おまけに⓪	<接>	再加上；而且；况且；加之
手ごろ(て▼頃・てごろ)⓪	<名・形Ⅱ>	合适；适合；适中
掘り出し物(ほりだしもの)⓪	<名>	轻易买不到的东西；偶然弄到手的东西
よし①	<感>	好；行；可以
在庫(ざいこ)⓪	<名・自Ⅲ>	库存；存货
切らす(きらす)②	<他Ⅰ>	脱销；卖完了；用光
問い合わせる(といあわせる)⑤	<他Ⅱ>	询问；查询；打听

生産(せいさん)⓪	<名・他Ⅲ>	生产
小売(こうり)⓪	<名・他Ⅲ>	零售
もったいない(▼勿体無い)⑤	<形Ⅰ>	可惜；浪费
支社(ししゃ)①	<名>	分店；分社；分公司；支社
承る(うけたまわる)⓪⑤	<他Ⅰ>	接受；了解；知道；遵从
会計(かいけい)⓪	<名・他Ⅲ>	付款；结账；会计
ゲット(get)①	<名・他Ⅲ>	得到；获得；得分
高性能(こうせいのう)③	<名>	高性能
高-(こう-)	<接頭>	高
よくぞ①	<感>	(「よく」的强调形式)太好了
マス(mass)①	<名>	集体；团体；大众；大量
単方向(たんほうこう)③	<名>	单方面；单方向；单向
単-(たん-)	<接頭>	单
双方向(そうほうこう)③	<名>	双方面；双方向；双向
双-(そう-)	<接頭>	双；两；对
主流(しゅりゅう)⓪	<名>	主流
リンク(link)①	<名・自他Ⅲ>	连接；连锁制
よーし①	<感>	好；行；可以
きゃー①	<感>	啊；呀

練習用単語　　　　　　　　　　　　　　　　　　　　　9-1

目当て(めあて)①	<名>	指望；想要；目的；目标
暗証(あんしょう)⓪	<名・他Ⅲ>	密码
調査票(ちょうさひょう)③	<名>	调查表
肌寒い(はださむい)④	<形Ⅰ>	冷飕飕的；冷得使人不舒服的。也作「はださむい」
有給休暇(ゆうきゅうきゅうか)⑤	<名>	带薪休假
申し込み(もうしこみ)⓪	<名>	报名；申请；预约
多用(たよう)⓪	<名・他Ⅲ>	很多；广泛使用；多用；很忙
家具店(かぐてん)②	<名>	家具店

テーブルセット⓪-①	〈名〉	成套餐具
表示価格(ひょうじかかく)④	〈名〉	标价
医師(いし)①	〈名〉	医生；大夫
太い(ふとい)②	〈形Ⅰ〉	粗（的）
注射器(ちゅうしゃき)③	〈名〉	注射器；针管
失神(しっしん)⓪	〈名・自Ⅲ〉	昏过去；昏迷；神志不清
困惑(こんわく)⓪	〈名・自Ⅲ〉	麻烦；棘手；为难
ディベート(debate)②	〈名・自Ⅲ〉	辩论；讨论；辩论会
審判(しんぱん)⓪①	〈名・他Ⅲ〉	裁判(员)；判决
判定(はんてい)⓪	〈名・他Ⅲ〉	判定；判断
開会(かいかい)⓪	〈名・自Ⅲ〉	开会；开幕
宣言(せんげん)③⓪	〈名・他Ⅲ〉	宣布；宣言
立論(りつろん)⓪	〈名・他Ⅲ〉	立论；论证
作戦タイム(さくせんtime)⑤	〈名〉	(法庭辩论)休庭时间；(比赛等教练申请的)技术暂停
作戦(さくせん)⓪	〈名・自Ⅲ〉	作战；战斗；比赛
閉会(へいかい)⓪	〈名・自他Ⅲ〉	闭会；闭幕
吠える(ほえる)②	〈自Ⅱ〉	吠；吼；吼叫；咆哮；大声嚷嚷；大骂
鳴き声(なきごえ)③	〈名〉	(动物)叫声；鸣叫
重労働(じゅうろうどう)③	〈名〉	重(体力)劳动
夜行性(やこうせい)⓪	〈名〉	夜行性；夜行类
静寂(せいじゃく)⓪	〈名・形Ⅱ〉	寂静；沉寂
夜間(やかん)①⓪	〈名〉	夜间；夜晚
廃止(はいし)⓪	〈名・他Ⅲ〉	废止；废除；作废
勝者(しょうしゃ)①	〈名〉	胜利者；获胜者

ユニット2
新出単語

9-2

ウェブサイト(web site)④	〈名〉	网站；网址

過言(かごん)⓪	〈名〉	夸张；说得过分
チャットGPT(チャットジーピーティー)⑧	〈名〉	(聊天机器人程序)ChatGPT
リアル(real)①	〈名・形Ⅱ〉	真实；现实
伴う(ともなう)③	〈自Ⅰ〉	伴随；随着；陪伴
思い浮かぶ(おもいうかぶ)⓪⑤	〈自Ⅰ〉	想起来；浮现
たやすい③⓪	〈形Ⅰ〉	容易；轻易；不难
この上ない(このうえない)⑤	〈形Ⅰ〉	无上；无比；最
一例(いちれい)⓪	〈名〉	一个例子；一例
論評(ろんぴょう)⓪	〈名・他Ⅲ〉	评论；批评
借用(しゃくよう)⓪	〈名・他Ⅲ〉	借用
著作者(ちょさくしゃ)③②	〈名〉	作者
知的(ちてき)⓪	〈名・形Ⅱ〉	知识(的)；智力(的)
所有権(しょゆうけん)②	〈名〉	所有权
所有(しょゆう)⓪	〈名・他Ⅲ〉	拥有；所有
-権(-けん)	〈接尾〉	～的权利
侵害(しんがい)⓪	〈名・他Ⅲ〉	侵害；侵犯
私用(しよう)⓪	〈名・他Ⅲ〉	私用；个人使用
取り込む(とりこむ)⓪③	〈他Ⅰ〉	收进来；吸取；窃取；侵吞；骗取
無批判(むひはん)②	〈名〉	不加批判；不加判断；不加甄别
信▼憑性(しんぴょうせい)⓪	〈名〉	可靠性；可信度
偏見(へんけん)⓪	〈名〉	偏见；偏执
インターフェイス(interface)⑤	〈名〉	界面；接口
消費(しょうひ)⓪	〈名・他Ⅲ〉	消费；耗费；花费
代替(だいたい)⓪	〈名・他Ⅲ〉	代替；代用
無数(むすう)②⓪	〈名・形Ⅱ〉	无数；不计其数
データベース(data base)④	〈名〉	数据库

アクセス(access)①	〈名・自Ⅲ〉	访问(与信息系统或信息媒体进行接触或连接);(通过计算机的数据)存取;到达目的地的交通工具
向き(むき)①	〈名〉	倾向;趋向;方面;方向
つなげる(▼繋げる)⓪	〈他Ⅱ〉	系;接;连接;结合
古瀬幸弘(ふるせ-ゆきひろ)①-②	〈固名〉	(人名)古瀬幸弘(日本新闻工作者、实业家)
廣瀬克哉(ひろせ-かつや)①-①	〈固名〉	(人名)广濑克哉(日本行政学家)
著書(ちょしょ)①	〈名〉	著作;著述;著书
制約(せいやく)⓪	〈名・他Ⅲ〉	限制;制约;条件
コミュニティ(community)②	〈名〉	社区
壁(かべ)⓪	〈名〉	墙壁;壁垒;隔阂
問いかけ(といかけ)⓪	〈名〉	提问;询问;问题
取り払う(とりはらう)④⓪	〈他Ⅰ〉	清除;撤除;拆掉
一歩(いっぽ)①	〈名〉	一步;进一步;一个阶段

練習用単語　　　　　　9-2

新作(しんさく)⓪	〈名・他Ⅲ〉	新作;新创作;新作品
帰宅(きたく)⓪	〈名・自Ⅲ〉	回家;到家
殺風景(さっぷうけい)③	〈名・形Ⅱ〉	煞风景;单调;无趣
廃業(はいぎょう)⓪	〈名・自Ⅲ〉	倒闭;停业
好都合(こうつごう)③	〈名・形Ⅱ〉	合适;正好;符合条件
志望(しぼう)⓪	〈名・他Ⅲ〉	志愿;希望
飽きる(あきる)②	〈自Ⅱ〉	厌倦;厌烦;腻烦
賛否両論(さんぴりょうろん)①-⓪	〈名〉	赞成和反对两种意见,褒贬不一

第10課　旅立ち

ユニット1

新出単語

再会(さいかい)⓪	〈名・自Ⅲ〉	再会；再见；重逢
主催(しゅさい)⓪	〈名・他Ⅲ〉	主办
今年度(こんねんど)③	〈名〉	本年度
終える(おえる)⓪	〈他Ⅱ〉	完成；结束
進み出る(すすみでる)④	〈自Ⅱ〉	走上前去；走到前边
まずは(▽先ずは)①	〈副〉	首先；谨此；专此
御礼(おんれい)⓪	〈名〉	(「お礼」的恭敬说法)感谢；致谢
踏み入れる(ふみいれる)④	〈他Ⅱ〉	踏入；步入
鮮明(せんめい)⓪	〈名・形Ⅱ〉	鲜明；清楚；清晰
万全(ばんぜん)⓪	〈名・形Ⅱ〉	万全；周到
体制(たいせい)⓪	〈名〉	体制
吹き飛ぶ(ふきとぶ)③	〈自Ⅰ〉	消失；消散；吹跑；刮跑
諸-(しょ-)	〈接頭〉	诸；各；诸位；各位
スピード(speed)⓪	〈名〉	速度；迅速；快速
ハード(hard)①	〈名・形Ⅱ〉	紧密；烦重；困难；坚固；严格
成り立つ(なりたつ)③	〈自Ⅰ〉	成立；构成；形成；维持
言い直す(いいなおす)④	〈他Ⅰ〉	换个说法；重说；改口
乗り切る(のりきる)③	〈自他Ⅰ〉	度过；越过；突破
不可解(ふかかい)②	〈名・形Ⅱ〉	难以理解；不可思议；费解
もどかしい④	〈形Ⅰ〉	令人着急；不耐烦；急不可待
スムーズ(smooth)②	〈名・形Ⅱ〉	圆满；顺利；流畅；光滑
差し伸べる(さしのべる)④	〈他Ⅱ〉	伸出；张开
汗(あせ)①	〈名〉	汗；汗水
耐える(たえる)②	〈自Ⅱ〉	忍耐；忍受；耐；经得住；担负
抱く(いだく)②	〈他Ⅰ〉	怀抱；怀有；抱
恩(おん)①	〈名〉	恩情；恩惠；恩德

微力(びりょく)⓪	<名>	微弱的力量；绵薄之力
節(せつ)①	<名>	时候；时期；季节；节气
歓談(かんだん)⓪	<名・自Ⅲ>	畅谈；畅叙；欢谈
立食(りっしょく)⓪	<名・自Ⅲ>	立餐；站着吃
じーん⓪	<副>	(表示感动)令人感动；感人肺腑
頑張り屋(がんばりや)⓪	<名>	很努力的人；勤奋的人
どうか①	<副>	请；希望；设法
宴(えん)①	<名>	宴会；酒宴
たけなわ(▼酣)⓪	<名>	酣；高潮；旺盛
お開き(おひらき)②	<名>	(宴会、喜庆事情等)结束；散会；散席
立ち話(たちばなし)③	<名・自Ⅲ>	站着说话
姉貴(あねき)⓪	<名>	(我)姐姐；老姐
くれぐれ(も)③②	<副>	再三；多多
エリア(area)①	<名>	地区；地域；区域
ロビー(lobby)①	<名>	大堂；大厅；前厅；休息厅
大荷物(おおにもつ・だいにもつ)③	<名>	大宗行李；大件行李
カート(cart)①	<名>	行李车，手推车

練習用単語　　　　　　　　　　　　　　　　　　　　　　10-1

教官(きょうかん)⓪	<名>	(国立学校的)教员；教官
見送る(みおくる)③	<他Ⅰ>	送行
出迎える(でむかえる)⓪④③	<他Ⅱ>	接；迎接
一人前(いちにんまえ)⓪	<名>	成人；成年人；够格的人；像样；一份
思いやる(おもいやる)④⓪	<他Ⅰ>	体谅；体贴
至急(しきゅう)⓪	<名・形Ⅱ>	紧急；紧迫
言いよどむ(いい▼淀む)④	<他Ⅰ>	吞吞吐吐；不直截了当
延ばす(のばす)②	<他Ⅰ>	延长；推迟；延缓；拖延

イギリス(葡萄牙语 Inglez)⓪	<固名>	(国名)英国
取り寄せる(とりよせる)⓪④	<他Ⅱ>	订购；定货；寄来
悪化(あっか)⓪	<名・自Ⅲ>	恶化
辞任(じにん)⓪	<名・他Ⅲ>	辞任；辞职
文末(ぶんまつ)⓪	<名>	句末
感嘆(かんたん)⓪	<名・他Ⅲ>	感叹；感慨
学会(がっかい)⓪	<名>	学会
キャンプ(camp)①	<名・自Ⅲ>	露营；野营；帐篷
沸騰(ふっとう)⓪	<名・自Ⅲ>	沸腾；开(锅)；热烈
縮約(しゅくやく)⓪	<名・他Ⅲ>	缩写；缩略；简化
一口(ひとくち)②	<名>	一口；简单地说
片足(かたあし)⓪	<名>	单脚；一只脚；单腿；一条腿
川崎(かわさき)⓪	<固名>	(姓氏)川崎
給料日(きゅうりょうび)③	<名>	发工资的日子
事前(じぜん)⓪	<名>	事前；事先
タイムキーパー(time keeper)④	<名>	计时人员
投票(とうひょう)⓪	<名・他Ⅲ>	投票
表彰(ひょうしょう)⓪	<名・他Ⅲ>	表彰

ユニット2
新出単語

立花隆(たちばな-たかし)②-①	<固名>	(人名)立花隆(日本新闻工作者；纪实作家；评论家)
一発(いっぱつ)④	<名>	一发；一下子；一次；一击
出版社(しゅっぱんしゃ)③	<名>	出版社
挫折(ざせつ)⓪	<名・自Ⅲ>	挫折；受挫；失败；灰心丧气
取り残す(とりのこす)④	<他Ⅰ>	剩下；留下；落后；落伍
誠実(せいじつ)⓪	<名・形Ⅱ>	诚实；真诚；老实
人脈(じんみゃく)⓪	<名>	人际关系；人脉
諦めがつく(あきらめがつく)⓪-①		死心；断念；放弃

10-2

どーんと⓪	〈副〉	轰隆一声；一下子；猛一下
萩尾望都(はぎお-もと)⓪-①	〈固名〉	(人名)荻尾望都(日本女漫画家)
尊厳(そんげん)③	〈名〉	尊严
甘んじる(あまんじる)④⓪	〈自Ⅱ〉	甘愿；甘心；满足；忍受
生き方(いきかた)④③	〈名〉	生活方式；生活态度；活法
最善(さいぜん)⓪	〈名〉	最善；最好；最大的；全力
best(ベスト)①	〈名〉	最好；最高；最善；全力
better(ベター)①	〈形Ⅱ〉	更好(的)；比较好(的)
good(グッド)①	〈名〉	好
根底(こんてい)⓪	〈名〉	根底；根本；基础
何だって(なんだって)①	〈感〉	不管怎样；为什么；什么
コツコツ(と)①	〈副〉	勤奋；孜孜不倦
へこたれる⓪	〈自Ⅱ〉	气馁；泄气；消沉
好感(こうかん)⓪	〈名〉	好感
恒成正敏(つねなり-まさとし)②-②	〈固名〉	(人名)恒成正敏
長崎(ながさき)②	〈固名〉	(地名)长崎
原爆(げんばく)⓪	〈名〉	原子弹
被爆者(ひばくしゃ)②③	〈名〉	受害者；被炸者
群をなす(むれをなす)②-①		成群
群(むれ)②	〈名〉	群
からめ捕る(▼搦めとる・からめとる)④	〈他Ⅰ〉	捆住；逮捕
型破り(かたやぶり)③	〈名・形Ⅱ〉	与众不同；打破常规；破例
無鉄砲(むてっぽう)②	〈名・形Ⅱ〉	鲁莽；莽撞；冒失；不顾后果
バンカラ(蛮カラ)⓪	〈名・形Ⅱ〉	粗野；粗俗
人格(じんかく)⓪	〈名〉	人格；人品
できる限り(できるかぎり)④	〈名・副〉	尽量；尽力；尽心竭力

雪崩(なだれ)⓪	〈名〉	雪崩；雪崩一般；蜂拥
窮屈(きゅうくつ)①	〈名・形Ⅱ〉	感觉受拘束；不自由；死板
地滑り(じすべり)②	〈名〉	滑落；山崩地裂；大变动
ずるずる(と)①	〈副〉	溜滑；趿溜趿溜；拖延
体当たり(たいあたり)③	〈名・自Ⅲ〉	冲撞；碰撞；拼命干；全力以赴
流す(ながす)②	〈他Ⅰ〉	冲走；流走；不放在心上
迎合(げいごう)⓪	〈名・自Ⅲ〉	迎合；投其所好
加藤登紀子(かとう-ときこ)①-①	〈固名〉	(人名)加藤登纪子
シンガーソングライター(singer songwriter)⑧	〈名〉	(流行歌曲)自己作词作曲、自己演唱的歌手
諸君(しょくん)①	〈名〉	诸位；各位；大家
脳細胞(のうさいぼう)③	〈名〉	脑细胞
細胞(さいぼう)⓪	〈名〉	细胞
栄養失調(えいようしっちょう)⑤	〈名〉	营养失调；营养不良
失調(しっちょう)⓪	〈名〉	失调；失常；不平衡
真っ当(まっとう)⓪③	〈形Ⅱ〉	正经；认真
悔やむ(くやむ)②	〈他Ⅰ〉	懊悔；后悔
アフリカ(Africa)⓪	〈固名〉	非洲
中南米(ちゅうなんべい)③	〈名〉	中南美
国外(こくがい)②	〈名〉	国外；外国
見つめ直す(みつめなおす)⑤	〈他Ⅰ〉	重新看；重新观察；重新思考
失意(しつい)①	〈名〉	失意；失望；不得志
高揚(こうよう)⓪	〈名・自Ⅲ〉	得意；兴奋；高涨
石弘之(いし-ひろゆき)①-②	〈固名〉	(人名)石弘之(日本环境问题专家)

練習用単語　　　　　　　　　　　　　　　　　　10-2
心を打たれる(こころをうたれる)②-③　　　　　感动；打动人心

70

ものだから、僕はこの時期だけで、「講談社・少年少女世界名作全集」を読破したし、『細雪』なんて三回も読んだ。

　あたりが暗くなってくるとそろそろ夕食の仕度である。米を洗って炊き、味噌汁を作り、煮ものを作り、魚を焼く用意をして女房が仕事から帰ってくるのを待つ。帰ってくるのはだいたい七時前だが、ときどき残業なんかで遅くなることもある。でも——今更ことわるまでもないだろうが——うちには電話がないので、連絡はつかない。だから僕は魚を網の上にのせたまま、女房の帰りを、

　「……」

　というかんじでじっと待っているわけである。

　この、

　「……」

　というのはたぶん日常的に経験したことのないかたにはわからないだろうけれど、かなり微妙な種類の感興である。「今日は遅くなりそうだから先に食っちゃおうかな」とも思うのだが、「まあせっかくだからもう少し待ってみようか」とも思うし、「でも腹減ったね」とも思う。こういういろんな思いが集約されて、

　「……」

　という沈黙になるのである。だから、「あ、ごめん、食べてきちゃった」なんて言われるとやはり頭に来る。

　それからこれは奇妙といえば奇妙だし、奇妙じゃないといえばそれほど奇妙ではないのかもしれないけど、自分の作った料理をテーブルに並べる段になると僕はどうしてもうまくできなかったり型崩れした方を自分の皿に盛りわけてしまう。魚だと頭の方を相手の皿にのせ、自分はしっぽの方をとる。これはべつに自分を主夫として卑下しているわけではなく、ただ単に相手に少しでも喜んでもらいたいと思う料理人の習性であろうと僕は解釈している。

　こうしてみると世間一般で「主婦的」と考えられている属性のうちの多くのものは決して「女性的」ということと同義ではないように僕には思える。つまり女の人が年をとる過程でごく自然に主婦的な属性を身につけていくわけではなく、それはただ単に「主婦」という役割から生じている傾向・性向にすぎないのではないかということである。だから男が主婦の役割をひきうければ、彼は当然のことながら多かれ少なかれ「主婦的」になっていくはず

35

40

45

50

55

60

65　である。

　　僕個人の経験からいうと、世の中の男性は一生のうちでせめて半年か一年くらいは「主夫」をやってみるべきではないかという気がする。そして短時間なりとも主婦的な傾向を身につけ、主婦的な目で世界を見てみるべきではないかと思う。そうすれば現在社会でまかりとおっている通念の多くのもの
70　がいかに不確実な基盤の上に成立しているかというのがよくわかるはずである。

　　僕もできることならもう一度のんびりと心ゆくまで主夫生活を送ってみたいと思うのだけれど、女房がなかなか働きに出てくれないのでそうもいかず困っている。

　　　　　　　　　　　　　村上春樹　　『村上朝日堂の逆襲』　　新潮文庫

解説・語彙

1. なにしろ

　　「なにしろ」表示强调，可译为"总之、反正、不管怎么说"等。例句（1）和（2）中的「なにしろ」表示强调理由，常用于句首，表明说话人阐明自己所陈述理由的合理性，例句（2）中的「なにしろ」还带有替自己辩解的语气，是一种不太客气的说法。例句（3）中的「なにしろ」表示强调某一判断或见解，暗示理由的存在和说话人认可的心理。

> （1）**なにしろ**暇なものだから、僕はこの時期だけで、「講談社・少年少女世界名作全集」を読破したし、「細雪」なんて3回も読んだ。
> （2）A：えっ、頼んでおいた仕事、まだできてないの？
> 　　　B：すみません。**なにしろ**急にほかの仕事が入ってしまって……。
> 　　　A：そんなことは理由にならない！
> （3）父は朝から晩まで仕事に追われて**なにしろ**忙しい。

2. ど-

　　放在形容词、名词前，强调程度超出一般，常用于口语。「ど-」不是很郑重文雅

的说法，过多使用的话，会给人谈吐低俗的感觉。

> (1) 金がないと生活というのはおどろくくらい**どシンプル**になる。
>
> (2) 和服には**どぎつい**化粧は似合わない。
>
> (3) あの有名な建物は広場の**ど真ん中**にある。

解説・文法

1. ～というところだ＜阶段、程度＞

意义： 说明事情进行的大致阶段或程度。

译文： ……的样子，……的情形

接续： 名词或简体句＋というところだ

说明： 也可以说成「といったところだ」。

> (1) それから普通なら新聞を読むか、TVを観るか、ラジオをつける**かというところだ**が、僕はそういうことはやらない。
>
> (2) 咲き始めているものもあるが、満開にはあと１週間**というところ**だ。
>
> (3) レストランは雰囲気はよいが、味はまあまあ**というところだ**。
>
> (4) やっと荷物の整理ができ、学校の授業も本格的に始まり、いよいよこれから留学生活が始まる、**といったところだ**。

2. なぜ（何故）なら（ば）～からだ＜说明原因＞

意义： 对前述的结论予以解释、说明。

译文： 为什么这么说，是因为……

接续： なぜなら（ば）＋简体句＋からだ

说明： 一般用于书面语或正式的场合，口语中多用「なぜかというと／なぜかといえば～からだ」。

> (1) **何故なら**その当時我々は無形文化財的に貧乏で、ラジオもTVも買えず、新聞をとる金さえなかった**からだ**。

(2) 週1回の読書会にできる限り参加している。**なぜなら**、たいへん勉強になる**からだ**。

(3) 若いうちはたくさん失敗したほうがいい。**なぜならば**、失敗から学ぶことが多い**からだ**。

(4) 「想像力は、知識よりも大切だ。**なぜなら**、知識には限界があるが、想像力には限界がない**からだ**」とアインシュタインは言った。

3. それにしても＜让步转折＞

意义：表示让步转折关系，用于承接前文，在对该事项认可的基础之上，提出与之不同的看法、感想或意见。

译文：即便如此，也……

接续：それにしても＋句子

说明：后项多带有惊诧、不满、怀疑、感慨等主观感情色彩。

(1) 買い物とはいっても冷蔵庫がないから（**それにしても**貧乏だなあ）余分なものは買えない。

(2) 天安門広場はいつも人でいっぱいだと聞いていた。**それにしても**、あまりの人の多さにびっくりした。

(3) 難易度の高い問題だが、**それにしても**正解者が少なすぎる。

(4) 大雪で配達が遅くなるのは仕方がないが、**それにしても**2週間も待たされるのは困る。

4. Ｖ得る＜动作行为的可能性＞

意义：表示动作、行为发生的可能性。

译文：有可能……

接续：动词第一连用形＋得る

说明：「Ｖ得る」是Ⅱ类动词，一般情况下读作「Ｖえる」（其活用形读作「Ｖえます」「Ｖえない」「Ｖえた」「Ｖえて」等），但词典形保留了文言的读音，可以读作「Ｖうる」，尤其是当「得る」前接的音节为エ段假名时，一般要读作「Ｖうる」，如「考え得る」。

(1) だからその日の夕食がと大根の煮物としらすおろしなんていう状況もかなりの頻度で**現出し得る**わけである。

(2) 現状で**考え得る**対策は主に以下の通りです。

(3) 何もしないでお金をもらえるなんて、**ありえない**話です。

(4) 使う人がみんなマナーやルールをしっかり守っていればこの問題は**起こりえません**。

5. Vずして＜否定＞

意義： 表示否定，即不做该项动作而进行后项的动作。

译文： 不……

接续： 动词接「ず」与接「ない」时的形式相同

说明： 课文中的「～と呼ばずして何と呼べばいいだろう」可认为是一个惯用的表达方式，即强调正是该事物。

(1) こういうのを「シンプル・ライフ」と**呼ばずして**いったい何と呼べばいいのだろう？

(2) これを奇跡と**呼ばずして**なんと呼ぶんだろうね。

(3) 「**戦わずして**勝つ」というのは最高の勝利である。

(4) エネルギー問題に**触れずして**、エコを論じることができるのだろうか。

6. Nの／Vついでに＜动作的并行＞

意義： 表示在做前项动作时顺便做后项动作。

译文： 趁着……的时候；顺便……

接续： 动词的连体形 ／ “动作性名词＋の”＋ついでに

(1) 買い物の**ついでに**「国分寺書店」に寄って本を売ったり、安い古本を買ったりした。

(2) 年末の大掃除の**ついでに**部屋の模様替え[改变布置]もした。

(3) 昼食に出る**ついでに**買物をすることにした。

(4) 大阪に行った**ついでに**、京都まで足を伸ばして、祇園祭を見てきた。

7. ～まま＜保持原状＞

意义： 表示原来的状态一直保持，没有改变。

译文：（保持）……的样子

接续： "名词＋の" ／形容词的连体形或动词的 "た形" ＋まま

> （1）だから僕は魚を網の上にのせた**まま**、女房の帰りを、「……」というかんじでじっと待っているわけである。
>
> （2）数年ぶりに訪れた小学校は、建物も運動場も昔の**まま**だった。
>
> （3）薬を飲んで頭痛がなくなったが、熱は高い**まま**だ。
>
> （4）この山はずっと自然の**まま**、静かな**まま**でいてほしい。
>
> （5）彼は家にいる間は、寝るまで必ずテレビをつけた**まま**にしている。
>
> （6）今日はうっかり携帯を家に置いた**まま**出かけてしまったので、なんとなく落ち着かない一日を過ごした。

8. A₁かれA₂かれ＜全面肯定＞

意义： 表示无论在前项的哪一种情况下，后面所述事项都成立。

译文： 无论……，都……

接续：「かれ」分别接在两个意义相反的形容词的词干后面

说明： 常用的有「多かれ少なかれ」「良かれ悪しかれ」「遅かれ早かれ」等。

> （1）だから男が主婦の役割をひきうければ、彼は当然のことながら**多かれ少なかれ**「主婦的」になっていくはずである。
>
> （2）**遅かれ早かれ**本当のことが分かる日が来る。
>
> （3）人間は**多かれ少なかれ**、環境を破壊しながら生きているのである。
>
> （4）現代の情報化された生活には、**良かれ悪しかれ**スマホが不可欠になっている。

9. Nからいうと＜判断的依据、基准＞

意义： 表示进行判断的依据或基准。

译文： 从……来看

接续： 名词＋からいうと

说明：「いうと」也可以替换为「いったら」「いえば」等形式。

> (1) 僕個人の経験**からいうと**、世の中の男性は一生のうちでせめて半年か一年くらいは「主夫」をやってみるべきではないかという気がする。
>
> (2) 山田君は、鈴木君より成績は劣るが、実践力**からいうと**、はるかに優れている。
>
> (3) 先方[対方]の問い合わせメールへの返信は、ビジネスの常識**からいうと**24時間以内にしなければならない。
>
> (4) 健康面**からいうと**、肉よりも魚を食べるほうがよいそうだ。

10. せめて＜最低限度＞

意义： 表示至少应该达到的程度。

译文： 哪怕……也好；至少……也好

接续： せめて＋名词

说明： 常与表示最低限度的词语如「～くらい」「～だけでも」「なりとも」等搭配，句尾多为表示愿望或祈使的形式。

> (1) 世の中の男性は一生のうちで**せめて**半年か一年くらいは「主夫」をやってみるべきではないかという気がする。
>
> (2) **せめて**周りの人にだけでも理解してもらいたい。
>
> (3) **せめて**休日ぐらいのんびりさせてくれればいいな。
>
> (4) 庭なら、**せめて**木を植えて花を楽しむくらいの広さが欲しい。

11. なりとも＜例示＞

意义： 举出最低程度的事例。

译文： （哪怕……）也好

接续： 表示程度轻微之意的名词或副词＋なりとも

说明： 「なりとも」是文言助词，常用于文言色彩较浓重的语境中。

> (1) そして短時間**なりとも**主婦的な傾向を身につけ、主婦的な目で世界を見てみるべきではないかと思う。
>
> (2) 1円**なりとも**無駄に使ってはだめだ。

（3）お体のために、せめてお茶**なりとも**お召し上がりください。

（4）そんなに困っていたのなら、**私なりとも**相談してくれればよかったのに。

（5）まだまだ厳しい状態ですが、全体を見れば、多少**なりとも**改善の傾向を示しています 。

練　習

A　内容確認

（1）筆者はなぜ結婚して2年目に主夫になったのですか。

（2）筆者は主夫として1日をどのように過ごしていましたか。

（3）筆者は貧乏な生活について当時はどう思っていましたか。

（4）筆者の「料理人の習性」とは、例えばどんな「習性」のことですか。

（5）筆者は「主婦的」ということについてどう考えていますか。

（6）筆者にとって、この半年間はなぜ「人生の最良の一ページ」だったのだと思いますか。

（7）この文章の中でおもしろいと思ったところを理由とともに挙げてください。

（8）なぜ「グッド・ハウスキーピング」というタイトルをつけたと思いますか。

（9）2か所の「……」には、筆者のどんな気持ちが現れていると思いますか。

B　文法練習

1. 次の文を完成させてください。

（1）それにしても

　　① 土日がないのは覚悟していましたが、それにしても＿＿＿＿＿＿＿＿。

　　② 相手チームとは力の差が大きかったのですが、それにしても＿＿＿＿＿。

　　③ 甘いものはあまり好きではありません。それにしても＿＿＿＿＿＿。

(2)　Nの／Vついでに

① 買い物に出かけたついでに、＿＿＿＿＿＿＿＿＿＿＿＿＿＿＿＿＿＿。

② 出張のついでに＿＿＿＿＿＿＿＿＿＿＿＿＿＿＿＿＿＿＿＿＿＿＿＿。

③ 美術館の開館時間を調べるついでに、＿＿＿＿＿＿＿＿＿＿＿＿。

2. 次の①②は正しい順番に並べ替えてください。③は文を完成させてください。

(1)　～というところだ

① （お祝いする・みんなで・本来なら・仲間・というところだが）

理想の大学に受かったのだから、＿＿＿＿＿＿＿＿＿＿＿＿＿、彼
には喜んでくれる人がいなかった。

② （さあ・なら・一休み・普通・というところだが）

練習が終わって、＿＿＿＿＿＿＿＿＿＿＿＿、私はすぐ家事をしなけ
ればならなかった。

③ 文句を言いたいというところだが、＿＿＿＿＿＿＿＿＿＿＿＿＿。

(2)　なぜなら（ば）～からだ

① （まで・戦い続ける・勝つ）

僕は絶対に負けない。なぜなら、＿＿＿＿＿＿＿＿＿＿＿からだ。

② （を・こと・ひどい・にちがいない・言われた・相手・にらみつけて
いる・を）

彼は＿＿＿＿＿＿＿＿＿＿。なぜなら、＿＿＿＿＿＿＿＿＿からだ。

③ 困っていることは両親に話したくない。なぜなら、＿＿＿＿からだ。

(3)　V得る

① （なんて・が・か・どんな・事態・予測できない・起こり得る）

＿＿＿＿＿＿＿＿＿＿＿＿＿＿＿＿＿＿＿＿＿＿＿＿＿＿＿＿。

② （が・証拠・信頼し・得る・必要だ）

結論を出すには＿＿＿＿＿＿＿＿＿＿＿＿＿＿＿＿＿。

③ 男女の恋愛抜きの友情は＿＿＿＿＿＿＿＿＿＿＿＿＿＿か。

(4)　Vずして

① （わけ・負ける・戦わずして・にはいかない）

＿＿＿＿＿＿＿＿＿＿＿＿＿＿＿＿＿＿＿＿＿＿＿＿＿＿。

②（を・に・現場・現場の状況・行かずして・把握する）

_____方法を考えた。

③ これを奇跡と呼ばずして、_____。

(5) ～まま

① （の・が・よく・分からない・世間・こと・まま）

_____、社会人になってしまった人が少なくない。

② （の・で・冷たい服・雨に濡れた・まま・寝てしまい）

_____、風邪を引いてしまいました。

③ 私はいつも_____まま勉強している。

(6) A₁かれA₂かれ

① （倒れて・遅かれ・早かれ・しまう）

このまま無理を続けていたら、_____よ。

② （を・世の中・良かれ・悪しかれ・変え・つつある）

_____、インターネットは_____。

③ どんな人でも_____悩みがある。

(7) Nからいうと

① （は・あの選手・体力・まだまだ・走れる）

_____からいうと、_____。

② （田中さんの方・能力・が・優れている）

_____からいうと、_____。

③ 私の経験からいうと、_____。

(8) せめて

① （に・でも・だけ・あの人・夢の中・せめて・会いたい）

_____。

② （を・だけ・でも・せめて・お礼・一言・言って・ほしかった）

_____。

③ せめて日曜日だけでも_____。

(9) なりとも

　　① （は・なりとも・景気・回復している・緩やか）

　　＿＿＿＿＿＿＿＿＿＿＿＿＿＿＿＿＿＿＿＿＿＿＿＿＿＿。

　　② （に・なりとも・皆様・若干）

　　＿＿＿＿＿＿＿＿＿＿＿＿＿＿＿お役に立つことができればと思います。

　　③ 中国の歴史のことなら、多少なりとも＿＿＿＿＿＿＿＿＿＿＿＿＿。

C　発展練習

読解文の書き出しの部分に倣って、作文をしてください。

D　総合練習１

日本語が上手になる３つのコツ

【ステップ１】

　日本語を効率よく、または楽しく勉強するためにしている工夫を３つ書き出してください。

1：＿＿＿＿＿＿＿＿＿＿＿＿＿＿＿＿＿＿＿＿＿＿＿＿＿＿＿＿＿＿＿

2：＿＿＿＿＿＿＿＿＿＿＿＿＿＿＿＿＿＿＿＿＿＿＿＿＿＿＿＿＿＿＿

3：＿＿＿＿＿＿＿＿＿＿＿＿＿＿＿＿＿＿＿＿＿＿＿＿＿＿＿＿＿＿＿

【ステップ２】

どんな工夫をしているのか、ペアで話し合ってください。

【ステップ３】

　皆さんは後輩である１年生に、「日本語が上手になる３つのコツ」を教えてあげることになりました。「これはぜひやってほしい」というものから３つ、その技能や方法、達成目標や効果、具体例や自分の経験などを、例を参考に１年生でも分かるようにやさしい日本語で書いて、後輩の日本語学習を支援しましょう。

技能	方法	達成目標	期待できる効果
例1.朗読	大声を出し、何度も教科書を読む。	教科書の本文を1日　20回以上、大声で読む。	いつの間にか、すらすら日本語が出てくるようになる。単語や文章が特別な努力なしで覚えられる。

具体例・体験

私は毎朝、教室に40分早く行って大声で10回、夜は寝る前に寮の外に出て大きな声で10回以上読むようにした。私の場合、1か月くらいで、自然に日本語の文章が口から出てくるようになった。発音にも自信がついた。
テストの前も無理して助詞などを覚える必要はなく、短文作りでも中国語的な日本語を書いてしまうことが減っていった。

技能	方法	達成目標	期待できる効果
例2.作文	日本語で日記をつける。	最低3行以上、日本語で日記をつける。なるべく、その日に習った単語で日記を書く。	身近なことを日本語で書くので、単語や表現が楽に覚えられる。教科書以外の表現や単語も覚えられる。

技能	方法	達成目標	期待できる効果
1			

具体例・体験

技能	方法	達成目標	期待できる効果
2			

具体例・体験

技能	方法	達成目標	期待できる効果
3			

具体例・体験

D　総合練習2

【ステップ1】

　3〜4人のグループに分かれます。皆さんは全員、宇宙飛行士です。皆さんで1機の宇宙船を操縦します。まず、皆さんの宇宙船に名前をつけましょう。

＿＿＿＿＿＿＿＿＿＿＿＿号

【ステップ2】

　まず、一人一人、下の課題を読んで表1に自分の意見を記入しましょう。

地球脱出！

　細菌兵器によって地球上のほとんどの人が死んでしまい、生き残ったのは以下の12人だけになりました。このまま地球にいると、やがて全員が死亡します。しかしここに1機だけ宇宙船があって、宇宙飛行士と、そのほか6人だけはこの宇宙船に乗って地球によく似た星に脱出することができます。その星には人間はいません。皆さんは宇宙飛行士です。誰を宇宙船に乗せて脱出するか、宇宙飛行士である皆さんには、選ぶ権利があります。誰を乗せたらいいか、誰を乗せないほうがいいか、まず、自分の意見を記入しましょう。

1	医者	75歳	女性	7	按摩師	33歳	女性
2	農民1（農民2の妻）	67歳	女性	8	ホスト	32歳	男性
3	農民2（農民1の夫）	65歳	男性	9	強盗	30歳	男性
4	宗教家	58歳	男性	10	ミュージシャン	25歳	男性
5	警官	43歳	男性	11	大学生	18歳	女性
6	大学教授	41歳	女性	12	強盗の子ども	3歳	女の子

個人の意見記入表	
乗せる人	宇宙船に乗せる理由

個人の意見記入表	
乗せない人	宇宙船に乗せない理由

【ステップ3】

　グループのみんなと選んだ人を発表し合い、グループの中で、合意を図り、宇宙飛行士として、最終的な結論を出しましょう。

グループの意見記入表	
乗せる人	宇宙船に乗せる理由

グループの意見記入表	
乗せない人	宇宙船に乗せない理由

【ステップ4】

　各グループが決定した「宇宙船に乗せる人」を年齢順に黒板に書いて、お互いに意見を言い合いましょう。黒板への書き方は以下の例を参考にしてください。

	1班 地球号	2班 白鳥号	3班レインボー号	4班 金星号	5班 ペガサス号
1					
2					
3					
4					
5					
6					

【ステップ5】

この活動を通して思ったことを3つメモしてみましょう。メモしたら、それをグループやクラスで発表し合いましょう。

冲绳

冲绳位于日本的最西南端，由一百多个岛屿构成，其海域东西长1000公里，南北长400公里，面积2281平方公里，人口147万（2023年）。冲绳县的首府是位于冲绳岛的那霸市。1945年冲绳被美军占领，并由美国管辖。美国在冲绳建立了美军最大的海外基地，驻日美军基地的大部分都集中在仅占日本国土面积0.6%的冲绳。1972年美国将冲绳的管辖权交还给日本政府。

冲绳远离日本本土，从首府那霸到东京、大阪、福冈等处以及冲绳县内各岛之间主要是靠空运和航运，相对而言县内各岛间的联系不是十分方便。各岛岛内的交通基本是靠公交车或出租车。

冲绳的宗教信仰与日本神道教近似，各种季节性的节日活动较多。佛教于13世纪传入，因当地土著的宗教信仰——"祖先崇拜"根深蒂固，所以佛教没能在冲绳兴盛发展起来。15世纪起，冲绳借鉴日本本土、中国、朝鲜及东南亚的文化，逐渐形成了与当地历史背景和风土人情相适应的独具特色的地方文化。如具有拱形门的石料建筑、屋顶为红瓦的木建筑、名为「壶屋烧（つぼやき）」的陶器、融会了精湛传统工艺的琉球漆器以及极具地方特色的纺织品。乐器"三弦"于14世纪从中国传入冲绳后，广泛应用于歌谣、舞蹈，并普及到庶民百姓之间。歌谣舞蹈也由此得到了很大发展，至今仍有"琉球民谣"的新作品不断问世。「組踊（くみおどり）」是冲绳的传统歌剧，它受日本能乐和歌舞伎的影响发展起来，以三弦为伴奏，通过歌曲和道白演绎出反映时代特色和当地民风的传奇故事。

近年来许多冲绳风格的流行歌曲在日本广为传唱，其中『花』（翻唱后名为《花心》）、『島唄』（翻唱后名为《不想睡》）等还被中国歌手翻唱，很多人都为其优美动听的旋律深深打动。

第3課　クロスカルチャー

ユニット1　会話
(1) 目上への配慮を含む褒め・評価・謙遜の表現を理解し、適切に用いることができる。
(2) 目上に配慮した表現を用いて提案ができる。
(3) 誘ったり、誘いを受けたり、遠慮したりする表現が適切にできる。

ユニット2　読解
(1) 論理的な文章の主旨が正確に把握できる。
(2) 文章を通じて知識を広げ、理解を深めることができる。
(3) 専門的な資料から、情報や考え、意見を読み取ることができる。

⭐ 沖縄の音楽を聞いたことがありますか。

⭐ あなたは人は話せば必ずわかり合えると思いますか。

（那覇空港駅のモザイク画（有）沖縄ステンドグラス制作）

ユニット1　会話

打ち上げコンパ

（那覇国際大学との交流試合が終わり、居酒屋で打ち上げのコンパが始まっている）

王　　　：1週間って、あっという間だったなあ。

マイク：ほんと。もう、体、ガタガタで歩こうにも歩けないよ。それにしても、王さんすごいよ。あの喜屋武さんを負かすなんて！

王　　　：いえいえ、あれはまぐれです。ダメもとで、ただ、がむしゃらにぶつかっていっただけで……。

比　嘉：喜屋武にとっては「猿も木から落ちる」かな。

マイク：喜屋武さん、もう腕のほうは大丈夫ですか。

喜屋武：（腕に包帯を巻いている）大丈夫、大丈夫！　こんなの、日常茶飯事だから。王さん、次は負けないからね！

比　嘉：（笑いながら）ほんと、王君、初めてなのによくがんばった！　じゃあ、はい、これ、ぐーっと。（泡盛を注ぐ）

王　　　：えっ？　何ですか、これ。

比　嘉：これはね、泡盛。沖縄に来たら、これを飲まずには帰れないよ。さあさあ、最後の日だから、思いっきり無礼講でいこう！

王　　　：そうですか、じゃあ……。（一気に飲み干す）

比　嘉：おおっ、王君、かなりいける口だね。

マイク：そりゃそうですよ。王さんは中国の超寒いところの出身ですから。
　　　　（比嘉の両肩に自分の左腕を回す）

王　　　：（慌てて）マイクさん、比嘉先生は師範ですよ。そんなことしたら……。

比　嘉：いいんだよ。今日は無礼講なんだから。

王　　　：そうですか……。それじゃあ、比嘉先生も、まあ一杯。
（酒を注ぐ）

比　嘉：おーっとっとっと……。（王に酒を注いでもらう）

（皆が酔い始める。空手部員の一人が三線を弾き始め、ほかの部員が沖縄の伝統舞踊を踊りだす）

王　　　：ああ、これが沖縄の音楽か。あれ、あの楽器、二胡に似てるなあ。

比　嘉：あれは三線っていうんだ。みんなが踊っているのは沖縄の伝統舞

　　　　　踊。（王・マイク・大山に向かって）さあ、さあ、みんな一緒に。

大　山：ええ！！　俺はいいっすよ……。

喜屋武：いいから、いいから。さ、ほらほら。（王とマイクが大山の両腕を引っ
　　　　　張る）

（全員で三線に合わせて踊る）

マイク：うーん、難しい！　沖縄の音楽っていうと、知念奈美とか、
　　　　　SPEEDY、DA STEP みたいなJ-POPを思い浮かべるけど……。

比　嘉：東京ではそうだろうね。でもそれは最近のものだよ。ウチナー文
　　　　　化ってのは、土着の文化に、中国とヤマト、アメリカの文化が混
　　　　　ざってできたんだよ。だから、普段はジーンズはいてJ-POP聴いて
　　　　　る若者も、宴会ともなると、やっぱり、ウチナンチュの血が騒ぐの
　　　　　かな。みんなでこれを踊るんだよ。

マイク：ふーん、沖縄はクロスカルチャーなんですね。

比　嘉：ああ。王君、なかなか筋がいいねえ。大したもんだよ。

王　　：そうですか。ぼくのふるさとにも秧歌っていう踊りがあるから、東
　　　　　北人の血が騒いじゃうのかな。

比　嘉：いやあ、うまい、うまい！

（数時間が経つ）

王　　：あれ、大山さん、すっかり酔っ
　　　　　ぱらっちゃったみたいだ。

小　川：まったくもう、テーブルの下で
　　　　　寝ちゃってる。大山、おい、起
　　　　　きろ！　こんなところで寝たら
　　　　　風邪引くぞ！

大　山：うーん、もう飲めないよ……。

　（起きようとしてテーブルに頭をぶつける）

小　川：こりゃだめだ。やれやれ……。大山は酒はどうもだめだなあ。

王　　：あーあ、また寝ちゃった。もうちょっと寝かせておきましょうか。
　　　　　喜屋武さんもまだ飲んでるし、マイクさんも踊ってるし……。無事
　　　　　に帰れるかなあ……。

（次の日。空港で）

小　川：比嘉先生、いろいろとありがとうございました。今度は東京でお待
　　　　　ちしています。

比　嘉：次はまた勝たせてもらいますからね。じゃ、また。お元気で。

王　　：喜屋武さん、お世話になりました。よかったら、また稽古をつけて
　　　　ください。

喜屋武：王さん、今度は手加減しないから、覚悟しておいてくださいよ。
　　　　あ、それから、おいしい泡盛持って行きますからね。

王　　：ぼくも中国のパイチュウ用意して待ってます。

喜屋武：きっとですからね。じゃ、皆さん、気をつけて。あんしぇー、また
　　　　やーさい！

解説・語彙

1. 負かす

「負かす」意为"打败、击败、战胜对方"。例如：

> (1) それにしても、王さんすごいよ。あの喜屋武さんを**負かす**なんて！
> (2) 私たちのチームは3対2で相手チームを**負かした**。
> (3) 10歳の子どもにゲームで**負かされた**。

2. まぐれ

「まぐれ」意为"偶然、侥幸"。例如：

> (1) いえいえ、あれは**まぐれ**です。ダメモトで、ただがむしゃらにぶつ
> かっていっただけで……。
> (2) 彼女が成功したのは**まぐれ**に違いない。
> (3) **まぐれ**で全問正解できた。

3. ダメもと

「ダメもと」可写做「駄目元」，是「駄目でもともと（うまくいけば得、駄目でももともと同じと考えて、試みること）」的缩略语，意为"成就成，不成也无所谓"，表示一种试试看的态度。

4. 猿も木から落ちる

　　「猿も木から落ちる」是一句谚语，意为"猴子也会从树上掉下来"，相当于汉语中的"智者千虑，必有一失"。

5. ～のほう

　　在句子「喜屋武さん、腕のほうは大丈夫ですか。」中，「のほう」起到了缓和语气的作用，使询问对方身体状况的语气变得客气、委婉，避免了直接、唐突的询问方式。

6. 日常茶飯事

　　「日常茶飯事」是一句成语，意为"家常便饭、小事一桩"。

7. 筋がいい

　　「筋がいい」是一个固定短语，意为"（在文体等方面）素质好、有才华"。

例如：

> (1)　ああ。王君、なかなか**筋がいい**ねえ。大したもんだよ。
>
> (2)　工藤さんの書道は**筋がいい**。
>
> (3)　彼女はテニスを始めたばかりだが、コーチから**筋がいい**とほめられた。

8.（～に）稽古をつける

　　「稽古をつける」是一个固定短语，意为"指导、传授（武术、技艺等）"。

例如：

> (1)　喜屋武さん、お世話になりました。よかったらまた**稽古をつけて**ください。
>
> (2)　私は少年のときから1日として休むことなく父に剣道の**稽古をつけて**もらった。
>
> (3)　一流の指導者が毎日**稽古をつけて**くれます。やる気を出して真面目に稽古に取り組めば確実に力がつくでしょう。

9. 手加減

「手加減」意为"（处理事物时的）斟酌、体谅、照顾、留情"。例如：

> （1）王さん、今度は**手加減しない**から、覚悟しておいてくださいよ。
>
> （2）厳しいなぁ。もうちょっと**手加減してよ**。
>
> （3）私に**手加減**はいりません。
>
> （4）試験の採点に**手加減**なんて一切ありません。

10. 運動部の言葉遣い

参加体育社团的年轻人之间，尤其是男性之间，为体现彼此关系的融洽、亲昵，有时说话会非常直接。例如：

> （1）大山、おい、起きろ！　こんなところで寝たら風邪引くぞ！
>
> （2）王さん、次は負けないからね！
>
> （3）俺はいいっすよ。

11. 飲み会での言葉

以下例句都是喝酒时常用的说法，其中，「ぐーっと」表示劝对方一口气喝下去，「かなりいける口」意为"真能喝"，「まあ一杯」表示劝对方（再）喝一杯，「おーっとっとっと……」是说话人在看到酒快斟满时发出的声音。

> （1）じゃあ、はい、これ、**ぐーっと**。
>
> （2）おおっ、王君、かなり**いける口**だね。
>
> （3）それじゃあ、比嘉先生も、**まあ一杯**。
>
> （4）**おーっとっとっと**……。

12. 沖縄方言

「うちなー」「うちなんちゅ」「やまと（大和）」是冲绳方言，它们分别意为"冲绳""冲绳人""日本人（冲绳以外的日本其他地区的人）"。

解説・文法

1. V（よ）うにもVない＜无法实现＞

意义： 表示虽然动作主体有进行该动作的愿望，但客观上无法实现。

译文： 想要（做）……，却……不了

接续： 动词的意志形＋にも＋同一动词的能动态

说明： 动词为Ⅲ类动词「～する」时，其能动态的词干可以省略，只用「できない」。

---

(1) もう、体、ガタガタで**歩こうにも歩けない**よ。

(2) 別れた彼のことは**忘れようにも忘れられない**。

(3) 仕事が忙しくて、**休もうにも休めない**。

(4) こんな大雪では歩いて**帰ろうにも帰れない**。

(5) 携帯の電源が切れてしまったので、**連絡しようにもできない**状態だった。

---

2. V₁ずにはV₂ない＜必要条件＞

意义： 表示如果不进行V_1的动作，则无法实现V_2的动作。

译文： 不……，就不能（无法）……

说明： V_2为动词的能动态或非自主动词。

---

(1) 沖縄に来たら、これを**飲まずには帰れない**よ。

(2) 今の社会で生活していくには、お金のことを**考えずには過ごせ
ない**ね。

(3) いくら頭が良くても、**勉強せずには一流大学に受からない**でしょ
う。

(4) 恋する者たちは、お互いに相手を**傷つけずには生きていけない**
のだ。

3. N／Vるともなると／ともなれば＜特殊条件＞

　意义： 表示该特殊性条件一出现，就会相应地出现与平常不同的情况。

　译文： 一旦……，就会……

　接续： 名词／动词词典形＋ともなると／ともなれば

　说明： 前接的名词或动词多表达年龄、时间、身份、阶段或特殊状况。后句不用「～たい／～（よ）う／～てください」等表达方式。

（1）普段はジーンズはいてJ-POP聴いてる若者も、宴会**ともなると**、やっぱり、ウチナンチュの血が騒ぐのかな。

（2）観光名所**ともなれば**、いい旅館は何か月も前から予約でいっぱいだ。

（3）このゴルフ練習場は休日の午前中**ともなると**、2～3時間待たされるのは普通だ。

（4）赤ちゃんは1歳2か月**ともなると**、自分からミルクを探し出してしまうような知恵が働くようになる。

（5）修士論文や博士論文を書く**ともなると**、どれだけの学問的価値があるのか、一度は考えるものだ。

解説・会話

---

1. 评价（夸奖）的表达方式

　　使用日语进行评价或夸奖时有一点需要注意：一般只有上级、年长者对下级、年幼者才可以进行评价或夸奖，或者级别、年龄相同者之间可以相互评价或夸奖。除此之外的关系不适宜采用评价或夸奖的表达方式。这是因为评价往往意味着对对方进行品头论足，夸奖也需要有夸奖对方的资格。下面这些句子都不能对年长者和上级使用：

（1）王君、初めてなのに**よくがんばった**！

（2）**うまい、うまい**！

（3）ああ。王君、なかなか**筋がいい**ねえ。**大したもんだよ**。

使用「なかなか」「結構」等程度副词时需要格外注意。例如：

(4) うん、**なかなかいいぞ**。

　　特別是下级、年幼者应该避免使用谚语来评价上级、年长者，但对下级、年幼者使用则没有问题。例如：

(5) 喜屋武にとっては「**猿も木から落ちる**」かな。

如果需要夸奖上级、年长者，一般使用表示感叹的表达方式。例如：

(6) 先生、ピアノも**お上手なんですね、驚きました**。

受到夸奖时可只回应「ありがとう」，也可以使用谦虚的表达方式。例如：

(7) A：すごいですね。

　　B：（え、そうですか。）**ありがとう**。

(8) A：王さんすごいよ。喜屋武さんを負かすなんて！

　　B：いえいえ、**あれはまぐれ**です。

(9) A：日本語、お上手ですね。

　　B：**いいえ、とんでもない**。

(10) A：田中さんがピアノを弾くとは聞いていたけど、こんなに本格的だとは知りませんでした。

　　　B：**いえいえ、まだまだです**。

2. 邀请的表达方式和接受邀请的「じゃあ」

　　表示邀请可以使用「Ｖ（よ）う」、「Ｖない？」这些句式。对这样的邀请回答「じゃあ」则意味着接受邀请。例如：

(1) A：さあさあ、最後の日だから、思いっきり無礼講でいこう！

　　B：**そうですか、じゃあ**……。

(2) A：一緒に行こうよ、ね。

　　B：**じゃあ、ちょっと（だけ）**……。

3. 对上级、年长者提建议的表达方式

　　建议本身具有与指示相近的一面，因此，对上级、年长者提建议时需要注意表达方式，以免被误认为是指示或命令。这时最好使用委婉的征求同意的表达方

式，以表示这不过是一个建议而已。例如：

> （1）もうちょっと寝かせておいた方がいいですよ／寝かせておいたらどうですか。→もうちょっと**寝かせておきましょうか**……／**寝かせておきますか**……。（都读作降调）

4. 描写眼前状况的表达方式

　　使用「Vて（い）る」描写眼前或当下的状况，有时可以表示说话人的困惑或责备的语气。这是因为「Vて（い）る」的基本用法在于关注事态的持续发展过程，由此产生夸大时间长度范围的表达方式。当说话人不希望该行为继续下去时，使用「Vて（い）る」就强调出说话人的困惑或责备之语感。例如：

> （1）喜屋武さんもまだ**飲んでる**し、マイクさんも**踊ってる**し……。
> （2）そんなのんきなことばかり**言ってる**と、今に失敗するよ。
> （3）いつまで**食べてる**の。早く支度しなさい。

解説・表現

1. 〜から

　　「〜から」放在句尾表示决心、感动、警告或安慰等语气。例如：

> （1）おいしい泡盛持って行きます**から**ね。

練　習

A　内容確認

（1）交流試合の間、マイクさんはどんなことに驚きましたか。
（2）王さんはその理由を何と言って説明していますか。
（3）「猿も木から落ちる」とはどんな意味だと思いますか。

(4)　「無礼講」とはどんな意味だと思いますか。

(5)　「今日は無礼講だ／にしよう」と言えるのはどんな人だと思いますか。

(6)　沖縄の若い人たちは、普段はどんな音楽を聴いていますか。

(7)　沖縄では特別な日はみんなで集まってどんなことをしますか。

(8)　比嘉先生は、沖縄の文化はどんな文化の影響を受けていると言っていますか。

(9)　王さんは、自分が踊りがうまいと誉められたのはなぜだと思っていますか。

(10)　小川さんはどうして大山さんを起こそうとしたのですか。

(11)　どうして王さんは、今日無事に帰れるかどうか心配だったのですか。

(12)　東京へ帰る日、王さんと喜屋武さんはどんな約束をしましたか。二つ挙げてください。

B　文法練習

1. 次の文を完成させてください。

(1)　V（よ）うにもVない

①　彼女からのメールが文字化けして、＿＿＿＿＿＿＿＿＿＿＿＿＿＿＿。

②　その辛い経験は、＿＿＿＿＿＿＿＿＿＿＿＿＿＿＿＿＿＿＿＿。

③　収入が少なくて、家賃を＿＿＿＿＿＿＿＿＿＿＿＿＿＿＿＿＿。

2. 次の①②は（　　）の中の言葉を正しい順番に並べてください。③は文を完成させてください。

(1)　V₁ずにはV₂ない

①　（マスクを・外出できない・せずには・インフルエンザが）

＿＿＿＿＿＿＿＿＿＿＿＿流行しているから、＿＿＿＿＿＿＿＿＿＿。

②　（使わずには・デジタル社会で・スマホを）

＿＿＿＿＿＿＿＿＿＿＿、＿＿＿＿＿＿＿＿＿＿暮らしていけない。

③　毎日のニュースを見ずには、＿＿＿＿＿＿＿＿＿＿＿＿＿＿＿。

(2)　N／Vるともなると／ともなれば

①　（は・ともなると・夜・11月・かなり・冷え込みます）

北京は＿＿＿＿＿＿＿＿＿＿＿＿＿＿＿＿＿＿＿＿＿＿。

②　（が・ともなると・パスポート・海外旅行・必要だ）

＿＿＿＿＿＿＿＿＿＿＿＿＿＿＿＿＿＿＿＿＿＿＿＿。

③ 大学2年生ともなると、_____。

C　会話練習

1. ポイント：目上への配慮を含む褒め・評価・謙遜の表現を理解し、適切に用いることができる。

「それにしても、王さんすごいよ。あの喜屋武さんを負かすなんて！」
「いえいえ、あれはまぐれです。」

モデル会話

リン（新入社員）、田中（リンの勤める会社の部長）、田中の妻

（リンは田中部長の家に招待され、これから食事をする）

田中の妻：さあ、リンさん、どうぞ。

リン：いただきます。

妻　：お口に合うといいのですけど……。

リン：わあ、おいしいですね。

妻　：京料理です。熱いうちにどうぞ。あなたも食べてみて。

リン：奥様はお料理がお上手なんですね。

田中：まあ一般的な京都の家庭料理だね。

妻　：リンさんこそ日本語が本当にお上手で、驚きました。

リン：とんでもない。いつも部長に教えていただいています。

田中：いやいや、僕のほうこそ中国のことをいろいろ教えてもらってるんだよ。

ここをおさえよう！

(1) リンさんが田中さんの妻の料理を評価しているところに＿＿線を、それを聞いて、妻が謙遜している部分に～～線を引いてください。

(2) 下線部の田中さんの言葉は、どのような気持ちを伝えていますか。

(3) 妻は自分の料理を勧めるとき、リンさんに対するときと、夫に対するときとでは、どのように違いますか。

❖言ってみよう！

　次の（1）〜（3）の内容を読み、例のように、それについて誉める社会人の先輩Aと、謙遜して答える大学生の後輩Bとの会話を考えてください。

> 例：全国のスピーチコンテストで優勝した。
> A：すごいじゃないか！　全国のスピーチコンテストで優勝するなんて！
> B：いえ、そんなことはないです。たまたま出題されたテーマが、最近よく話していたことだったんでうまく話せただけです。

（1）誰もいない早朝、一人でテニスコートを掃除した。

（2）アフレコ大会で優勝した。

（3）スポーツ大会に参加した日本人に、日本語で通訳した。

2. ポイント：誘う・誘いを受ける／遠慮する表現

「さあさあ、最後の日だから、思いっきり無礼講で行こう！」

「そうですか、じゃあ……。」

モデル会話

黄（中国人大学生）　梁（韓国人大学生）　中田（日本人大学生）

> 中田：黄さん、梁さん。これからカレーを食べに行くんだけど、一緒に行かない？
> 梁　：カレー？　大好き。行く。行く。
> 黄　：①_____。
> 中田：どうして？　お昼、これからじゃなかったの？
> 黄　：うん。でも、今日はお腹の調子が悪いから辛いものは……。
> 中田：辛くないカレーもあるから、それを頼めばいいじゃない。
> 黄　：うーん、でも、今日は持ち合わせも少ないし……。
> 中田：なーんだ。それなら、今日は僕がおごるよ。
> 黄　：やった。じゃあ……

ここをおさえよう！

（1）①にはどんな言葉が入りますか。

（2）黄さんはカレーを食べに行きたいと思っていますか。

（3）黄さんは最終的にカレーを食べに行きましたか。

♣言ってみよう！

　友人からスキーに誘われました。でも、行きたくありません。次のような理由を含め、できるだけ相手の気持ちに配慮しつつ断ってください。

（1）沖縄出身のため、寒さに強くない。

（2）スキーをやったことがないので、怖い。

（3）スキーで必要な道具を揃えると、かなりお金がかかる。

3. ポイント：目上への提案の表現

「もうちょっと寝かせておきましょうか。」

モデル会話

松田（課長）　岡田（社員）

（一緒に居酒屋に飲みに来ている）

課長：さあ、何でも好きなものを頼んでいいよ！

岡田：そうですか。それじゃあ……、えーっと。

課長：俺は、フライドチキンとポテトチップス！ それからチーズも。

岡田：私は……野菜スティックにしようかな。課長の分も注文しておきましょうか。

課長：あ、そうしてくれ。

（数時間後）

岡田：もう11時！ タクシーを呼びましょうか。

課長：そうだね。じゃあ、お宅で君を降ろして、それからうちに帰ることにしよう。

岡田：すみません、ありがとうございます。

ここをおさえよう！

（1）岡田さんはどんな提案をしましたか。該当する場所に下線を引いてください。

♣言ってみよう！

　次の（1）〜（3）は、部下Aと目上の上司Bの会話です。（　　）の箇所は、その内容を部下が目上に提案する発話を書いてください。

(1)　A：今度の社内のパーティ、いつもの居酒屋でいいですか。

　　　B：うーん、できれば、普段あまり食べたことがないものを食べたいな……

　　　A：じゃあ、（この近くの居酒屋⇒　　　　　　　　　　）

(2)　A：みんなとの待ち合わせは1時でいいですか。

　　　B：ご飯を食べに行くんだから、その時間じゃ、遅いんじゃない？

　　　A：じゃあ、（12時⇒　　　　　　　　　　）

(3)　A：今度のプロジェクトに、これだけお金が掛かりますが……。（金額を見せる）

　　　B：えっ！！　こんなに掛かるんじゃ、わが社は倒産するよ！

　　　A：では、（本格的に経費節減を目指す⇒　　　　　　　　　）

4. ポイント：感情をこめた眼前描写のアスペクト表現

「喜屋武さんもまだ飲んでるし、マイクさんも踊ってるし……。」

モデル会話

母親　子ども

> 母親　　：ご飯よ。早く来なさい。
> 子ども：はーい。（ゲームをしている）
> （10分経ってもダイニングに来ない）
> 母親　　：まだやってる！　ご飯、冷めちゃうよ。
> 子ども：はーい。
> （テレビを見ながら夕ご飯を食べた後、テレビを見続けている）
> 母親　　：いつまで見てるの？　早く宿題しちゃいなさい！　聞いてるの？
> 子ども：聞いてるよ。

ここをおさえよう！

(1) 母親の発話「まだやってる」「いつまで見てるの」にはどんな気持ちが込められていますか。

♣言ってみよう！

　次の（　）のことばを「Vて（い）る」の形に変えて、会話しましょう。

(1)　Ａ：たくさんありすぎて、選べないなあ。

　　　Ｂ：いつまで（選ぶ⇒　　　　　）。さっさと決めて帰ろうよ。

(2)　（車に乗っている）

　　　Ａ：なんだか、道に迷っちゃったのかなあ。もう少しこの道を行ってみ
　　　　　ようか。

　　　Ｂ：まあ、いいけど……。

　　　（1時間後）

　　　Ａ：やっぱり、違うかなあ。

　　　　　いったいいつまで（地図を眺める⇒　　　）。ほら、その地図、見せて
　　　　　よ。

(3)　Ａ：おい、（そんなに化粧ばかりする⇒　　　　　）と、飲み会に遅刻す
　　　　　るぞ！

　　　Ｂ：まだまだ終わらないし、着替えもしなきゃいけなんだから、すぐに
　　　　　は出られないよ。

D　総合練習

無人島に行くとしたら……

　無人島に行って1年間、暮さなければならなくなりました。その無人島に
は、生存に必要な最低限のものはありませんが、人工のものは何もありませ
ん。

【ステップ1】

　まず、どんなことが一番困ると思いますか。

【ステップ2】

　あなたが無人島に行くとしたら、何を持って行きますか。

手順：

1. 次の20個のうちから持って行きたいものを3つだけ選び、1位から順番に下
　のカードに記入し、選んだ理由を書きましょう。

2. 20個のうちから絶対に要らないと思うものを3つだけ選び、1位から順番に
　下のカードに記入し、選んだ理由を書きましょう。

3. この表にないもので自分が持って行きたいものをカードに2つ書き、理由を
　書きましょう。

4. 書き終わったら、カードを見ながら一人ずつ発表しましょう。持って行くも
のが自分と同じ人がいるか、発表をよく聞いてください。

5. 全部同じだった人、順番だけ違った人はいましたか。確認しましょう。

①マッチ　②ロープ　③下着　④望遠鏡　⑤タオル

⑥白酒　⑦洋服　⑧毛布　⑨テント　⑩ペット

⑪薬　⑫本　⑬カメラ　⑭鍋　⑮ラジオ

⑯紙と鉛筆　⑰裁縫道具　⑱携帯電話　⑲化粧品　⑳ナイフ

（カード）

	持って行くもの	
順位	品物	理由
1		
2		
3		

	絶対、持って行かないもの	
順位	品物	理由
1		
2		
3		

	表にはないけれど持って行きたいもの	
順位	品物	理由
1		
2		
3		

ユニット2　読解

異文化コミュニケーション

「人みな同じ」の思い込み

　「人間はどこに行っても所詮人間、同じなんだから、わかり合える」。このように考えることほど危険なことはない。なぜなら、実際は「人はみな違う」からであり、また「わかり合う」ためには、お互い相当な努力が必要で

5　あるからだ。「違ってあたり前」と考えていれば、異なる考え方や、常識、物事の進め方などに遭遇しても「ああ、そうか、違うんだ」と比較的冷静に捉え「どうすればいいかな」と自分のとるべき行動について考えたり、また相手に自分の考えや、やり方の違いについて説明することも可能になる。

　ところが、一度「同じだ」という土台の上に立って相手をみてしまえば、

10　自分のものの見方を相手にあてはめることの間違いにまったく気づかないことになる。すなわち、「わがままだ」「非常識だ」「変な人だ」など、自分の視点で捉えた相手がすべてであり、相手からみた自分や、相手の視点について思いを馳せることの必要性など考えもしないということになってしまう。これは何も国や言語といった文化差についてのみ限った話ではない。

15　親、子ども、夫や妻といった家族や、友人、恋人や職場の人々など自分のまわりにいる近しい人々とのコミュニケーションにもあてはまる。「何でこんなに自分のことをわかってくれないんだ」「なんて、無神経」など、相手の行動や言動を責めている自分に気づいたら、ふと一呼吸おいて冷静に考えてみよう。「人みな同じシンドローム」に陥っていないかと。

20

「間違い探し?」の傾向

　「人みな同じ」という思い込みの次に怖いのが、いわゆる「間違い探しゲーム」のように異文化の相手と対峙した場合、目にみえる差異ばかり探そうとしたり、また一度大きな差異をみつけるとそれがすべてであるかのように

25　相手が自分とは異なるという点ばかりに意識が集中してしまうことである。例えば、顔を真っ黒に塗って、目の上や唇を白くするといったいわゆる「ガングロ」化粧を施した女性がお隣に引越してきたとしよう。そんなとき、女性の特異な外見だけが彼女のすべてを物語るかのように捉え、そのうえ自分と非常に異なる人種だと決め付けて、個人としての彼女を知ろうともしない

30　で「あまり関わらないでおきたい」などと思ってしまう人が多いのではない

だろうか。

　同じことが実は異文化の相手とのコミュニケーションにもあてはまる。外見上の違いばかりに目を奪われたり、相手の意見や価値観の異なる部分ばかりに着目してしまうと、本当の相手がみえてこないばかりか、相手と自分との共通点にはまったく目がいかなくなる。かくして、相手をよく知ろうと 35 もしないで、「異文化の人だから、わからない」となってしまう。前項の「『人みな同じ』の思い込み」とは逆説的だが、人間同士は共通点の方が多いのが普通であり、また、お互いに個人として人間同士の付き合いに発展する場合、「共通点を探し合う」ことが肝要となる。異文化コミュニケーションが難しいのは、この「人みな同じ」という思い込みを排除しつつ「間違い 40 探し」は慎むという離れ業のようなことをしなければならないからだともいえる。この2つのバランスをうまくとりながら、相手と人間関係を構築していくさまは、まるでサーフィンに乗って波乗りをしているようなものだといった研究者もいる。この「異文化コミュニケーション・サーフィン」の上達に、近道はない。実践をどんどん積んで、ぜひ失敗から学んでもらいたい 45 ものだ。

意味は言葉にあり？

　「言葉の意味は、言葉に付随している。だから、言葉を使って相手に伝えれば、意味は確実に伝わるはず」。このように思ってはいないだろうか。実 50 は、この考えは間違っている。本当は、「意味は人にあり」である。言葉というものは、それ自体に意味があるものではなく、きわめて恣意的に音や記号をあてはめているだけであり、そのうえ、人間がいろいろな意味を勝手に付加して使っているからさらに複雑である。例えば、「母」という言葉を例にとって考えてみよう。多くの人はその言葉を聞いて自分の母をイメージす 55 るだろうし、そうなると、当然「母」という言葉に付随しているニュアンスやイメージは人によってまったく異なることになる。

　同じ言葉を使っていてもこのように微妙なニュアンスやイメージが異なるのであるから、母語が異なっている場合、さらに話がややこしくなる。例えば、「よい生徒」「よい教師」「よい妻」をgood student, good 60 teacher, good wifeなどと訳したところで、その単語に付随しているイメージや、期待される役割行動をすべて伝えるのは至難の技であろう。なぜなら、何をもって「よい」というかはところ変わればもちろん変化するし、そ

のうえ、「生徒」「教師」「妻」の役割さえ文化が異なると違っていること
65　もありうるからだ。そんなふうに考えると「はっきり言ったから伝わったは
ず」と簡単には言えないことに気づいたのではないだろうか。「はっきり」
の度合いや受け取り方さえ違うかもしれないのだから。

久米昭元・長谷川典子　『ケースで学ぶ　異文化コミュニケーション』有斐閣

解説・文法

1. ～ほど～はない＜最高程度＞

意義：用于强调所评价的事物为最高程度。

译文：……是最……的；没有比……更……的

接続：名词＋ほど＋名词化小句＋はない
　　　　动词的词典形＋こと＋ほど＋名词化小句＋はない

説明：也说「～くらい／ぐらい～はない」。

(1) このように考えること**ほど**危険なこと**はない**。
(2) 趣味が仕事になること**ほど楽しいこと**はない**。
(3) 朝の満員電車**ほど**いやなもの**はない**。
(4) 王さん**ぐらい**まじめな学生**はいない**。

2. Ｖもしない＜全面否定＞

意義：强调根本就不做该动作，表达说话人不满或惊讶的语气。

译文：连（做）……都不（做）……；根本就不（做）……

接続：动词的第一连用形＋もしない　サ变动词词干＋もしない

説明：也说「Ｖさえしない」。

(1) 相手からみた自分や、相手の視点について思いを馳せることの
　　必要性など**考えもしない**ということになってしまう。
(2) こんなことが起こるなんて**予想もしなかった**。
(3) その映画を**見もしない**で、あれこれと批判するのはおかしい。

(4) こちらが**聞きもしない**のに、彼はペラペラと自分の家のことを話し出した。

3. 何も～ない＜纠正＞

意义：用于对对方的想法或说法予以否定，从而解释、说明事实。

译文：并非……；并不是……

说明：经常与「わけではない」「ということではない」等表达方式搭配使用。

(1) これは**何も**国や言語といった文化差についてのみ限った話で**はない**。

(2) **何も**好きで飲んでいる**わけではない**。仕事だからしかたがないんだ。

(3) 見直すだけということであって、**何も**やめるということで**はない**。

(4) 私は、**何も**マスコミを非難するつもりは**ありません**。ただ皆さんに、自分の考えを持ってニュースや新聞に目を向けたらどうかと言いたいのです。

☞ 「何も」与「～なくてもいい」「～必要がない」「～ことはない」等句式搭配使用时，表示不必要做某事，多用于说服、安慰或责备对方。相当于汉语的"不必……；何必……"。

(5) みんなで一緒に行くんだから、**何も**そんなに**心配することはない**よ。

(6) **何も**そんなことでくよくよする**必要はない**じゃないか。

(7) 気持ちは分かるけど、**何も**そこまで**言わなくてもいい**んじゃないか。

4. ～といったN＜列举＞

意义：用于列举出名词所指的范畴中的一两个例子，暗示除此之外，还有其他。

译文：……之类的

接续：名词／简体句子＋といった＋名词

  (1) これは何も国や言語**といった**文化差についてのみ限った話ではない。

  (2) ダイエットを始めてから、晩ご飯はリンゴやミカン**といった**果物だけ食べている。

  (3) 外国語の勉強は、何度も読み返して暗記する**といった**勉強方法が効果的である。

  (4) コンピューターは機械なので、暑いとか寒い**といった**感覚を持たない。

  (5) スマホを触ったりテレビを見たり**といった**時間を削り、勉強の時間を確保したい。

5. のみ＜限定＞

意义： 表示限定，意为排除其他。

译文： 仅仅；只

接续： 名词＋のみ

说明： 为书面语。

  (1) これは何も国や言語といった文化差について**のみ**限った話ではない。

  (2) このサービスは本学学生**のみ**対象となります。

  (3) 家では気が散ってしまいがちだが、教室では勉強**のみ**に集中することができる。

  (4) 授業は英語**のみ**で行われるため最初は難しいだろうが、慣れればとても勉強になるはずだ。

6. Ｖ（よ）うと（は／も）しない＜否定意志＞

意义： 表示没有做该动作的意向。

译文： （根本就）不愿……

接续： 自主动词的意志形＋と（は／も）しない

说明： 「Ｖ（よ）うともしない」比「Ｖ（よ）うとはしない」否定的意义更强。

(1) 自分と非常に異なる人種だと決め付けて、個人としての彼女を**知ろうともしないで**「あまり関わらないでおきたい」などと思ってしまう人が多いのではないだろうか。

(2) うちの子は、何度言っても全く本を**読もうとしない**。

(3) 上司は自分の経験のみが正しいと信じていて、他人の意見を**聞こうともしない**。

(4) 眠れないときは、無理に**寝ようとはしないで**、本を読んだり、テレビを見たりしたほうがいい。

7. Ｖたいものだ＜希望＞

意义：表示说话人长时间以来一直持有的希望或愿望。

译文：希望……

接续：动词的第一连用形＋たいものだ

说明：表达对他人的希望时使用「Ｖてもらいたいものだ」或「Ｖてほしいものだ」的形式，但一般不在会话中直接使用，因为容易造成一般性陈述的感觉，对对方有失敬意。

(1) 実践をどんどん積んで、ぜひ失敗から**学んでもらいたいものだ**。

(2) 機会があれば、ぜひ一度**お会いしたいものです**。

(3) 早く病気が治って、元気に**なりたいものだ**。やっぱり健康が一番。

(4) 厳しい世の中ですが、思いやりと感謝の心を忘れないで楽しく**生きていきたいものです**。

8. Ｖたところで＜転折＞

意义：表示转折关系，意为即使实施该动作，也不会得到所期待的结果。后句一般为否定或消极意义的表达方式。

译文：即使……也……；就算……也……

接续：动词的"た形"＋ところで

说明：经常与「いくら」「どんなに」「たとえ」等副词搭配使用。

(1) 例えば、「よい生徒」「よい教師」「よい妻」をgood student, good teacher, good wifeなどと**訳したところで**、その単語に付随しているイメージや、期待される役割行動をすべて伝えるのは至難の技であろう。

(2) 今さら**焦ったところで**、どうしようもない。

(3) 睡眠時間を削って長時間**勉強したところで**、能率が悪くなってしまうなら意味がない。

(4) 使いもしない表現や単語を**覚えたところで**、すぐに忘れてしまうんじゃないかな。

練　習

A　内容確認

(1) 「人間はどこに行っても所詮人間、同じなんだから、わかりあえる」という考えが危険なのはなぜですか。

(2) この文章では「違ってあたり前」とはどんな意味ですか。

(3) 「人間はみんな同じだ」という考えにはどのような危険性がありますか。

(4) 『「人みな同じ」の思い込み』で筆者が最も言いたいことは何ですか。

(5) 『「間違い探し?」の傾向』とはどのような傾向ですか。

(6) 『「間違い探し?」の傾向』にはどのような危険性がありますか。

(7) 筆者によると異文化コミュニケーションにおいて、私たちはどのように「人はみんな同じ」「間違い探し」のバランスをとるべきですか。

(8) 『「間違い探し?」の傾向』で筆者が最も言いたいことは何ですか。

(9) 筆者は「意味は言葉にあり」についてどう考えていますか。

(10) なぜ「意味は人にあり」と言えるのですか。

B　文法練習

　次の①②は（　）の中の言葉を正しい順番に並べてください。③は文を完成させてください。

(1) 〜ほど〜はない

　　① (は・ほど・冬・今年・寒い・ない)

　　　　_____。

　　② (は・学生・ほど・優秀な・李さん・いない)

　　　　_____。

　　③ _____ほどうれしいことはないです。

(2) Ⅴもしない

　　① (を・評価する・作品・もしないで・読み)

　　　　_____のは、おかしい。

　　② (に・ばかり・もしないで・働き・他人の仕事・文句)

　　　　あの人は自分は_____言っている。

　　③ _____なんて、考えもしなかった。

(3) 何も〜ない

　　① (は・こと・何も・落ち込む・そんなに・ない)

　　　　_____君が悪いわけではないから、_____よ。

　　② (何も・のに・今日・でなくてもいい)

　　　　_____。

　　③ 何も_____必要はないと思うけど。

(4) 〜といったN

　　① (を・や・といった・電気製品・テレビ・冷蔵庫・扱っている)

　　　　この会社は_____。

　　② (や・に・能・歌舞伎・日本の伝統芸能・といった・興味がある)

　　　　_____。

　　③ このカルチャーセンターは_____といった費用は一切かかりません。

(5) のみ

　　① (のみ・2日・である・購入後・有効)

　　　　この切符は_____。

　　② (は・のみ・で・ドリアン・熱帯地方・育ちます)

　　　　_____。

③ 今は_____のみだ。

(6)　V（よ）うと（は／も）しない

① （など・とも・の・私・気持ち・して・理解しよう・くれない）

親は_____。

② （を・とも・は・話・母・その・疑おう・しなかった）

_____。

③ _____としない人は成功できない。

(7)　Vたいものだ

① （は・もの・仕事・やりたい・楽しく・です）

_____。

② （を・いつまでも・美しい・大切に・自然・残したい・ものである）

_____。

③ 今年こそ_____たいものだ。

(8)　Vたところで

① （には・終電・今から・出た・間に合い）

_____ところで、_____そうもない。

② （許して・もらえない・謝った・どんなに・だろう）

_____ところで、_____。

③ たとえ失敗したところで、_____。

C　発展練習

読解文で学習した表現を使って、次のような構成で作文をしてください。

(1)

書き出し	_____。このように考えることほど _____ことはない。なぜなら、_____からだ。
本論	ところが、_____。 すなわち、_____。

まとめ	

(2)

書き出し	＿＿＿＿＿＿＿＿＿＿＿＿＿＿＿＿。このように思ってはいないだろうか。実は、この考えは間違っている。
本論	本当は、＿＿＿＿＿＿＿＿＿＿＿＿＿＿＿＿＿＿＿＿。 例えば、＿＿＿＿＿＿＿＿＿＿＿＿＿＿＿＿＿＿＿＿。
まとめ	

D　総合練習

私の短所、あなたの長所

【ステップ1】

　「けち」という言葉は、普通、悪い意味で使われます。これを、いい意味に言い直すとどうなるでしょうか。例を参考に考えて、例以外に3つ以上書いてみてください。

　例：物を無駄にしない

【ステップ2】

　性格に関する言葉を知っているだけ、書き出してみましょう。

【ステップ3】

　どんな言葉があったか、みんなで発表しあって、黒板に書いて確かめましょう。

【ステップ4】

　あなたの短所は何ですか。書き出してみましょう。それを友だち2人に自分の長所に書き直してもらいましょう。短所も見方を変えれば長所になります。

手順：

1. 3人〜4人のグループを作ります。

2. それぞれ、以下のようなカードを3枚作って、自分のところに自分の短所を1つずつ書きましょう。

3. 書き終わったら、次の人に渡してさらに別の言葉で短所を長所に書き直してもらいましょう。この時に記入する人は、前の人が記入したことと同じにならないようにしてください。

（例）（カード）

「短所だって長所」　　氏名（王　宇翔）	
☹ 私の短所：私はちょっと叱られるとすぐに怒ってしまいます。	
☺	（朱夏）の意見：王さんは誇り高い性格です。
☺	（金愛香）の意見：王さんは正直でまっすぐな人だと思います。
☺	（田峰）の意見：王さんはいつも真面目で真剣に考える人です。
☺	（張美才）の意見：王さんは人の意見をきちんと聞く性格なのだと思います。
みんなの意見を聞いて 叱られるとすぐ、怒ってしまうのは、人の言うことをそのまま受け止めるから、ということに気がつきました。この短所は長所のカードのようにちょっと別の見方ができたら怒らなくなるかな……と思えました。	

4. 全員が書き終わったら、最後の人は最初の人にカードを返しましょう。自分のカードを見てください。どのように変わりましたか。最後に、みんなの意見を読んで感想を書いてみましょう。

5. カードを見て、性格に関して、どんな表現がされていたか、書き出して整理してみましょう。

（例）（カード）

「短所だって長所」	氏名（　　　　　　）
☹ 私の短所	
☺（　　　　）の意見	
☺（　　　　）の意見	
☺（　　　　）の意見	
☺（　　　　）の意見	
みんなの意見を聞いて	

性格に関する表現

日语中常用的谚语

以下是日语中常用的谚语，和汉语中的谚语、成语比较一下，看看有哪些异同。

後の祭：事后诸葛亮
痘痕もえくぼ：情人眼里出西施
石の上にも三年：只要功夫深，铁杵磨成针
馬の耳に念仏：对牛弹琴
噂をすれば影がさす：说曹操，曹操到
鬼に金棒：如虎添翼
蛙の子は蛙：有其父必有其子
南瓜に目鼻：丑陋不堪
亀の甲より年の功：姜还是老的辣
枯木に花：枯木逢春
苦しいときの神頼み：临时抱佛脚
弘法にも筆の誤り：智者千虑，必有一失
三人寄れば文殊の智恵：三个臭皮匠，赛过诸葛亮
地獄の沙汰も金次第：有钱能使鬼推磨
失敗は成功のもと：失败是成功之母
釈迦に説法：班门弄斧
高嶺の花：可望不可及

高みの見物：袖手旁观，作壁上观

畳の上の水練／机上の空論：纸上谈兵

棚から牡丹餅：天上掉馅饼

敵は本能寺に在り：醉翁之意不在酒

泥棒を捕まえて縄をなう：临阵磨枪

どんぐりの背比べ：半斤八两，相差无几

泣き面に蜂：雪上加霜

寝耳に水：晴天霹雳，事出意外

能ある鷹は爪を隠す：真人不露相

腹も身の内：饭吃八分饱，肚子是自己的

火のない所に煙は立たぬ：无风不起浪

豚に真珠／猫に小判：明珠暗投

盆と正月が一緒に来たよう：双喜临门

第４課　読　書

学習目標

ユニット１　会話

(1) 会話において強調するための指示語を理解し、適切に用いることができる。

(2) 物語等のあらすじを話すときに指示語や連体修飾を適切に用いてまとまりのある話し方ができる。

(3) ブック・トークができる。

ユニット２　読解

(1) 書評を読んで、その本の内容について理解する。

(2) 「モノ」の立場になって想像力豊かに自己表現ができる。

(3) 短歌を味わい、言葉のリズムを楽しみながら、短歌に詠まれた情景や作者の気持ちが理解できる。

★ あなたの人生に影響を与えた本は何ですか。

★ 最近読んだ本で特に印象に残っているものは何ですか。

（さまざまな蔵書票）

ユニット1　会話

ブック・トーク

（王は学校訪問として中学校の国語の授業を参観し、そのあとの話し合いに参加する）

担任：皆さん、中国の長春市からいらっしゃった、王宇翔さんです。

全員：こんにちは。

王　：はじめまして。東西大学3年の王宇翔です。今日は皆さんとお話できるのを楽しみにしてまいりました。よろしくお願いします。

担任：じゃあ、これから生徒たちが質問をしますので、お答えいただけますか。

王　：はい。

担任：ありがとうございます。それじゃあ、質問がある人！

水木：はい！

担任：はい、じゃあ、水木君！

水木：王さんのお名前はどういう字を書くんですか。

王　：はい……（黒板に書く）中国語ではwángyǔxiángと読みます。

鈴木：へー。中国語って、発音、難しいね。

山田：あの、日本に留学したいと思ったきっかけは何ですか。

王　：そうですね、もともと日本の文化が好きだったんですが、特に若者のポップカルチャーが、どのように作られるのかを知りたかったんです。

山田：王さんは例えばどんな歌手が好きなんですか。

王　：うーん……ユミとか……、ピースやハロー・ガールズもいいですよね。

鈴木：わあ、詳しい！

森山：あの、ちょっとお聞きしてもいいですか。私たち、国語の時間に「故郷」を読んだんです。

王　：「故郷」ですか。魯迅にして書ける作品だと思います。日本でも読まれているんですね。魯迅は今でも中国人に愛されているんですよ。「故郷」は大好きですが、皆

　　　　さんはどんな感想を持ちましたか。

森山：初めは子ども時代の話で楽しかったけど、難しいなと思いました。

王　：そうですか。印象的な場面はありましたか。

森山：主人公がルントーと遊ぶところです。

王　：ああ、あの場面ですか。

水木：王さんが読んで心に残った日本の小説は、どんな作品ですか。

王　：そうですね……まず夏目漱石の「吾輩は猫である」ですね。それから
　　　芥川龍之介の「蜜柑」、川端康成の「伊豆の踊り子」もよかったで
　　　す。皆さんは今までにどんな小説を読みましたか。

鈴木：宮沢賢治の「注文の多い料理店」や太宰治の「走れメロス」です。

王　：その「走れメロス」ってどんな小説ですか。

水木：この間ブック・トークで4班が紹介してたね。

担任：じゃあ、4班の人、王さんに説明してくれますか。

小山：はい。えーと、まず登場人物は主人公のメロス、その親友のセリヌン
　　　ティウス、それからシラクスの王です。妹の結婚式の準備でシラクス
　　　の町に来たメロスは、町があまりにもさびしいので、不審に思い、1
　　　人のおじいさんをつかまえて話を聞きました。そのおじいさんの話に
　　　よると、シラクスの王は「人を信じることができない」と言って、自
　　　分の子どもや妹、皇后そして自分の家来と、大勢の人を次々に殺して
　　　いるのでした。

中山：王の噂を聞いたメロスは激怒し、王を殺そうと城に乗り込みますが、
　　　逆に捕まり、処刑されることになってしまいます。結婚式が間近の妹
　　　のことを思ったメロスは、3日後の日没までに戻るから、村での結婚
　　　式に出席させてほしいと王に頼みます。そして身代わりに親友のセリ
　　　ヌンティウスを置いて、メロスは村へ急ぎました。

大山：妹の結婚式をすませたメロスは、セリヌンティウスの待つ城へと急ぎ
　　　ますが、数々の苦難がメロスに襲ってきます。疲れ果てたメロスは一
　　　度は、親友を裏切ることも考えました。しかし、友情を貫くために、
　　　最後の力をふりしぼって城に向かって走り続けました。

森山：日没寸前に城に駆け込んだメロスは、セリヌンティウスと抱き合い、
　　　友情を確かめ合います。この2人の友情を尊ぶ姿を見て、王は信じる
　　　ことの尊さを知り、改心した、という話です。

王　：なるほど……。どうもありがとう。興味深い小説ですね。

小山：王さんがメロスだったら、どうしますか。

王　：うーん、そうですね、やっぱり戻るでしょうね。

中山：王さんは親友がいるんですね。

大山：女の人ですか。

王　：えっ。

解説・文法

1. Nにして＜強调＞

意义： 表示只有达到前项名词相应的程度后，才能实现后项所示的动作、事态。

译文： 只有……才

接续： 表示人物、年龄、时间等的名词＋にして

说明： 常用「Nにして初めて」「Nにしてようやく」的形式。带有文言色彩，一般用作书面语。

> （1）魯迅**にして**書ける作品だと思います。
>
> （2）これは一流の選手**にして**実現できる技だ。
>
> （3）40歳**にして**ようやく自分の店を持つことができた。
>
> （4）今日、入社10年目**にして**初めて会社を休んだ。
>
> （5）作者は、外国人**にして**初めて持ち得る、日本に対する鋭い視点を具えている。

☞ 「にして」前接表示年龄、时间的名词，还可以表示在较小的年龄或很短的时间内就完成了某一动作。例如：

> （6）彼は15歳**にして**家を出て自立した。
>
> （7）その事件で、今までがんばってきた作業は一瞬**にして**崩れてしまった。

解説・会話

1. 加强整体性的表达方式（1）：指示词

要使语篇成为一个更加紧凑的整体，方法之一就是使用指示词，通常在一个语篇内使用「ソ」系列的指示词。例如：

> (1) **その**「走れメロス」ってどんな小説ですか。
>
> (2) メロスは、町があまりにもさびしいので、不審に思い、一人のおじいさんをつかまえて話を聞きました。**その**おじいさんの話によると、シラクスの王は「人を信じることができない」と言って、自分の子どもや妹、皇后そして自分の家来と、大勢の人を次々に殺しているのでした。

在日语中，有时还使用「この」，表示"现在正在谈论的"之意。例如：

> (3) **この**二人の友情を尊ぶ姿を見て、王は信じることの尊さを知り、改心した、という話です。

2. 加强整体性的表达方式（2）：连体修饰

在日语中，为使谈话内容更加紧凑，不仅经常使用连词、指示词，还多采用连体修饰从句。它不仅可以使篇章更加紧凑，对听话人而言也更加明白易懂。因此，当一句话里陈述的内容较多时，连体修饰语是必不可少的。例如：

> (1) **王の噂を聞いた**メロスは激怒し、王を殺そうと城に乗り込みます。
>
> (2) **日没寸前に城に駆け込んだ**メロスは、セリヌンティウスと抱き合い、友情を確かめ合います。

即使在日常交谈中，连体修饰从句也可以使表达变得简明扼要，因此会经常使用。例如：

> (3) **中国の長春市からいらっしゃった**、王宇翔さんです。
>
> (4) 「故郷」は**魯迅にして書ける素晴らしい**作品だと思います。

練習

A　内容確認

(1) 中学生から王さんへの最初の質問は何でしたか。

(2) 王さんが名前の読み方を教えたら、中学生は発音が難しいと言っていました。これは誰に言ったのですか。また、それはどんなことから分かりますか。

(3) 王さんはなぜ日本に留学したいと思ったのですか。どのように説明していますか。

(4) 王さんは日本の若者たちの歌に詳しいですか。それはどんなことから分かりますか。

(5) 王さんにとって特に心に残った日本の小説は何ですか。

(6) 中学生は魯迅の「故郷」についてどんな感想をもっていますか。

(7) なぜ4班の生徒たちは王さんに「走れメロス」の説明をしたのですか。

(8) 「走れメロス」の王はなぜ人を殺しているのですか。

(9) 王が改心したきっかけは何だと言っていますか。

B　文法練習

(1) Nにして

次のA群とB群から一つずつ選んで、「〜にして」を使って正しい文にしてください。

A	B
1. ジャッキー・チェン	a. 歌
2. 伝説の監督	b. アクション
3. 李健	c. ホラー映画
4. 感性豊かな李さん	d. 詩

C　会話練習

1. ポイント：強調するための指示語：聞き手の情報に言及するときの「そ」、話し手が新たに提示する情報を指す「こ」、キーワードなどを強調したり話し手が強調的に提示したりするために使われる「こ」。

「この二人の友情を尊ぶ姿を見て、王は信じることの尊さを知り、改心した、という話です。」

モデル会話

斉藤（キャスター　解説者）、清水（東西大学教授）
クローズアップワールドの番組

斉藤：今夜は「東アジア大学構想」をとりあげ、提唱者のお一人である東西大学の清水良一先生にお話をうかがいます。早速ですが、①<u>この</u>「東アジア大学構想」にはどんなねらいがあるのでしょうか。

清水：はい、現代はモノとヒト、そして情報の交流が大変盛んになりました。しかし、交流を支える上で不可欠な、アジアの相互理解という点が果たして十分か、ということがしばしば問題になってきました。

斉藤：②<u>それ</u>は日本の大学間の交流のことでしょうか。

清水：いいえ、東アジア全体の交流大学の研究者の間で常に話題になってきたことです。

斉藤：しかし、③<u>それ</u>はなかなか実現しなかったのですね。

清水：ええ。④<u>これ</u>にはいろいろ原因はあります。で、ちょうど昨年アジア文化会議が開かれたんですが……。

斉藤：はい、確か場所は北京でしたね。

清水：ええ。そこで東アジアで共有する大学という提案をしました。それに基づいたプロジェクトが、⑤<u>この</u>「東アジア大学構想」です。

斉藤：なるほど。

ここをおさえよう！

(1) 下線部①、④、⑤の「この」「これ」は何を指しているか、またはどんな意味をもっていますか。

(2) 下線部②、③の「それ」は何を指しているか、またはどんな意味をもっていますか。

❖正しいのはどれ？

　次の会話の（　）の中から正しい語を選んでください。今話しているテーマで、特に強調したい場合に、「こ」を選んでください。また、話し手側が新たに提供する情報についても「こ」を、聞き手側が持っている情報について指す時は「そ」を使ってください。

田中（東西大学新聞部3年生）、清水（東西大学教授）、王（留学生）

田中：早速ですが、清水先生はこのたび「東アジア大学構想」を提唱されましたね。①（この　その　あの）構想については、国内外から大変反響があるとうかがっていますが。

清水：おかげさまで、参加を希望する大学が大変増えています。特に学生や留学生からの参加希望が多いのが特徴です。②（この　その　あの）ような動きは大変よいことだと思っております。

田中：そうですね。王宇翔さんは③（この　その　あの）「東アジア大学構想」の、学生ボランティアに決まったそうですね。

王　：はい。

田中：王さんは④（この　その　あの）「東アジア大学構想」の、どんなところに魅力を感じて選んだのですか。

王　：はじめは、何か中日の架け橋になるお手伝いができれば、と思って応募したんです。でも、メンバーの先生方とお会いするうちに、これからは中日だけに注目する時代ではないな、と……。

田中：なるほど。

---

2. ポイント：連体修飾による談話構成と焦点化

　「妹の結婚式の準備でシラクスの町に来たメロスは、町があまりにもさびしいので、不審に思いました。」

> モデル会話

E、F（中学校の生徒たち）

E：メロスは妹の結婚式の準備でシラクスの町に来ました。町があまりにもさびしいので、メロスは不審に思いました。ようやく出会ったおじいさんに話を聞くことができました。それによると、シラクスの王は「人を信じることができない」と言って、自分の子どもや妹、皇后そ

> して自分の家来と、大勢の人を次々に殺しているのでした。また金持
> ちがぜいたくに暮らしていました。王はそれも喜びませんでした。
>
> F：<u>メロスは日没寸前に城に駆け込んで、セリヌンティウスと抱き合い、
> 友情を確かめ合います。</u><u>2人は友情を尊びます。</u>王はこれを見て、信
> じることは尊いと知り、<u>改心しました。</u>

ここをおさえよう！
(1) 上の談話の下線部は、本文とどのような点が違いますか。
(2) 二つを比べると、どちらの方が文のポイントがはっきりしていますか。

D　総合練習

ブック・トーク

　本を読むのが好きですか。どんなジャンルの本が好きですか。（恋愛小説、歴史小説、近代文学、現代文学、散文、詩、論文、伝記……）好きな作家は誰ですか。

以下の手順に従って、本についての話—ブック・トーク—をしてみましょう。

手順：
1. グループ作り：4人〜5人のグループを作り、グループの名前と取り上げたい本のテーマを決めてください。（中国語の本でもいいです。）その理由も書いてください。

テーマの例：恋愛・青春・歴史・スポーツ・古典・人生・家庭・生と死

グループの名前	グループのテーマ

そのテーマに決めた理由

2.ブックリスト作り：各自がテーマに応じた本（作品）を１つ選び、ブックリストを完成しましょう。

例：

ブックリスト	グループ名	ひまわり	氏名	謝静楠
グループのテーマ	人生	著者名	エリザベス・キュブラー・ロス	
著作名	死ぬ瞬間―死とその過程について			

あらすじ

　誰にも必ず訪れる死。死に直面した時、人は何を考えるか。何に苦しむのか。患者を救うための医療が、家族と患者のコミュニケーションを邪魔する。そんな状況におかされた臨死患者のケアについて真正面から向き合った著者によって、多くの臨死患者へのインタビューから記録され分析された「死」と「死後の世界」が書かれている。

アピールポイント

　この本の一番のアピールポイントは、「死」というものが、宗教的なものとしてではなく、科学的に語られている点である。そこに共感できる。

　私は祖母の死を通して、「死んだら、すべて無に帰ってしまう」という考え方だけでは、もし、家族が治らない病気にかかった場合、どうしたらいいか分からなくなる、ということを強く感じた。そんな時、私はこの本を読んでとても救われた気持ちがした。

　私たちは今、祖父母の老いや死と向き合わなければならない年齢に来ている。そして、いつか両親の死も、自らの死も避けては通れない。そんな時、心の救いになる一冊ではないだろうか。

　もちろん、この本を読んだ後も、私の唯物史観に変化はないが、死後の世界というイメージがあったほうが、愛する人や自分の死に向き合わなくてはならなくなった状況では心の救いになるかもしれないという発見が私にとっては大きかった。

ブックリスト	グループ名		氏名	
グループのテーマ		著者名		
著作名				

あらすじ

アピールポイント

3. グループ内発表：各自、ブックリストに基づいてグループ内で、自分のお薦めの本について発表し合いましょう。まず、本のタイトルをお互いに聞き合って、どのような順番で発表したらよいか決め、発表する順番に次の表に記入しましょう。次に、内容について発表し合い、メンバーがどんな理由でその本を薦めたのか、聞き取って、簡単に表に記入しましょう。

グループ名			テーマ	
順	氏名	本のタイトル	その本を薦める理由	
1				
2				
3				
4				
5				

4. クラス内発表の準備：グループ内の発表が終わったら、グループで発表したことをクラス内で発表します。どの人から、どんな順番で発表したら、クラスのみんなに自分のグループのテーマがよく理解してもらえるか、上の表を見ながら考えましょう。それを、下の表に書き直して、クラス内発表の準備をしましょう。なお、各グループ5〜10分以内で終わるようにしてください。

ブックリスト				
グループ名			テーマ	
このテーマを選んだ理由				
順	氏名	本の題名	その本をすすめる理由	
1				
2				
3				
4				
5				

5. クラス内発表：

① 感想記入用紙を作り、配布します。

②発表を聞きながら、どのグループが紹介したどの本を読んでみようと思った
　か、感想記入用紙に各自、記入します。

（クラス内発表をする時間がない場合は、各自が記入したブックリストを教室
の後ろに張り出し、みんなでそれを見て、感想記入表に記入してみましょう）

感想記入表　記入者氏名（　　　　　　　　　　　）			
読んでみたいと思った本の題名			
その本を推薦した人		その人のグループ名	
そのグループのテーマ			
その本を選んだ理由			

③感想記入用紙を回収し、どのグループの、どの本に人気が集まったか、集計
　してみましょう。

④全グループのブックリストを各グループに配布、もしくは各グループで順番
　に回し読みしてみましょう。

⑤リストを見ながら、クラス全体で質疑応答をしてみましょう。

6. グループ内の振り返り：

①感想記入用紙を「その人のグループ」ごとに分けて、そのグループに渡しま
　す。渡されたグループはそれを見てそれについて話し合いをしましょう。そ
　して、ブック・トークのまとめとして、今回、ブック・トークをやってみて
　感じたことについて以下に自由に書いてみましょう。

まとめ：ブック・トークを終えて

ブックトーク例：　テーマ「友情」

A：私たちは「友情」というテーマでブックトークを行います。

　　みなさんはどのような時に友情を感じますか。私が紹介する本は「走れメロス」という本です。「走れメロス」の主人公であるメロスと親友のセリヌンティウスは信頼し合っています。二人の友情は、横暴な王にも信じることの尊さを教えます。この物語のあらすじは……です。この本を読んで、私には本当に親友と呼べる人がいるのだろうかと考えてしまいました。それから、私は、私の友達にとって、親友と言える存在なのだろうかとも考えさせられました。友情は私にとって、重く、永遠のテーマだと思います。皆さんはいかがですか。

B：私は漢詩に見られる友情について話します。私の紹介する漢詩は、王維の『元二の安西に使いするを送る』（全編）です。これは親しい友への送別の詩です。かつて送別の時には、王維のこの詩を三回くり返してうたうという習わしがありました。……私の父はシルクロードが好きで、敦煌まで見に行ったことがあります。敦煌は砂漠の町です。父は砂漠を見てしみじみと友と別れるこの詩の世界を思い描いたそうです。皆さんも、砂漠の別れと厚い友情をぜひ想像してみてください。

C：私は映画を紹介します。陳凱歌監督の『北京ヴァイオリン』という映画です。この映画は父と子の絆について考えさせられることの多い映画ですが、私は友情のあたたかさも感じました。主人公のチュンを見守る人々との友情は……

　　友情は重く、かけがえのないものですが、その一方で日々の何気ないところにもあたたかく息づいてもいると思います。私はそんな友情も大切にしたいと考えています。

ユニット2　読解

愛読書

（1）科学者とあたま　寺田寅彦

　寺田寅彦の随筆に『科学者とあたま』というのがある。科学者になるには、頭がよくなければならない。これはだれでも考え、描く科学者としての命題であろう。これに対し、寅彦は「科学者は頭が悪くなくてはいけない」
5　と論じている。

　頭の悪い人は、よい人が考えて初めから駄目と決まっているような試みを一生懸命やる。駄目と分かるころには、たいてい何か駄目でないものの糸口を取り上げている。

　回転が速く、理解力、記憶力、推理力の優れた者が、頭がよいといわれる
10　のだろう。このような能力のすべて優れている者が必ずしも科学者として適しているとはいえないようだ。

　頭のよい者は最初から研究のような効率の悪い仕事にはかかわらないことが多い。ある資質が劣っていても、自然の不思議に感動し、自然に教えを乞う謙虚さを持ち、執拗な努力をする者に自然は扉を開くだろう。現行の入学
15　試験は、科学者を期待して選抜するには適していないように思う。

　　　　　　　　　　石井象二郎　朝日新聞学芸部編『わたしの「心の書」』より

（2）こころ　夏目漱石

20　私の「こころ」を造ったのは、漱石であると私はためらわずに言う。

　小学生の時から判っても判らなくても、ただただ読み続けてきた。その結果、私の「こころ」は代助のこころであり、先生のこころであり、三四郎のこころであり、一郎や二郎のこころであり、宗助のこころであり、津田のこころとなった。こうした男たちのこころとして夏目漱石が描いたものを、自
25　身の「こころ」の中に見つけ、確認するということが、漱石を読むことと同じになった。彼らが女を見るこころが、私が女を見るこころになった。かくして私にとって女とは、美禰子であり、直であり、お米であり、三千代であり、お延であることになった。

　誠実に生きようとする意志だけでは、人間は誠実には生きられない。私は
30　自分の「こころ」に信頼をおけない。先生のように、いつ友を裏切ることに

なるか、戦きながら生きてきたのである。

村上陽一郎　朝日新聞学芸部編『わたしの「心の書」』より

(3) サラダ記念日　俵万智　　　　　　　　　　　　　　　　　35

　3年前頚椎の病気の検査で10日ほど入院していた時、おもしろい本がでた
と、友人が出版されたばかりの本を差し入れてくれた。「サラダ記念日」で
ある。

　父が俳人だったので、僕は幼稚園のころ俳句を作ったりして遊んでいた。
「万葉」や「古今」にも親しんで育った。外国で日本の家庭に招待される　40
と、冗談半分に和歌めいたものを残してきたりする。だが、近代、現代の和
歌はやたらに湿っぽく、年寄りじみているので、好きになれなかった。

　検査のための注射の副作用を、俵万智さんの才能が和らげてくれた。「七
月六日」に届くよう、サラダサーバーを著者にプレゼントした。こんなミー
ハーじみたことをしたのは初めてである。いつもは好きになった本を何冊も　45
買って、友人達に配る癖があるが、なぜかこの本だけは独占したかった。し
かし恐れていたことがおこり、「サラダ記念日」は超ベストセラーになって
しまった。

岩城宏之　朝日新聞学芸部編『わたしの「心の書」』より　50

解説・語彙

1．N半分

　　「半分」接在名词后面，表示在一定程度上具有该成分、该性质的意思。相当
于汉语的"半……"。例如：

> (1) 外国で日本の家庭に招待されると、**冗談半分**に和歌めいたものを残し
>   てきたりする。
> (2) どんな結果になるのか、**期待半分**、**心配半分**で待っていた。
> (3) 親の金で**遊び半分**で留学している人もいるそうだ。

(4) 同級生の個人情報を**いたずら半分に**ネット掲示板に書き込みした小学生がいた。

$$\boxed{\text{解説・文法}}$$

1. 必ずしも～ない＜未必＞

意義： 表示该句所表述的命题并非在任何情况下都能够成立，即强调存在例外现象。

译文： 不一定……；未必……

接续： 必ずしも＋　否定形式（～とは言えない、～わけではない、～とは限らない等）

(1) このような能力のすべて優れている者が**必ずしも**科学者として適している**とはいえない**ようだ。

(2) 自分の主張は**必ずしも**すぐに認められる**わけではない**。

(3) マスコミ報道も**必ずしも**正しい**とは限らない**。

(4) 有機野菜は**必ずしも**安全**ではない**。

2. Nめく＜特征＞

意義： 使人感觉到具有某事物的特征，看上去很符合某事物。

译文： 像是……

接续： 名词（「春、謎、冗談、皮肉、言い訳、作り物」等）＋めく

说明： 修饰名词时，用「N₁めいたN₂」的形式。

(1) 外国で日本の家庭に招待されると、冗談半分に**和歌めいた**ものを残してきたりする。

(2) 3月に入って、ようやく**春めいて**きました。

(3) 新しい先生は**謎めいた**人だ。

(4) **冗談めいた**言い方だが、本気で言っている。

(5) この本はあまりリアルには感じられず、ドラマを見ているような**作り物めいた**印象だった。

3. Nじみる＜性质＞

意义： 表示看上去带有前述事物的样子、性质。

译文： 带有……气息的

接续： 名词（「年寄り、子供、所带、芝居、説教」等）＋じみる

说明： 多用于负面评价。修饰名词时，使用「N₁じみたN₂」的形式。

> （1）だが、近代、現代の和歌はやたらに湿っぽく、**年寄りじみてい**
> **る**ので、好きになれなかった。
> （2）記者会見での社長の謝罪は**芝居じみている**。
> （3）彼女の**子どもじみた**行動にみんな呆（あき）れた。
> （4）会社の先輩は私にいつも**説教（せっきょう）じみた**ことを言うので、困って
> いる。

練　習

A　内容確認

1.「科学者とあたま」についての命題を2つあげてください。

2. この文章の中で「頭がよい人」（X）と「頭が悪い人」（Y）はどのように
説明されていますか。（　）の中にXまたはYを入れてください。

　　（1）（　　）科学者に向いている。

　　（2）（　　）科学者に向いていない。

　　（3）（　　）初めから駄目と決まっているような試みでも一生懸命やる。

　　（4）（　　）初めから駄目と決まっているような試みはしない。

　　（5）（　　）頭の回転が速く、理解力、記憶力、推理力が優れている。

　　（6）（　　）効率の悪い仕事にはかかわらない。

　　（7）（　　）自分の感動を大事にし、執拗に努力する。

3.「駄目とわかるころには、たいてい何か駄目でないものの糸口を取り上げて
いる」とは、どのような意味ですか。

4.「自然は扉を開く」とは、どのようなことですか。

5.「私は自分の『こころ』に信頼をおけない」とは、どのような意味ですか。

6.「先生のように、いつ友を裏切るか」の「先生」は誰のことを指していま

すか。

7.「戦きながら生きてきた」とありますが、筆者が戦いていたのはどんなことですか。

8. なぜ筆者は、現代の和歌が「好きになれなかった」のですか。

9.「ミーハーなこと」とは具体的にどのようなことですか。

10.「この本だけは独占したかった」から筆者のどんな気持ちが読み取れますか。

11. 恐れていたこととは、具体的にどんなことだったのですか。

B　文法練習

1. 例を参考にして、引用部分に下線を引いてください。

例　寺田寅彦の随筆に『科学者とあたま』というのがある。……寅彦は「<u>科学者は頭が悪くなくてはいけない</u>」と論じている。

(1) 回転が速く、理解力、記憶力、推理力の優れた者が、頭がよいと言われるのだろう。

(2) ドナルド・キーン氏は日本の詩歌について曖昧な表現が多様な解釈を連想させたりする独特のものであると、そしてそれが美意識につながると書いている。

(3) 今年ほど紅葉が美しく見えたことはないと語る著者の言葉と満面の笑みが、新聞の一隅を飾っていた。

2. 次の①②は正しい順番に並べ替えてください。③は文を完成させてください。

(1) 必ずしも～ない

① （が・ある・必ずしも・教養・とはいえない）

大学を出たからといって、＿＿＿＿＿＿＿＿＿＿＿＿＿＿＿＿＿。

② （に・なる・必ずしも・丁寧・とは限らない）

「正しい敬語」を使用しても、＿＿＿＿＿＿＿＿＿＿＿＿＿＿＿＿。

③ 価格が高いものが必ずしも＿＿＿＿＿＿＿＿＿＿＿＿＿＿＿＿＿。

(2) Nめく

① （春・天気・すっかり・めいた）

4月に入ると、＿＿＿＿＿＿＿＿＿＿＿＿＿＿＿＿となっている。

② （が・に・謎・過去・気・めいた・なる）

あの人の_____。

③ あの人の_____めいた言い方を、みんなは不快に感じている 。

(3) Nじみる

① （には・ああいう・子ども・呆れて・考え・じみた・しまう）

_____。

② （を・印象・芝居・覚えた・じみた・強烈に）

あの会見は全体として、_____。

③ _____じみたお詫びはやめたほうがいい。

C　発展練習

1. 空欄に適当な言葉や表現を入れて、あなたの好きな作品を紹介してください。

＜1＞ の ＜2＞ に ＜3＞ というのがある。

＜4＞ は ＜5＞ と ＜6＞ 。

1：著者名

2：ジャンル（長編小説・短編小説・随筆・詩・論説・論文……）

3：作品名

4：著者名

5：内容

6：引用の表現（言っている／述べている／語っている／書いている／論じている／説いている……）

2. 最近あなたが読んだ作品の中で特に印象に残っているものについて、800字程度の感想文をまとめてください。取り上げる本はユニット1の発展練習「ブックトーク」で紹介した作品でもいいですし、中国語で読んだ本でもいいです。

D　総合練習

―私は誰でしょう―

【ステップ１】

　もし、自分を動物に例えるとしたら、どんな動物だと思いますか。それは、どうしてですか。

動物の名前	その理由

【ステップ２】

　もし、皆さんに前世があったとしたら、自分は前世ではどんな存在だったと思いますか。それはなぜですか。

前世では何？	その理由

【ステップ３】

　夏目漱石の作品に『吾輩は猫である』という小説があります。これは猫の立場から人間の世界を描いた、有名な小説です。みなさんも人間以外のものになってみませんか。もし、３日間だけ、物にでも動物にでもほかの人物にでも、何にでも変身できるとしたら、何になって、どんなふうに３日間を過ごしますか。下の表に記入してみましょう。

氏名		変身したいもの	
どんなふうに３日間、過ごしたいですか。その世界で何をどんなふうに感じるでしょう。			

【ステップ４】わたしは○○（まるまる）です。

　以下のように発表し合いましょう。何に変身したいかは、言わないでください。聞いている人は、発表者は何に変身したいのか、当てましょう。

> 例1
> 　私は○○です。みなさんは、いつも私と会っていますね。私は海にも川にも、そして、ほら、みなさんのコップの中にもいますし、それから、みなさんの体の中にもいるんですよ……。（答えは「水」）

例2

　私は〇〇である。中国の鑑真和上が私を建立してくださったことは、中日のだれもがご存知であろう。私の寺は奈良の昔から仏教研究の中心であったことだけでなく、大屋根の美しさでも有名である。そのため毎年多くの観光客、修学旅行の生徒たちに囲まれている。（答えは「唐招提寺」）

例3

　僕、〇〇。いつも大切に使ってくれてありがとね。僕のお父さんの頃は、大きくて重かったんだよ。でも、僕の機能はいつも日進月歩だし、それにとってもとても軽いよね。それにかっこいいだろ。これからも仲良く付き合おう。じゃ、またあとで！（答えは「携帯電話」）

参考

『吾輩は猫である』

夏目漱石

　吾輩は猫である。名前はまだ無い。

　どこで生れたかとんと見当がつかぬ。何でも薄暗いじめじめした所でニャーニャー泣いていた事だけは記憶している。吾輩はここで始めて人間というものを見た。しかもあとで聞くとそれは書生という人間中で一番獰悪な種族であったそうだ。この書生というのは時々我々を捕えて煮て食うという話である。しかしその当時は何という考もなかったから別段恐しいとも思わなかった。ただ彼の掌に載せられてスーと持ち上げられた時何だかフワフワした感じがあったばかりである。掌の上で少し落ちついて書生の顔を見たのがいわゆる人間というものの見始であろう。この時妙なものだと思った感じが今でも残っている。第一毛をもって装飾され（る）べきはずの顔がつるつるしてまるで薬缶だ。その後猫にもだいぶ逢ったがこんな片輪には一度も出会わした事がない。のみならず顔の真中があまりに突起している。そうしてその穴の中から時々ぷうぷうと煙を吹く。どうも咽せぽくて実に弱った。これが人間の飲む煙草というものである事はようやくこの頃知った。

日本的文学家

夏目漱石（1867—1916）

夏目漱石是日本著名的作家和英国文学专家，原名夏目金之助，出生在「江戶牛込(今东京新宿)」。他少年时习读汉诗文，后又师从正冈子规学习俳句。从东京帝国大学(今东京大学) 英文系毕业后在松山中学和熊本第五高中任教，1900年赴英国伦敦大学留学。1903年归国后在东京帝国大学任讲师，1905—1906年在杂志『ホトトギス』上发表了长篇小说『吾輩は猫である』和中篇小说『坊っちゃん』。1907年他辞去了教师职务进入朝日新闻社工作，之后陆续在该报上发表了『虞美人草』『坑夫』『三四郎』『それから』『門』等作品，确立了其作家地位。1910年夏目漱石因患胃溃疡前往伊豆修善寺休养，其后又先后发表了 『彼岸過迄』『行人』『こころ』『道草』『明暗』等作品，在这些作品中反映和探讨了利己主义、自我主义等问题。1916年底夏目漱石因胃溃疡再次发作而与世长辞。

芥川龙之介（1892—1927）

芥川龙之介是日本著名的作家，号澄江堂主人，俳号我鬼，生于东京，毕业于东京大学英文系。大学期间在文学杂志『新思潮』上发表了短篇小说『鼻』，受到夏目漱石的高度赞赏，这篇小说也成为其成名作。1917年，他以作品集『羅生門』赢得了新进作家首屈一指的位置。他此后的作品主题、题材多样，如取材自『今昔物語集』的『芋粥』、有关天主教的『奉教人の死』、以江戶（今东京）为背景的『枯野抄』『戲作三昧』等，文体和结构随题材而变化，并巧妙运用了理

性、意识性的小说创作手法。随着身心的衰弱，芥川龙之介的文风也逐渐发生了变化，他在完成了『玄鶴山房』『河童』之后便以自杀的方式结束了极为短暂的一生。

川端康成（1899—1972）

川端康成是日本著名的作家，生于大阪市，毕业于东京大学国文系。大

学期间参加编辑出版文学杂志『新思潮』和『文芸春秋』，1924年协同横光利一等创刊了『文芸時代』。川端康成是新感觉派作家的代表，初期的代表作是『伊豆の踊子』（1926年），此后他又陆续创作了『浅草紅団』（1929—1930年）、『禽獣』（1932年）、『雪国』（1935—1947年）、『千羽鶴』（1951年）、『山の音』（1949—1954年）等作品，在作品中对日本古典美的探寻使其于1961年获得了文化勋章并于1968年获得了诺贝尔文学奖。1972年4月川端康成死于自杀。

太宰治（1909—1948）

太宰治是日本著名的小说家，原名津岛修治，生于青森县，其父是贵族院议员。从中学时起，太宰治就立志成为作家，后来师从小说家井伏鳟二，发表了『富嶽百景』『走れメロス』『駆込み訴へ』等优秀作品。日本战败后，他把虚无、颓废的社会观融入了作品，发表了『斜陽』『桜桃』『人間失格』。在连载『グッド・バイ』的过程中，太宰治投河自尽。

第5課　さまざまな学び

ユニット1　会話

（1）聞き手との関係に応じて文体や発話行為を選ぶことができる。

（2）第三者からの依頼や要求を伝えることができる。

（3）話題を元に戻すことができる。

ユニット2　読解

（1）段落と段落の関係に注意しながら、文章全体の構成を理解することができる。

（2）指示語の指し示す内容を把握することができる。

（3）インタビューの内容を書き言葉でまとめることができる。

⭐ お花見というと、あなたはどんなことを思い出しますか。

⭐ 中国語には何かおもしろい言葉遊びがありますか。

（王さんのお花見風景）

ユニット1　会話

お花見

（日曜日の昼。王は高橋の両親と、高橋家の隣に住む伊藤と小学校5年生になる息子の潤と一緒に上野公園へお花見に来た。伊藤は中国人の夫の仕事の関係で来日中）

王　　　：わー、満開だあ。すっごーい。

高橋の母：王さんにぜひ見てもらいたいって、美穂からもメールが来てね。

王　　　：そうだったんですか。北京の桜はまだだろうなあ。

高橋の父：（お花見をする場所を探して辺りを見回して）ここがいいね。

母　　　：そうね。お父さん、シート広げて。

王　　　：手伝いますよ……はい、よいしょっと。

母　　　：あ、どうもありがとう。北京でもお花見ってするの？

王　　　：うちの大学のそばの公園が名所なんですよ。

伊藤　　：あら、ひょっとして京華大学？　私京華大に留学してたんですよ。

王　　　：えっ、ほんとに？　じゃあ、先輩
ですね！（シートを少し引っ張って）こ
れでいいですか。

父　　　：オーケー。さあ、お弁当、お弁当。

母　　　：まったく、お父さんったら「花より
団子」なんだから。

伊藤　　：（潤がいつのまにか桜の木に登っているの
を見て）こら、潤、危ないからやめ
なさい。この子にも将来京華大に行
ってもらいたいんですけど、5年生
にもなってこれでしょう……。頭が痛いわ。

母　　　：まあまあ。さあ、潤ちゃん、いらっしゃい。

潤　　　：いっただっきまーす。

父　　　：さあ、どうぞ、どうぞ。

王　　　：あの、ジャスミン茶を持って来たんですが、いかがですか。

母　　　：あら、いい香り。じゃ、みんなでいただきましょう。

潤　　　：この卵焼き、甘くておいしいよ。

王　　　：えっ、日本の卵焼きって甘いんですか……。（苦笑い）

伊藤：そうだ。王さん、潤の中国語の先生になってやってもらえないかな。

王　：えっ！　僕が潤ちゃんの先生？　まさか！

父　：そうか！　王さんがいたじゃないか。実は部下が７月から北京に赴任
　　　するんだけど、こちらも何とか教えてやってくれないか。頼むよ。

王　：えっ！！　そんなあ……。

母　：お父さんったら！

（みんなで食事が終わって）

父　：やっぱり、春の桜って本当にいいもんだなあ。

王　：信哉君も一緒だとよかったけど、受験勉強じゃしかたないですね。

母　：それがね、まだ部活に夢中で勉強どころじゃないって感じなのよ。も
　　　うちょっと真剣になってくれないとねえ。

父　：このままじゃ「サクラチル」だよ。

母　：まあ、お父さん、縁起でもない。でも、信哉ったら、せっかく年号の
　　　覚え方教えてやっても、ぜんぜん覚えようともしてくれないの。

父　：例の「鳴くよ、うぐいす」かい。……まあ、焦ることはないさ。

伊藤：信哉君も大変なんですね。あ、さっきの話に戻っちゃうけど、せめて
　　　会話だけでも慣らしておきたいの。お時間のあるとき、潤の中国語の
　　　話し相手をしてもらえないかな。

王　：先輩のお願いだし、それなら喜んでさせていただきます。

伊藤：よかった！　じゃ、ちょっと急だけど、早速、来週あたりからお願い
　　　できる？

王　：後半ならたぶん大丈夫だと思いますが……。

潤　：じゃ、王さん、金曜日にしようか。

伊藤：こら、潤。王さんにもご都合があるんだから。

王　：あいにく、スケジュール帳、うちに置いてきちゃってて……。確認し
　　　てからお電話させていただいてもいいですか。

伊藤：ええ、よろしくお願いします。

王　：ところで、さっきおっしゃってた「うぐいすがなく」って何ですか。

父　：うん？　ああ、それはねえ……、暗記のための語呂合わせでね。

（説明を始める）

（次の日、大学で）

王　：木村さん、前に子どもにゲームで教える方法について発表してくれた
　　　よね。その話、時間があるとき、もうちょっと教えてくれない？

木村：いいよ。年少者教育のことなら任せといて。

王　　：ありがと。じゃ、明日の吉田先生の授業のあとということで。

木村：オッケー。じゃ、また明日。

王　　：よろしく！

解説・語彙

1. まさか

　　「まさか」意为"怎么也（不会想到、不可能）"，表示事情的发展出人意料。例如：

> (1) えっ！　僕が潤ちゃんの先生？　**まさか**！
> (2) **まさか**彼女が小説家になるとは思ってもみなかった。
> (3) 初めての出場でしたから、**まさか**優勝するなんて誰も思っていませんでした。
> (4) **まさか**あの田中さんが失敗するなんて。

　　「まさか」还可作为名词使用，表示实现的可能性很小的不测事态，可译成"万一、一旦"。例如：

> (5) **まさか**のときにはすぐ知らせてください。
> (6) **まさか**の場合に備えて財産は分割してある。

2. やっぱり

　　「やっぱり」在本课中意为"毕竟还是"。例如：

> (1) **やっぱり**、春の桜って本当にいいもんだなあ。
> (2) 夏は**やっぱり**冷えたビールを飲むのがいちばんいいですね。
> (3) **やっぱり**冬は毛のセーターと厚手のコートが必要です。

3. あたり

　　「あたり」用在表示时间、处所、人等的名词后，表示"大致、大约"。例如：

（1）じゃ、ちょっと急だけど、早速、来週**あたり**からお願いできる？

（2）杉本さんはこの次の日曜日**あたり**に帰国らしいです。

（3）その本ならば、西単**あたり**で売っているでしょう。

（4）そのことだったら、渡辺さん**あたり**に頼んでみたらどう？

4. あいにく

「あいにく」意为"不凑巧、偏巧"，表示现实情况与预想不同或相反。例如：

（1）**あいにく**、スケジュール帳、うちに置いてきちゃってて……。

（2）先生のお宅の近くまで行ったので、訪ねてみたところ、**あいにく**お留守だった。

（3）申し訳ありません。**あいにく**主人は朝から出かけております。

（4）申し訳ございません。その商品は**あいにく**売り切れてしまいました。

（5）すみません、**あいにく**金曜日は予定が入っていますので。

解説・文法

1. N／Vるどころではない＜无法进行＞

意义：表示客观条件不允许进行本应该或想进行的动作。否定的语气较强烈。

译文：根本顾不上……；哪能……

接续：动作性名词／动词的连体形＋どころではない

（1）まだ部活に夢中で勉強**どころじゃない**って感じなのよ。

（2）日中は暑くて観光**どころではない**。

（3）忙しくてご飯を食べる**どころではない**。

（4）初めての京都旅行なのに、ひどい雨と風で景色を楽しむ**どころ**
　　　ではなかった。

解説・会話

1. 根据听话人的不同而维持或改变话语行为

　　请求者有时需要对请求的内容附加某种条件，尽管该附加条件的表达会因请求对象的不同而有所差异，但也不能使用建议句，而要使用请求句，这是因为动作行为的决定权在对方而不在说话人。例如：

> (1) 伊藤：よかった！　じゃ、ちょっと急だけど、早速、**来週あたりから　お願いできる**？
>
> 　　王：後半ならたぶん大丈夫だと思いますが……。

　　在以下例句中，润是不懂事的孩子，使用了建议句，于是他马上受到了斥责。

> (2) 潤　　：じゃ、王さん、**金曜日にしようか**。
>
> 　伊藤：こら、潤。王さんにもご都合があるのよ。

　　即便是关系亲密者之间也要使用委婉的请求句。例如：

> (3) 王　　：その話、時間があるとき、**もうちょっと教えてくれない**？
>
> 　木村：年少者教育のことなら任せといて。
>
> 　王　　：ありがと。じゃ、明日の吉田先生の授業のあとということで。
>
> 　木村：オッケー。

　　日语一般避免对听话人使用施益句（表示给予对方某种恩惠的句子），如果对方是年长者或自己的上级，提出请求的一方也要避免使用施益句，改用「させていただく」这样的受益句。这时还要把受益句改成请求的表达方式。例如：

> (4) 確認してから**お電話させていただいてもいいですか**。

2. 根据听话人的不同而改变语体

　　在日语会话中同一个人所讲的话会根据听话人的不同而改变语体，这样不仅表达得体，还可以明确谈话对象。例如：

(1) 伊藤：こら、潤、あぶないからやめなさい。この子にも将来京華大に
行ってもらいたいんですけど、5年生にもなってこれでしょ
う……。頭が痛いわ。

上例（1）中前一句话是对润讲的，后一句话则是对其他人讲的。

(2) 伊藤：信哉君も大変なんですね。あ、さっきの話に戻っちゃうけど、
せめて会話だけでも慣らしておきたいの。お時間のあるとき、
潤の中国語の話し相手をしてもらえないかな。

在上面的例（2）中，前一句话是对高桥的父亲讲的，之后是对小王讲的内
容。

3. 双重授受句：第三者受益的请求句

请求听话人为第三者（一般是与说话人关系亲密者）进行某一行为时，一般
需要使用表示第三者和说话人双方都受益的句子，如：「～てあげて／やって＋
くれる・もらう」这种双重授受句。这样可以使受益者更加明确。例如：

(1) 実は部下が7月から北京に赴任するんだけど、こちらも何とか**教えて
やってくれないか**。
(2) ねえ、王さん、潤の漢字の先生に**なってやってもらえないかな**。

有时也可以不使用双重受益句。但这时必须使用表示说话人受益的句子。下
面这样的句子可以认为是「～してやってもらえないか／くれないか」的省略形
式。例如：

(3) お時間のあるとき、潤の中国語の話し相手を**してもらえないかな**。

4. 转达第三者的请求（要求）

向听话人转达第三者的请求（要求）时，一般采用间接引语的形式，例如：

(1) 王さんにぜひ**見てもらいたい**って、美穂からもメールが来てね。
(2) 先輩から早く**来るように**って、**言われた**んだ。

5. 表示期望得到第三者恩惠的句子

「～てもらいたい／くれない」这样的句子表示说话人希望得到来自第三者的恩惠的心情。例如：

> (1) この子にも将来京華大に**行ってもらいたい**んだけど、5年生にもなってこれだから……。
>
> (2) もうちょっと真剣に**なってくれない**とねえ。
>
> (3) 信哉ったら、せっかく年号の覚え方教えてやっても、ぜんぜん覚えようともして**くれない**の。

6. 语篇中恢复原来话题的标记

在与人交谈时难免会跑题，这时可以采用如下表达方式，回到原来的话题上。

> (1) あ、**さっきの話に戻っちゃう**けど、せめて会話だけでも慣らしておきたいの。
>
> (2) ところで、**さっきおっしゃってた**「うぐいすがなく」って何ですか。

解説・表現

1. 省略（1）

在口语中向对方陈述对方所不了解的事实时，可以使用动词第二连用形（て形）后接语气助词「ね」等，这种表达比单纯的「Vた」陈述句语气要缓和一些，多用于关系亲密者之间。例如：

> (1) 王さんにぜひ見てもらいたいって、美穂からもメールが**来てね**。
>
> （王さんにぜひ見てもらいたいと、美穂からもメールが来ました。）

2. 省略（2）

在口语中动词第二连用形（て形）用于句尾读升调时表示祈使，一般只用于关系亲密者之间，这种用法比一般的祈使句（「Vください／Vなさい」等）语

气缓和。例如：

> （1）お父さん、シート**広げて**。（お父さん、シートを広げてください。）

3. はい、よいしょっと

「よいしょ」是人们在做某一件事（比如搬重东西）发力时所使用的叹词。「よいしょっと」是两个以上的人同时做一件事时，为了动作一致而使用的表达方式。

4. こら

「こら」是训斥对方或制止对方的行为时所使用的叹词，一般只能用于年长者对年少者或上级对下级。

5. 各种拒绝的表达方式

在日语中有时使用不完整的句子，即通过省略句子的谓语来委婉地拒绝对方的请求。例如：

> （1）えっ！　僕が潤ちゃんの先生？　まさか！
> （2）えっ！！　そんなあ……。
> （3）うちは主人の都合でちょっと……。

6. 〜じゃないか

「〜じゃないか」这种反问句可以表示说话人突然想起某件事，多为自言自语。例如：

> （1）そうか！　王さんがいた**じゃないか**。
> （2）なんだ、今日は休日**じゃないか**。道理で静かだと思ったよ。
> （3）あ、王さんは日本に行っているん**じゃない**。

7. サクラチル

即「桜散る」高考落榜的委婉的表达方式。一般高考发榜的时候正是樱花盛开的季节，于是便有了这种用樱花凋谢暗指名落孙山的表达方式。如果合格，则会收到「サクラサク（桜咲く）」的通知，由于最初是使用电报的方式通知的，

因此，至今仍然保持了使用片假名书写的习惯。

8. 語呂合わせ

「語呂合わせ」简单地说就是"顺口溜记忆法"。「語呂」指说话时的"韵、辙口"，「語呂合わせ」直译过来就是"合辙押韵"的意思。「語呂合わせ」通常是利用谐音关系把数字的发音编成易于记忆的顺口溜，例如本课中的「なくよ、うぐいす」，表面上看是"黄莺啼鸣"的意思，而实际上「なくよ」与数字"794"谐音，历史上公元794年桓武天皇迁都平安京，人们是想通过这种方法（「鳴くよ鶯、平安京」）来记住这一历史年代。此外，人们充分发挥想像力，把自己身边的数字也编成顺口溜来记。一些企业、商家为了让更多的人记住他们的电话号码，更是在这上面下功夫，例如牙科诊所的号码"6480（「虫歯ゼロ」）"。

9. まあ、お父さん、縁起でもない

「縁起でもない」是"别说不吉利的话"的意思。

A　内容確認

(1) 高橋さんのお母さんは、なぜ王さんをお花見に誘ったのですか。

(2) 伊藤さんはお花見に来る前に、王さんが京華大学の学生であることを知っていましたか。それはどんなことから分かりますか。

(3) 高橋さんのお母さんは、お父さんに、なぜ「まったく、花より団子なんだから」と言ったのですか。

(4) 伊藤さんは、潤ちゃんのことで、なぜ頭が痛いのですか。

(5) 伊藤さんは王さんにどんなことを依頼しましたか。王さんはその依頼を引き受けましたか。（依頼した内容は二つあります。）

(6) 伊藤さんは、王さんが初対面なのに、なぜ親しい文体の途中から使い始めたのだと思いますか。

(7) 王さんは、高橋さんのお父さんから、どんなことを頼まれましたか。

(8) 王さんはその依頼を引き受けたと思いますか。それはなぜですか。

(9) 信哉君は受験勉強に打ち込んでいますか。それはどんなことから分かりますか。また、お母さんはそのことをどう思っていますか。

(10) 信哉君の受験勉強について、お父さんはどう思っていますか。

(11) 伊藤さんは、潤ちゃんが「王さん、金曜日にしようか。」と言ったとき、なぜ潤ちゃんを叱ったのですか。

(12) 王さんは、伊藤さんに「来週あたりからお願いできる？」と言われても、なぜすぐに返事ができなかったのですか。

(13) 王さんは木村さんにどんなことを依頼しましたか。

(14) 王さんは、木村さんに依頼したことをいつするか、どんな言葉でお願いしましたか。

B　文法練習

1. 次の①②は（　　）の中の言葉を正しい順番に並べてください。③は文を完成させてください。

(1) N／Vるどころではない

① （ので・どころ・仕事・疲れていた・ではなかった）

＿＿＿＿＿＿＿＿＿＿＿＿＿＿＿＿＿＿＿＿＿＿＿＿＿＿＿＿＿＿。

② （の・を・こと・どころ・人・ではない・心配している）

就職活動で精一杯で、＿＿＿＿＿＿＿＿＿＿＿＿＿＿＿＿＿＿＿＿＿＿。

③ 今年は忙しくて＿＿＿＿＿＿＿＿＿＿＿＿＿＿＿＿＿＿どころではない。

C　会話練習

1. ポイント：聞き手に応じた発話行為

1）目上に依頼する会話の中の表現（依頼する側には決定権がない）

「確認してからお電話させていただいてもいいですか。」

モデル会話

王（中国人留学生）、吉田先生（日本人教師）

（午前の授業のあとで）

王　：先生、先週授業で見せていただいた祭りのDVDのことなんですが。

> 吉田：はい。
>
> 王　：よろしければ、2、3日貸していただけないでしょうか。
>
> 吉田：いいですよ。でも、家においてあるんです。明日なら持って来られますが。
>
> 王　：では、すみませんが、①明日うかがってもよろしいでしょうか。
>
> 吉田：ええ、明日の午前中だったら、いつでもかまいませんよ。
>
> 王　：ありがとうございます。②では、10時頃にお願いできないでしょうか。
>
> 吉田：（スケジュール帳を見ながら）えーっと、10時ですね。はい、大丈夫です。
>
> 王　：それでは明日10時に、よろしくお願いいたします。

ここをおさえよう！

(1) 王さんは誰に、どのような依頼をしましたか。

(2) 依頼をされた方は、すぐに依頼に応じましたか。

(3) ①の下線部は、「私は明日うかがってもかまいませんが……」や「明日にいたしましょうか」とは言えません。それはなぜですか。

(4) ②の下線部は、「では、10時頃になさいませんか。」や「では、10時頃にいたしましょう。」と言ってもいいですか。それはなぜですか。

(5) 王さんは明日10時にどこへ何をしに行きますか。

❖言ってみよう！

　例を参考にして、次の（　　）内の言葉を目上の相手にふさわしい表現に変えて、言ってください。

例1　先生：卒論の相談は、あさって来てください。

　　　学生：あの、相談は（明日お願いする→明日お願いできないでしょうか）。

例2　先生：来週、私のゼミの卒業生たちと一緒に食事会をするんですよ。

　　　朴　：あのう、（私も参加する→私も参加してもよろしいでしょうか）。

(1) 事務の人：書類の作成には、印鑑が必要です。

　　　学生　　：（サインで書類の作成をお願いする→　　　　　　）。

(2) 先生：来週の遠足の参加希望者は、全員申し込みましたか。

　　　　　学生：すみません、（今から申し込みをお願いする→　　　　　　）。

　（3）先生：レポートの相談がある場合は、金曜日の午後に来てください。

　　　　　王　：すみません、（木曜日に行く→　　　　　　）。

　（4）事務の人：書類は明日の11時までに提出してください。

　　　　　学生　　：（11時に提出する→　　　　　　　　）。

　2）親しい者への依頼：話し手受益の疑問表現をとらない場合
　　「じゃ、明日の吉田先生の授業のあとということで。」

モデル会話

チャリヤー（タイ人留学生）、　劉芳（中国人留学生）

（談話室で）

チャリヤー：劉さん、ちょっとお願いがあるんだけど。

劉　　　：何？

チャリヤー：今晩時間があったら、PPT のグラフの作り方、ちょっと教えて
　　　　　　もらえないかな？説明書見ても、全然分からなくて……。

劉　　　：いいわよ。今晩は特に予定もないし。

チャリヤー：助かった！①じゃ、晩ご飯が終わったら、自習室で、という
　　　　　　ことで。

劉　　　：うん、わかった。

チャリヤー：じゃ、またあとで、よろしくね。

劉　　　：②オッケー。

ここをおさえよう！

（1）誰が、誰に、どのような依頼をしましたか。

（2）①の下線部は、晩ご飯が終わったら自習室で何をするという意味ですか。

（3）①の下線部をチャリヤーさんが先輩に言うとしたら、どのように言葉が変
　　わりますか。

（4）②の下線部の「オッケー」で、劉さんはどんなことをチャリヤーさんに伝
　　えているのですか。

　3）「させていただく」：「与益行為の表現」の「受益行為の表現」への変更
　　「先輩のお願いだし、それなら喜んでさせていただきます。」

モデル会話

吉田先生（日本人教師）、　王（中国人留学生）

（授業のあとで）

吉田：王さん、来週、京華大学の先生方がこちらにいらっしゃるんだけど、
　　　聞いてる？

王　：はい。日本語学科の遠藤先生も、いらっしゃるんですよね。

吉田：そうなのよ。それでね、今回は王さんがキャンパスツアーの通訳を
　　　してくれると助かるんだけど、どうかしら？

王　：はい、私でよろしければ喜んで①させていただきます。

吉田：よかった。他の先生方にも連絡しとくから、お願いね。

王　：はい。こちらこそ、よろしくお願いいたします。

ここをおさえよう！

(1) 誰が、誰に、どのような依頼をしましたか。

(2) ①の下線部は「してあげます」とはあまり言いません。それはなぜですか。

(3) ①の下線部は「いたします」とどんな点が違いますか。

✦言ってみよう！

　下の会話の（　）の言葉を与益の「～してあげる・さしあげる」の表現を受益の「させていただく」の表現へ変えて言ってみましょう。

遠藤先生（日本人教師）、王（中国人留学生）

（大学の食堂で）

遠藤：あのね、王さんに一つお願いがあるんだけど。

王　：はい。

遠藤：来月の京華大の日本語学科だよりに800字程度の記事を書いてもらえ
　　　ませんか。留学生活のこと、きっとみんなも聞かせてほしいと思っ
　　　てるでしょうし。

王　：はい、日本でのいろいろな体験を伝えるいい機会ですから、ぜひ①
　　　（書く ⇒ 　　　）。

遠藤：そう、よかった。それで、再来週までに書いてもらえると助かるん
　　　だけど……。

王　：はい、まだ3週間ぐらいありますから、大丈夫だと思います。出来
　　　次第、②（メールで送る⇒　　　　　　　　）。
遠藤：ありがとう、助かります。

2. ポイント： 二重授受表現：第三者受益の依頼

「王さん、潤の中国語の先生になってやってもらえないかしら。」

モデル会話

木村（日本人学生）、　劉芳（中国人留学生）

（日本語教育関係の図書が置いてある研究室で）

木村：（研究室に走って入って来て）劉さん、まだしばらくここにいる？
劉　：うん。
木村：じゃ、ちょっと悪いんだけど、王さんが来たら、王さんが探してい
　　　た本、図書館にあるって、教えてあげてくれる？　これがメモなんだ
　　　けど……。
劉　：うん、いいですよ。
木村：私、ちょっと、急用ができちゃって。
劉　：気にしないで。いってらっしゃい！
木村：サンキュー！

ここをおさえよう！

(1) 下線部の「教えてあげて」は、誰が誰に何を「教える」のですか。
(2) 「教えてあげる」ことによってありがたいと思う人は誰ですか。
(3) 「教えてあげてくれる」の受益者は誰ですか。
(4) 劉さんは王さんに何と言って伝えますか。

❖言ってみよう！

　下の会話の（　）の中の言葉を使って「第三者への受益を依頼する表現」へ
変えて言ってみましょう。
マリー（フランス人留学生）、　マイク（アメリカ人留学生）

（キャンパスで）

マリー：三好さん、最近ちょっと元気ないみたいよね。

マイク：うん、そうだね。どうしたのかな。

マリー：それがね、どうやら、失恋したんじゃないかって、噂よ。

マイク：えっ、ほんと？　それは辛いだろうな。

マリー：ねえ。マイクさんも前に悩んでたことがあったでしょ？（相談に
　　　　乗る→　　　）。

マイク：う、うん。

3. ポイント：　第三者からの依頼の表現：要求の報告

「王さんにぜひ見てもらいたいって、美穂からもメールが来てね。」

モデル会話

朴（韓国人留学生）、　王（中国人留学生）

（自習室で）

朴：王さん、何読んでるの？

王：あ、これ？　子どもに会話を教えるためのヒント集。

朴：王さん、子どもに教えるの？

王：うん。実は、先週伊藤さんっていう日本人に、息子さんの会話の相手
　　をしてほしいって、頼まれたんだ。

朴：日本語でなの？

王：ううん。中国語で。ご主人が中国人で、しばらくしたら家族で中国に
　　帰るんだって。

朴：ふーん、そうなんだ。大変そうだけど、頑張ってね。

王：うん、ありがとう。

ここをおさえよう！

(1) 王さんはなぜ、子どもに会話を教えるための本を読んでいたのですか。

(2) 王さんが伊藤さんに頼まれた内容を表している部分に下線を引いてください。

(3) 伊藤さんは、実際にはどのような言葉で王さんに頼んだと思いますか。本
　　文を参考に考えてください。

4. ポイント：第三者からの受益を期待する表現

「この子にも将来京華大に行ってもらいたいんだけど、5年生にもなってこれだから……。」

モデル会話

北京の日本料理屋のオーナー、オーナーの友人

(夜、レストランが閉店してから)

オーナー：あー、今日もお客さん少なかったなあ。せっかく改装したのになあ。

友人　　：うーん。

オーナー：若い女性にヘルシーな日本料理を食べてもらえるお店、っていうコンセプトがまずかったのかなあ。

友人　　：そんなことないと思うけど……。

オーナー：あーあ、せめて、1日に5人でもお客が来てくれるといいんだけど……。

友人　　：……。なかなか厳しいね。

ここをおさえよう！

(1) レストランの客に対するオーナーの期待を表している文に下線を引いてください。

(2) オーナーはどんなことを考えてこの店を始めたのでしょうか。

5. ポイント：談話構成に関わるマーカー：話題を元に戻す

「あ、さっきの話に戻っちゃうけど、……」

モデル会話

王（中国人留学生）、潤（小学校5年生）、潤の母

(潤ちゃんの家で。お茶を飲みながら)

母：王さん、潤は今日、ちゃんと会話の練習してました？

王：ええ。（潤に向かって）とても頑張って練習したよね。

潤：うん、もちろん！

母：（王に向かって）あ、そうだ。次回なんですけど、いつがよろしいです

か。うちは金曜日でも土曜日でも。

潤：ねえ、王さん、あのゲーム、もう一回やろうよ。

王：えっと、どのゲーム？

母：あ、そうだ。次回なんですけど……

王：はい。

潤：ほら、いちばん初めにやった……。

王：ええと、ええと……。

母：潤！　ねえ、王さん、次回はいつご都合がよろしいですか。うちは、金曜でも……

潤：あの、漢字ゲーム、すごくおもしろかった。

王：そう、よかったね。あ、金曜日ですか、金曜日は……

潤：もう一回！　ね、ね。

母：潤、今お母さんが王さんとお話してるんだから、ちょっと待ってなさい！　えーと、それで、さっきのお話の続きなんですけど、ご都合は……

潤：じゃ、王さん、あっちで待ってるね。

母：もう、潤ったら！

ここをおさえよう！

(1) 上の会話では話題がどのように変わっていますか。

(2) 潤の母は別の新しい話題に移るとき、どんな言葉を使いましたか。

(3) 潤の母は話を前の話題に戻そうとしたとき、王さんに向かって、どんな言葉を使いましたか。

(4) 王は潤と潤の母の発言にどのように応じていますか。

ユニット2　読解

スポーツと科学

　スポーツの語源はdisportで、運び去るということから、日常生活を離れて気晴らしをする、遊ぶことであり、科学や科学技術とは縁の遠いものであった。今でも、科学技術に囲まれ、さまざまなストレスに曝されている日常から解き放たれて、心身をリフレッシュすることにスポーツが役立つという点では、この意味が生きているといえるだろう。

5

　しかし、常に新しいことに挑戦することで大脳を発達させ、知恵と文化をより高度なものに発展させてきた人類は、スポーツも単なる気晴らしの遊びとしてだけでなく、身体的な能力の限界への挑戦の場として位置付けて、競技の記録やパフォーマンスを向上させ続けてきた。オリンピック大会や世界選手権を頂点とする「競技スポーツ」がそれである。

10

　その一方で、もう一つのスポーツの在り方として、近年sports for allという取り組みが世界的に展開されている。競技スポーツばかりでなく、ジョギングやウォーキングなどの競技性のない身体運動もスポーツという言葉でくくられて、健康や生きがいのために行うスポーツとして、「生涯スポーツ」とか「健康スポーツ」とも呼ばれている。なぜfor allかというと、科学技術の急速な進展による機械文明にどっぷりと浸かっている現代人には、身体運動の機会が極端に少なくなって、単に体力が低下しているだけでなく、飽食によるエネルギー出納のプラスも加わり、成人病などの健康障害が増加しているという大きな社会問題が起きていて、それを解決する唯一の手段がスポーツだからである。

15

20

　ところでスポーツとは無縁だった科学が、スポーツと結びつきだしたのはここ半世紀ぐらいのことである。オリンピックなどでの国際大会が国威発揚の絶好の場と認識されたことと、身体や運動に関する科学的知見が蓄積されてきて、経験に頼ってきたトレーニングに科学的な分析が加えられるようになったことから、当時のソ連、東独などの東欧圏が先行し、それを西欧諸国が追うという形で発展してきた。

25

　はじめは経験を重視するスポーツの現場と、まだ十分な蓄積を持っていなかった科学との間には、お互いの理解不足もあってギャップが見られたが、その後の科学の進展、知識の集積、そして特に測定技術、機器の急速な進

歩がこのギャップを急速に埋めつつあり、今では科学のサポートなしには世　30
界の頂点では戦えないというのが常識となっている。それも競技者の競技力
発揮に関わる心技体の分析からの支援にとどまらず、打具、シューズ、ウェ
ア、トレーニング機器などの用具、競技場の施設、記録の自動測定や結果の
速報などの競技会運営といったさまざまな所に、最先端の科学技術が広く活
用されている。　35

　これらの競技スポーツで蓄えられた科学的知見や技術は、程度の差こそあ
れ基本的には同じようにスポーツをする生涯スポーツにも広く応用されてい
る。また健康という視点からのスポーツ科学も生涯スポーツにとって重要な
ものであるが、競技スポーツにとってもこの視点は同様に重要であり、相互
に働きかけあっているといってよい。　40

　最後に、科学は人類に大きな恩恵をもたらしてくれたが、同時に常に悪魔
性が存在していることも忘れてはならないだろう。スポーツでも、ドーピン
グがそうであり、遺伝子操作などの最新技術も懸念されるものである。ス
ポーツの実践にフェアプレーが求められるように、スポーツに関わる科学者
にもフェアプレーが強く要求されているのである。スポーツも科学も人間の　45
幸福のためにあることを忘れてはならない。

　　　　　　　　　　浅見俊雄「スポーツの現代的意義とスポーツ科学」より

解説・語彙

1. 曝す

　「曝す」本義为"暴露在日光、风雨中"，本课使用的是其引申义，意为"暴露、抛露在某种社会环境中"。"把A暴露于B"的说法是「AをBに曝す」，且多使用其被动形式。例如：

(1) 今でも、科学技術に囲まれ、さまざまなストレスに**曝されている**日常から解き放たれて、心身をリフレッシュすることにスポーツが役立つという点では、この意味が生きているといえるだろう。

(2) 自身の作品をみずから人の批判に**曝す**。

（3）敵対派側からの集中的な非難に**曝された**彼は、辞表を提出せざるを得なかった。

2. 在り方

「在り方」意为“事物的存在方式或应有的状态”。例如：

（1）その一方で、もう一つのスポーツの**在り方**として、近年sports for allという取り組みが世界的に展開されている。

（2）2月4日に、第6回会合が行われ、前回の調査会に引き続き今後の地震対策の**在り方**について、委員間で意見交換が行われました。

（3）4月24日に「自然公園の**在り方**をめぐる懇談会」が開催されました。

3. -がい

「-がい」接在动词连用形之后构成名词，表示“（做某事的）价值、意义”，常见的除「生きがい（生存、生活的意义、价值、目标、乐趣）」外，还有「やりがい（干头、搞头）」和「言いがい（说的价值、意义）」等。例如：

（1）競技スポーツばかりでなく、ジョギングやウォーキングなどの競技性のない身体運動もスポーツという言葉でくくられて、健康や**生きがい**のために行うスポーツとして、「生涯スポーツ」とか「健康スポーツ」とも呼ばれている。

（2）医学の研究は本質的に**やりがい**がある。

（3）彼女は聞こうともしませんから、**言いがい**がないんですよ。

4. -だす

「-だす」前接动词的连用形构成复合动词，表示动作或状态变化的开始，意为“开始……；……起来”。例如：

（1）ところでスポーツとは無縁だった科学が、スポーツと**結びつきだした**のはここ半世紀ぐらいのことである。

（2）家に着いたとたん、大雨が**降りだした**。

（3）ちょっと厳しく注意したら、その子はすぐに**泣きだして**しまった。

此外，「-だす」还有"使（内在的事物）呈现出来"之意，译成汉语为"……出来"等，例如「取り出す」（拿出、取出）、「見つけ出す」（找出、发现），注意区分两个义项之间的差异。

解説・文法

1. ～ことから＜原因・根据＞

意义： 构成表示原因、理由的从句，主句多为非自主性的结果。

译文： 由于……；因为……

接续： 动词、形容词的连体形＋ことから　名词＋である＋ことから

> (1) スポーツの語源はdisportで、運び去るという**ことから**、日常生活を離れて気晴らしをする、遊ぶことであり、科学や科学技術とは縁の遠いものであった。
> (2) あの石は獅子の顔に似ている**ことから**、獅子石と呼ばれている。
> (3) 資金が不十分な**ことから**、施設の運営が難しくなってきたようだ。
> (4) ３月３日は旧暦で桃の花の咲く時期だった**ことから**、今も「桃の節句」と言われる。

☞　「ことから」还可用于表示判断的根据或理由，此时后句谓语常为「分かる」「判断する」等表示主观判断的动词，意为"由……（可知）"。

> (5) 指紋が一致した**ことから**、同一人物と判断されたそうだ。
> (6) 無農薬の野菜に人気が集まっている**ことから**、住民の食の安全に対する意識の高さがうかがえます。

2. ～ばかりで（は）なく＜递进＞

意义： 表示递进的关系，即不仅如此，还存在更高程度的事项。

译文： 不仅……，而且……

接续： 名词／动词、形容词的连体形＋ばかりで（は）なく

(1) 競技スポーツ**ばかりでなく**、ジョギングやウォーキングなどの競技性のない身体運動もスポーツという言葉でくくられて、健康や生きがいのために行うスポーツとして、「生涯スポーツ」とか「健康スポーツ」とも呼ばれている。

(2) 事件は当事者**ばかりではなく**、周囲の人にまで波及^{はきゅう}する結果となった。

(3) この製品を使っていれば、地球にやさしい**ばかりでなく**、節約にもつながる。

(4) あの町は、自然がとても豊かな**ばかりでなく**、歴史や伝統も色濃く残っている。

(5) この大会は、年々参加人数が増えている**ばかりでなく**、参加する若者の割合も増加し続けている。

3. NなしにはVない＜否定性条件＞

意义：表示如果该事物、人或动作不存在的话，后句表达的事项将无法成立。

译文：如果没有……，就没有（就不）……

接续：名词＋なしには＋动词的否定形

(1) 今では科学のサポート**なしには**世界の頂点では**戦えない**というのが常識となっている。

(2) 私たちの生活はAI**なしには****成り立たなく**なってきている。

(3) 二人が再会したシーンは感動的で涙**なしには****見られなかった**。

(4) このプロジェクトはチームワーク**なしには****成功しなかった**と思う。

4. Nこそあれ＜转折＞

意义：表示尽管存在该事物，但并不影响主句陈述事项的成立。

译文：虽然有……，但是……；即便存在……也……

接续：抽象名词＋こそあれ

说明：一般用于书面语。

(1)　これらの競技スポーツで蓄えられた科学的知見や技術は、程度の差**こそあれ**基本的には同じようにスポーツをする生涯スポーツにも広く応用されている。

(2)　程度の差**こそあれ**、親たちは「勉強しろ」を口癖にしている。

(3)　小さな不満**こそあれ**、これといった[特別値得一提的]大きな問題を抱えることもなく穏やかな毎日を過ごしています。

(4)　これまでは、失敗**こそあれ**、人に迷惑をかけることはありませんでした。

$$\boxed{練　習}$$

A　内容確認

1. 次の質問に答えてください。

(1)　「競技スポーツ」とはどのようなスポーツを言いますか。

(2)　スポーツには「競技スポーツ」のほかにどんなスポーツがありますか。

(3)　「sport for allという取り組みが世界的に展開されている」とありますが、それはなぜですか。

(4)　「ソ連、東独などの東欧圏が先行し」たのは、なぜですか。

(5)　「スポーツに関わる科学者にもフェアプレーが強く要求されている」とありますが、科学者に求められるフェアプレーとはこの場合どのようなことですか。

2. 本文中の指示詞について答えてください。

(1)　5行目の「この意味」とはどんな意味ですか。

(2)　10行目の「それ」とはどんなことを指していますか。

(3)　19行目の「それ」とはどんなことを指していますか。

(4)　25行目の「それ」とはどんなことを指していますか。

(5)　39行目の「この視点」とはどんな視点ですか。

(6)　43行目の「そう」はどんなことを指していますか。

3. 日本語で次の言葉を分かりやすく説明してください。

(1) 「機械文明にどっぷりと浸かっている」（16行目）

(2) 「飽食によるエネルギー出納のプラス」（18行目）

(3) 「科学のサポートなしには世界の頂点では戦えない」（30行目）

(4) 「（科学の）悪魔性」（41行目）

B　文法練習

次の①②は正しい順番に並べ替えてください。③は文を完成させてください。

(1) ～ことから

① （の・を・している・眼鏡・形・ことから）

＿＿＿＿＿＿＿＿＿＿＿＿＿＿＿＿＿＿、眼鏡橋と呼ばれている。

② （が・の・という・ではないか・火星人・いる・考え）

火星に運河があったということから、＿＿＿＿＿＿＿が出てきた。

③ ギョーザは、昔の銀貨に形が似ていたことから、今も＿＿＿＿＿＿と言われている。

(2) ～ばかりで（は）なく

① （走る・考える・立ち止まって・ばかりでなく・ことも）

人生は短いですが、＿＿＿＿＿＿＿＿＿＿＿＿＿＿大事です。

② （喫煙者本人・周囲の人の・健康・ばかりでなく・にも）

喫煙は、＿＿＿＿＿＿＿＿＿＿＿＿＿＿悪影響を与えています。

③ スポーツは、＿＿＿＿＿＿＿＿＿＿＿＿＿＿ばかりでなく、困難を乗り越える自信を持たせることもできる。

(3) NなしにはVない

① （には・は・水・生きられない・なし）

我々＿＿＿＿＿＿＿＿＿＿＿＿＿＿＿＿＿＿。

② （は・の・なしには・なかった・努力・成功・5年間・私の・今の）

＿＿＿＿＿＿＿＿＿＿＿＿＿＿＿＿＿＿＿＿と思います。

③ 今や、パソコンなしには＿＿＿＿＿＿＿＿＿＿＿までになった。

(4)　Nこそあれ

①　(に・こそあれ・真剣・年の差・愛し合っている)

彼らは＿＿＿＿＿＿＿＿＿＿＿＿＿＿＿＿＿＿＿＿＿＿＿＿＿＿。

②　(は・こそあれ・もの・勉強・楽しい)

苦労＿＿＿＿＿＿＿＿＿＿＿＿＿＿＿＿＿＿＿＿＿＿＿＿です。

③　個人差こそあれ、＿＿＿＿＿＿＿＿＿＿＿＿＿＿＿＿＿＿＿。

C　発展練習

1. 次の①～③について、初めて使う人に分かるように説明してください。

①ネットで買った商品を受け取る方法

②スマホのアプリでメールを送る方法

③バスや地下鉄で乗車料金を支払う方法

D　総合練習

勝利者インタビューから記事を書く

【ステップ1】

　次の例1、例2はスポーツ選手に対するインタビューのやりとりと、それを200字程度の記事にまとめたものです。それぞれを読み比べてどのように言葉が変わるか確認してください。

例1．柔道のオリンピック選手インタビュー

記者：中村選手が柔道を始められたのは、何歳からですか。

中村：小学校3年生からです。

記者：柔道を習い始めたきっかけというのは、どのようなことだったのでしょうか。

中村：ええと、小学校3年生の時に引越しをしたんですね。引っ越した家の近くに柔道場があって、いつだったか、そこを見学したんです。

記者：その見学がきっかけですか。

中村：ええ。柔道場に私と同世代の子どもが何人も入っていくのを見てたんです。引っ越したばかりで友だちがいなかったものですから、柔道を習ったら、友だちがすぐにできるんじゃないかと思ったんです。

記者：そうなんですか。友だち作りのために始めた柔道で、オリンピック選手にまでなるなんてすごい努力をなさったんでしょうね。

中村：うーん、努力というよりも、実際に練習を始めたら柔道が大好きになって、練習をたくさんしたのがよかったんだと思います。

記者：中村選手の練習好きは有名ですものね。子どもの頃からよく練習なさっていたんでしょうね。

中村：ええ。毎日、学校から帰るとすぐに道場に行って練習していました。夏休みや冬休みも毎日のように練習に通っていました。好きだからできたんだと思います。ケガや病気で休んだ日こそあれ、練習が嫌で休んだ日は一日もありませんでしたから。

記者：中村選手の練習好きは有名ですね。子どもの頃からよく練習なさっていたんでしょうね。

中村：ええ。毎日、学校から帰るとすぐに道場に行って練習していました。夏休みや冬休みも毎日のように練習に通いました。好きだからできたんだと思います。

　　　中村選手が柔道を始めたきっかけは、小学校 3 年生の時の引越しである。引越したばかりで友だちがいなかった中村選手は、引越し先の家の近くの柔道場に同じ年頃の子供たちが通っているのを見て、柔道を習えば友だちができると思って習い始めたと言う。友だちを作ろうと思って始めた柔道だったが、柔道そのものが好きになり、毎日練習を続けて、オリンピック選手にまでなった。中村選手の練習量の多さはよく知られているが、本人は好きだからこそ、ここまで頑張れたと言っている。　（220字）

【ステップ2】

1. 次のインタビューを読んで、先の例のように200字ほどの記事に書き換えてみましょう。

　　1）フィギュアスケートの2位入賞選手インタビュー

記者：グランプリでのメダル獲得、おめでとうございます。

選手：ありがとうございまーす。

記者：世界の強豪が集まる大会での2位は、岡田選手にとって自己最高ですね。

選手：はい。とってもうれしいです。これまで入賞したことはありました
　　　けど、メダルにまではなかなか届きませんでしたから。
記者：メダルにふさわしい素晴らしい演技でしたね。振り返れば今シーズ
　　　ンも開幕からしばらくの間は、良い結果が出せませんでしたね。
選手：ええ、自分では気がつかなかったんですが、ジャンプの時の姿勢が
　　　悪かったんですよ。
記者：そうだったんですか。前回の大会には欠場されましたが、もうその
　　　時にはわかっていたんでしょうか。
選手：ええと、合宿に参加するために試合を欠場したんですが、その合宿
　　　で監督に指摘されたんです。それからは、姿勢の改善を第一に考え
　　　た練習に努めました。
記者：そうして短時間で直せたことが、今日の成績につながったというこ
　　　とですね。
選手：そうですね。練習の成果がいいジャンプにつながり、よかったです。
記者：次は冬季オリンピックですね。
選手：はい。ここまで来たので、次は金を目指して頑張りたいと思います。
記者：そうですか。日本に久しぶりの金メダルを持って帰ってきてくださ
　　　い。応援しています。
選手：ありがとうございます。頑張りまーす。

【ステップ3】
　みなさんがいちばん、好きな、または尊敬しているスポーツ選手の名前を一
人書いてください。

【ステップ4】
　もし、ステップ3で書いたそのスポーツ選手にインタビューするとしたら、
どんなことを聞きたいですか。質問を5つ書き出してみましょう。

日本的樱花

　　樱花是日本的国花，日本人喜爱樱花，早在《古事记》（日本现存最早的历史书）中就有关于樱花的记载，樱花作为日本花卉的代表以及日本的象征已享誉日本国内外。

　　樱是蔷薇科樱属树木中花形秀美、适于观赏的一类，分布在亚洲东部至喜马拉雅一带。樱花种类繁多，分布在日本的就有"山樱""大山樱""霞樱""大岛樱""里樱""江户彼岸""染井吉野""豆樱""丁子樱""深山樱""寒绯樱""寒樱"等品种。日本各地都有观赏樱花的著名景区，例如奈良县的吉野山、京都市的岚山和醍醐寺、东京的上野公园等。樱用途广泛，如山樱、大山樱等材质优良的樱木可用来做家具或建筑材料，樱树皮可做刀剑鞘，还可药用，有祛痰的功效。此外盐渍过的樱树叶可用来包年糕，樱花也可食用。

　　樱花有近百种之多，其中开放较早的大约在2月下旬，较晚的在5月上旬，花期短是樱花的一大特点。每年到了2、3月份，电视、报纸、网络等各媒体都会纷纷报道樱花开放的情况，同时提供有关樱花的知识以及预测樱花开放的时间。在日本列岛，樱花从南向北相继开放，人们在地图上把同一时间樱花开放的地点连成一条线，称为"樱花前线（「桜前線」）"。在樱花开放的季节，每天的天气预报都播报当天的"樱花前线"，这已成为日本天气预报的一大特色。

　　樱花多为淡红色或淡粉色，盛开时如云似霞、轻盈飘逸、煞是好看，但樱花花期极短，旋即凋零，落英缤纷的情景也极为可观。樱花的这种特点正符合日本人的价值观和审美观，他们欣赏樱花这种转瞬即逝但却极其绚丽灿烂的性格，因此樱花一直为日本人所钟爱。每年樱花盛开之际，人们都会去景色宜人的地方赏樱，大家在樱花树下交杯换盏、谈笑风生，这不仅是赏花的好时节，更是亲友团聚、加深交流的好机会。

　　下面是一首大家熟知的日本民谣《樱花》。

さくら　さくら

さくら　さくら
弥生の空は見渡すかぎり
霞か　雲か　匂いぞ出ずる
いざや　いざや　見にゆかん

第6課　子どもと大人

学習目標

> ### ユニット1　会話
> (1) 聞き手や話題に応じて呼称が使い分けられる。
> (2) 聞き手から見た呼称が使える。
>
> ### ユニット2　読解
> (1) 論理的な構成に沿って文章が読める。

⭐ 将来どんな親になりたいですか。

⭐ 親からよく言われるのは、どんなことですか。

ユニット１　会話

おばあちゃん子

（連休にマイクの指導教授の清水先生の家を訪問する。マイクは２度目）

マイク：あれ、この辺に交番があったん
　　　　だけど……。迷っちゃったか
　　　　な。

木　村：ちょっと、八百屋のおじさんに
　　　　聞いてくる……。
　　　　すみませーん。

（先生のお宅に着いて）

マイク：（インターフォンを押して）ごめん
　　　　ください、マイクです。

先　生：あ、マイクさん。（ドアを開ける）さあ、どうぞ、どうぞ。

全　員：お邪魔しまーす。（入る）

先　生：ここ、すぐ分かりました？

マイク：実はちょっと迷って……八百屋さんに教えてもらいました。

先　生：そうでしたか……。ええと、家内のサチ子です。（妻を紹介する）

全　員：はじめまして。こんにちは。

妻　　：さ、どうぞ。皆さんのことは主人から聞いてます。（全員上がる）

先生の母：サチ子さん……。

妻　　：お義母さん、一郎さんの学生さんたちが見えました。

母　　：まあ、ようこそ。さあ、どうぞ、どうぞ、お入りになって。

マイク：（部屋に入って）あの、これ、よかったらどうぞ。

先　生：これはどうも……。君たち、そんな気を遣わなくていいのに……。
　　　　おみやげをいただいたよ。

妻　　：まあ、恐れ入ります。ねえ、皆さんに座っていただいて。

健　太：（突然、先生の息子が入ってくる。）おばあちゃん、遊ぼうよー！

妻　　：健太、マイクさんでしょ。「こんにちは。」は？　お兄さんやお姉
　　　　さんたちにもご挨拶して。

健　太：マイクさん、こんにちは！　ええと……、こんにちは。

全　員：こんにちは。

母　　：ケンちゃん、おばあちゃんと一緒に向こうで遊ぼうか。

健　太：うん！　じゃ、バイバイ。

母　　：どうぞ、ごゆっくり。

(妻がお茶と学生の持ってきたお菓子を並べて持ってくる。)

妻　　：お持たせのお菓子ですが……。

マイク：サチ子さんはどれがいいですか。

妻　　：は？　ああ……。皆さんからまずどうぞ。

健　太：(また来る) お父さーん、ゲーム機、動かなくなっちゃったー。

先　生：どれどれ……。あれ、ほんとだ……。あとで見てあげるから、おば
　　　　あちゃんのところに行って遊んどいで。

王　　：息子さん、おいくつですか。

先　生：いくつだっけ？　今年で7歳になるんだよね。

朴　　：僕、お名前は？

健　太：清水健太……。

母　　：(部屋の外から) あの……一郎、小林先生からお電話ですよ。

先　生：あ、ちょっと失礼。　(学生たちに言って退席)

マイク：ケンちゃん、そのゲーム機、好き？　おもしろい？

健　太：まあまあ。バージョンが古いんだ。お兄ちゃん、ゲーム機は？

マイク：僕も前は大好きだったよ。ふーん、あ、ここが動かないんだね。

先　生：(戻る) 健太、お母さんがおやつだって。ほら、早く行っといで。

健　太：はーい。じゃ、マイクさん、またあとでねー。

(帰り道)

木　村：注意して聞いてると、日本語の呼び方って意外に難しいのね。

朴　　：うん。この間、前を歩いてる40歳ぐらいの女の人が切符を落とした
　　　　から、おばさん、落としましたよって言ったらにらまれちゃった。

木　村：子どもを連れていたの？

朴　　：ううん……。

木　村：それじゃ「おばさん」はないよ、かわいそうに。韓国ではどう？

朴　　：40代以上なら「アジュマ」って呼んでもいいんじゃないかな。

王　　：「先生」って女性にも使うじゃない、あれ、最初は違和感があっ
　　　　た。お店で「おねえさん」って呼んで、笑われたこともあるし。

朴　　：僕も。そう呼ぶかわりに普通は「すみません」って言うんだよね。

マイク：あれ、そういえば、先生の奥さんって何て呼べばいいの？　奥様？

木　村：えーと……。あら、どう呼べばいいんだろう……。

（次の週の清水先生の授業の後で）

木　村：先生、先日はどうもありがとうございました。

先　生：こちらこそ。妻も母も楽しかったって、とても喜んでましたよ。

マイク：ケンちゃんのゲーム機、直りましたか。

先　生：いやあ、なんとかね。思っていたより複雑なんで、まいったよ。

王　　：健太君は、先生のお母様が大好きなんですね。

先　生：うん。あの子はおばあちゃん子でね。

マイク：あの、先生のお宅で奥さんを呼ぶ時、何と言ったらいいんですか。

先　生：えーと……おや、そういえば、どれも使えないみたいだな……。

解説・語彙

1. 気を遣う

「気を遣う」指在人际交往中，为了顺利和谐地与人相处而在意、顾及他人的感受和情绪等。「そんな気を遣わなくていいのに……」是收到别人礼物时常用的客气说法，意为"您不必这么在意"或"您不必这么客气"。例如：

(1) 君たち、そんなに**気を遣わなくても**いいのに……。

(2) 新しい職場では、周りがまだよく知らない人ばかりで不安になったり、**気を遣って**疲れてしまうこともあると思います。

(3) 彼が**気を遣いすぎる**ので、こちらが疲れてしまう。

解説・文法

1. ～かわりに～＜替代＞

意义：表示取代某人、物或动作。

译文：代替……；不……而……

接续："名词＋の"或"动词的连体形＋かわりに"

(1) 王：お店で「お姉さん」って呼んで、笑われたこともあるし。

朴：僕も。そう呼ぶ**かわりに**普通は「すみません」って言うん
　　だよね。

(2) 中国の大都市では親が子どもの**かわりに**婚活する［相亲活动］と
いう代理お見合いがブームになっているようだ。

(3) 日本文化史の授業は、試験を受ける**かわりに**レポートを出すこ
とになっている。

(4) このごろ、友達との連絡は電話をかける**かわりに**SNSでメッセー
ジを送ることが多い。

2. Ｖていたより＜超出想像、听说＞

意义：表示事实超出说话人想像、听说的程度、范围。

译文：比（想象的、听说的）要……

接续：表示思维活动、言语行为等意义的动词的第二连用形＋いた＋より

(1) いやあ、なんとかね。**思っていたより**複雑なんで、まいったよ。

(2) 初めての一人旅だったが、**考えていたより**楽しかった。

(3) 日差し［阳光照射］が強くて、天気予報で**聞いていたより**暖かい
です。

(4) グラウンドの上では、試合前にインタビューで**話していたより**
調子が悪そうに見えた。

☞ 和此句式意义相反，如果要表示不及说话人所想像的程度、范围之意的话，
则可使用「Ｖていたほど」，此时后续的谓语一般采用否定的形式。

(5) 実際にやってみたら、**思っていたほど**難しくはなかった。

解説・会話

1. 称谓（对听话人的称呼）

1）亲属关系称谓

（1）说话人根据自己与对方的关系，如父母—孩子、祖父母—孙子（孙

女）、兄弟姐妹等亲属关系而相应地称呼对方。例如：

> ① **お義母さん**、一郎さんの学生さんたちが見えました。
> ② **おばあちゃん**、遊ぼうよー！
> ③ **お父さーん**、ゲーム機、動かなくなっちゃった。
> ④ **お兄ちゃん**、一緒に遊んでよ。

　　（2）如果听话人是儿孙、儿媳、女婿等，则使用名字或昵称称呼对方。例如：

> ① あの……**一郎**、小林先生からお電話ですよ。
> ② **健太**、お母さんがおやつだって。
> ③ **ケンちゃん**、おばあちゃんと一緒に向こうで遊ぼうか。
> ④ **サチ子さん**……。

　　（3）夫妻之间的称谓多种多样。

　　妻子称呼丈夫时使用「ねえ」，或名字、昵称等，也可使用「お父さん」「パパ」「おじいちゃん」（该称呼用于夫妻在家庭内为祖父母或外祖父母时），表示被称呼的丈夫在家庭中的位置。例如：

> ① **ねえ**、皆さんに座っていただいて。（妻子称呼丈夫）

　　丈夫称呼妻子时使用妻子的名字、昵称或「おい」「君」，以及根据妻子在家庭中的位置进行称呼，如：「お母さん」「ママ」「おばあちゃん」（该称呼用于夫妻在家庭内为祖父母或外祖父母时）等等。例如：

> ② **サチ子**、お茶にしようか。（丈夫称呼妻子）
> ③ **サッちゃん**、これ、僕からのプレゼントだよ。（年轻夫妇之间丈夫称呼妻子）
> ④ おみやげをいただいたよ。（未使用称谓。不招呼对方时称谓常常可以省略）

　　2）非亲属关系称谓

　　（1）当对方为教师、医生、律师时，可使用「先生」来直接称呼对方。例如：

> ① **先生**、先日はどうもありがとうございました。

没有固定称谓时一般使用「すみません」打招呼。在下面的句子中，一般不使用「八百屋さん」等表示职业的称谓直接称呼对方，依然需要使用「すみません」。

> ② 八百屋のおじさんに聞いてくる……**すみませーん**。

（2）对陌生人提出请求时，根据对方的年龄使用亲属关系称谓称呼对方，是不礼貌的，需要注意。此时一般使用「すみません」来称呼对方。例如：

> ① **おばさん**、落としましたよって言ったら、にらまれちゃった。
> ② お店で「**おねえさん**」って呼んで、笑われたこともあるし。
> ③ **おじさん**、ちょっと道を教えてもらえませんか。
> →**すみません**、ちょっと道を教えてもらえませんか。

（3）如果对方是年幼者或关系亲密者，或说话人本身年幼时，可以根据年龄的不同使用不同的亲属称谓等。例如：

> ① **僕**、お名前は？
> ② **お兄ちゃん**、ゲーム機は？

（4）称呼关系亲密者或年幼者时，有时使用对方的姓名或昵称，但一般在其姓或名后要加「さん」「ちゃん」「君」。例如：

> ① **マイクさん**、こんにちは！
> ② じゃ、**マイクさん**、またあとでねー。
> ③ **ケンちゃん**、そのゲーム機、好き？

在日语中一般不直接称呼对方的名字，尤其是对上级或年长者如此称呼是不礼貌的。在下面的句子中，对方就对这样的称呼有些不知所措，此时不应称呼对方的名字，使用「すみません（が）」比较稳妥。

> ④ A：**サチ子さん**はどれがいいですか。
> B：は？ああ……。皆さんからまずどうぞ。

当不知道应该如何称呼对方时，一般不使用称谓。例如：

> ⑤ ええと……、ええと……、こんにちは。

（5）当对方不止一人时，则根据亲疏远近的程度选择不同的称谓。例如：

> ① 皆さんのことは主人から聞いてます。
> ② 皆さんからまずどうぞ。

在下面的句子中，因为老师称呼学生没有必要那么郑重其事，所以使用了「君」，这样的称呼方式多见于男性，在职场中上级称呼下级时也使用这样的称谓。例如：

> ③ 君たち、そんな気を遣わなくていいのに。

2. 称谓（对第三者的称呼）

1）当话题中提到的第三者是说话人的亲属时使用以下的称谓：

（1）使用以说话人为基准的表示亲属关系的称谓。例如：

> ① 妻も母も楽しかったって、とても喜んでいましたよ。

当谈到自己的配偶时，妻子对丈夫的称呼会是「主人」「夫」等。如果听话人是年长者、上级或在正式的场合，一般直接称呼配偶的姓或名。例如：

> ② 皆さんのことは主人から聞いてます。
> ③ そのお話は田中より伺っております。（「田中」是说话人的丈夫）

丈夫称妻子时，可以使用「家内」「妻」，或直接称呼妻子的名字。二者并用的情况也时常出现。例如：

> ④ 家内のサチ子です。
> ⑤ その話は家内から聞いています。
> ⑥ その話はサチ子から聞いています。

谈到自己的孩子时，经常使用「息子」「娘」或孩子的名字。例如：

> ⑦ 娘が今度留学することになってね。

有时也像下面的句子一样使用指示语称呼自己的子女。例如：

> ⑧ うん。あの子はおばあちゃん子でね。

（2）当听话人是说话人的公公、婆婆或岳父、岳母时，称呼自己的丈夫或妻子时常常直呼其名。例如：

① お義母さん、**一郎さん**の学生さんたちが見えました。

　　(3) 当听话人是年幼者时，则使用以听话人为基准的亲属关系称谓。例如：

① あとで見てあげるから、**おばあちゃん**のところに行って遊んどいで。
② 健太、**お母さん**がおやつだって。

　　2）当话题中谈到的第三者不是亲属时，使用以下称谓：
　　(1) 当第三者在眼前时要使用礼貌的称谓。例如：

① お義母さん、一郎さんの**学生さんたち**が見えました。
② あなた、**皆さん**に座っていただいて。
③ 健太、**マイクさん**でしょ。「こんにちは。」は？
④ **お兄さんやお姉さんたち**にもご挨拶して。

　　(2) 被称呼的第三者有职业或职务的敬称时，则使用该称谓。例如：

① 一郎、**小林先生**からお電話ですよ。
② **田中社長**がおいでになりました。

3. 称谓（自称）

　　1）使用日语进行交谈时，如果听话人就在眼前，无特殊需要时，一般不使用第一人称代词「私（わたし）」等。本课会话中只有以下两处使用了第一人称代词，虽然第一人称代词使用频率极低，但这样的会话是很自然的。「私（わたし）」是比较郑重的第一人称代词，也经常使用，不过当听话人与说话人关系密切时，或听话人比说话人年轻，或是说话人的下属，或者听话人是年幼的孩子，又是非正式场合，此时说话人为男性时也可使用「僕」「俺（おれ）」。例如：

(1) **僕**も前は大好きだったよ。
(2) **僕**も。そう呼ぶかわりに普通は「すみません」って言うんだよね。
(3) おまえも行くなら、**俺**も行こうかな。

　　说话人为女性时，一般使用「わたし」「あたし」。例如：

(4) 美穂が行くなら、**あたし**も行こうかな。

　　2）当听话人为年幼者时，使用以听话人为基准的亲属关系称谓。例如：

> (1) ケンちゃん、**おばあちゃんと一緒に向こうで遊ぼうか。**

年幼的孩子指称自己时，可以像下面这样，使用自己的名字：

> (2) うん、**ケンちゃん**も一緒に行く。

解説・表現

1. 赠送礼物和接受礼物的表达方式

在日本，赠送或接受礼物时一般使用特定的表达方式。在赠送礼物时，一般不夸奖该礼物如何好，而要谦虚地说该礼物微不足道。例如：

> (1) これ、つまらないものですが……。

接受礼物时也常表示对礼物的喜爱、诚惶诚恐。例如：

> (2) これはどうも。恐れ入ります。ありがとうございます。

此外，日本人一般也习惯用客人带来的食品招待客人，这时一般要说：

> (3) お持たせですが、どうぞ。

2. 用疑问方式表示催促的「は？」

「は(wa)？」在下面的句子中要读升调，是一种省略的说法，是以疑问的形式催促健太说「こんにちは」。

> (1) 健太、マイクさんでしょ。「こんにちは。」**は？**　お兄さんやお姉さんたちにもご挨拶して。

3. 表示奇怪、疑问的「は」「あれ」「あら」「おや」

1) 「は？」

「は(ha)？」读升调时，可以表示惊讶、奇怪，还用于向对方提出反问，常带有不满、不快的语气。例如：

(1) マイク：サチ子さんはどれがいいですか。

　　妻　　：は？　ああ……。皆さんからまずどうぞ。

2）あれ

「あれ」是叹词，用于感到惊讶、奇怪时。读升调。例如：

(2) どれどれ……。**あれ**、ほんとだ……。あとで見てあげるから、おばあちゃんのところに行って遊んどいで。

3）あら

「あら」是叹词，用于表示感动、惊讶、意外时。多为中年女性使用，其他人在这种情况下一般使用「あれ」。例如：

(3) えーと……。**あら**、どう呼べばいいんだろう……。

当注意到麻烦的情况时，各性别、年龄都可以使用「あら」。

4）おや

「おや」是叹词，用于表示惊讶、意外时。这种情况下，女性一般使用「あら」。例如：

(4) えーと……**おや**、そういえば、どれも使えないみたいだな……。

4. 表示确认、认可的「どれどれ」「ふーん」「あ・ああ」「ほんと（う）だ」

1）どれどれ

「どれどれ」用于回应对方的招呼时，相当于"来了来了（我来看看）"。例如：

(1) 健太：お父さーん、ゲーム機、動かなくなっちゃったー。

　　先生：**どれどれ**……。あれ、ほんとだ……。あとで見てあげるから、おばあちゃんのところに行って遊んどいで。

2) ふーん

「ふーん」对刚刚了解到的情况表示轻微的吃惊、赞赏、怀疑、不满等心情。有些场合可能带有轻蔑的语气，所以不能对长辈、上级使用。相当于"嗯"。例如：

> （2）健太　：まあまあ。バージョンが古いんだ。お兄ちゃん、ゲーム機
> 　　　　　　　は？
> 　　　マイク：僕も前は大好きだったよ……**ふーん**、あ、ここが動かない
> 　　　　　　　んだね……。

3) あ・ああ

在下面的句子中「あ・ああ」表示应答。例如：

> （3）マイク：サチ子さんはどれがいいですか。
> 　　　　妻：は？　**ああ**……。皆さんからまずどうぞ。

4) ほんと（う）だ

「ほんと（う）だ」用于对方所说的内容得到确认时。相当于汉语的"真的！"。例如：

> （4）健太：お父さーん、ゲーム機、動かなくなっちゃったー。
> 　　　先生：どれどれ……。あれ、**ほんとだ**……。あとで見てあげるから、
> 　　　　　　おばあちゃんのところに行って遊んどいで。

5. 表示提醒的「ほら」

叹词「ほら」一般只对年龄或地位低于自己且较亲近的人使用，它用于提醒对方关注其未注意到的某一事实，或催促对方进行其未意识到的有必要进行的动作。例如：

> （1）先生：健太、お母さんがおやつだって。**ほら**、早く行っといで。
> （2）**ほら**、時間だよ。
> （3）**ほら**、あそこにサルがいるよ。
> （4）**ほら**、言った通りだろう。
> （5）**ほら**、見てごらん。

練 習

A　内容確認

会話文について、次の質問に答えてください。

(1) マイクさんたちは、清水先生の家を訪問する途中、どこで道を尋ねましたか。

(2) 先生はマイクさんたちに妻を紹介する時、どんな言葉で紹介しましたか。

(3) 先生は、会話文の中でどのように呼ばれていましたか。全部挙げてください。

(4) 学生たちは、異なる呼ばれ方をしていました。どのように呼ばれていましたか。全部挙げてください。

(5) 健太君は、会話文の中でどのように呼ばれていましたか。全部挙げてください。

(6) 健太君は、朴さんとマイクさんからそれぞれどのように呼ばれていましたか。

(7) 先生のお母さんは、孫の健太に話しかける時に自分のことを何と呼んでいましたか。

(8) 王さんは健太君のことを先生に尋ねる時に、何と呼んでいましたか。

(9) 先生の奥さんは、マイクさんにお菓子はどれがいいか聞かれた時に、「は？ああ」と理解できなかったようでしたが、これはなぜだと思いますか。

(10) 先生が「健太、お母さんがおやつだって」と言っている時の「お母さん」は、誰から見たお母さんですか。

(11) 先生は健太に「おばあちゃんのところに行って遊んでおいで」と言っています。この「おばあちゃん」は誰から見たおばあちゃんですか。

(12) 朴さんは、以前40歳ぐらいの女性に「おばさん」と言った時、なぜにらまれたのだと思いますか。

(13) 王さんは日本語の「先生」という言葉の使い方についてなぜ混乱したのですか。

(14) 結局、先生の奥さんをマイクさんたちが呼ぶ時の良い言い方は見つかりましたか。

B　文法練習

次の①②は（　）の中の言葉を正しい順番に並べてください。③は文を完成させてください。

（1）〜かわりに〜

① （を・家で・見に行く・映画・かわりに）

今日は寒いから、＿＿＿＿＿＿＿＿＿＿＿＿美味しいものを食べよう。

② （を・もらえる・かわりに・平日に・働く・休み）

週末＿＿＿＿＿＿＿＿＿＿＿＿＿＿＿＿＿＿ことになっている。

③ 中国では多くの人は現金のかわりに、＿＿＿＿＿＿＿＿＿＿＿＿＿。

（2）Vていたより

① （は・ハルビン・暖かかった・思っていたより）

＿＿＿＿＿＿＿＿＿＿＿＿＿＿＿＿＿＿＿＿＿＿＿。

② （は・収蔵品・シンプルだった・想像していたより）

博物館は、建物は大きかったが、＿＿＿＿＿＿＿＿＿＿＿＿＿。

③ 大学は思っていたより＿＿＿＿＿＿＿＿＿＿＿＿＿＿＿＿＿＿＿。

C　会話練習

1. ポイント：話し手と聞き手の関係に応じた呼称

「息子さん、おいくつですか」　「僕、お名前は？」

モデル会話

（清水先生のお宅を訪問するつもりが、道に迷ってしまった木村とマイクと朴と王）

マイク：あれ、この辺に交番があったんだけど……。迷っちゃったかな。

木村　：①すみませーん。

八百屋：あ、いらっしゃい！

木村　：②すみません、ちょっとお聞きしたいんですが。

八百屋：はいはい。

木村　：あのう、この近くに清水さんというお宅、ありませんか。

八百屋：うーん、③おじさん、配達してないからちょっとわかんないなあ。

　　　　清水さんねえ、……ちょっと息子に聞いてみますね。ひろし〜！

ひろし　：（店の奥から出て来て）なんだい、おやじ。あ、いらっしゃい！

八百屋　：この方たち、清水さんのお宅を探してるんだって。

ひろし　：……④お客さん、住所、分かります？

木村　　：……えっと、（メモを見ながら）5の17の16です。

八百屋　：ああ、あそこの清水さんか。

ひろし　：あそこはちょっと分かりにくいな。……そうだ。⑤おれが店にいるから、案内してあげたら？

八百屋　：ああ、そうするか。

ひろし　：じゃ、⑥父が案内しますから。

木村　　：⑦すみません、ご親切にありがとうございます。

ここをおさえよう！

　次の質問に答えてください。

(1)　①と②と⑦の「すみません」の使い方は同じですか。それぞれの使い方について説明してください。

(2)　③の「おじさん」は誰のことですか。誰から見たおじさんですか。

(3)　このおじさんは息子からなんと呼ばれていましたか。

(4)　④の「お客さん」は誰のことですか。

(5)　⑤の「おれ」は誰に向かって言っていますか。

(6)　⑥でひろしはなぜ「父」と言っているのでしょうか。

　上の会話を参考に、呼びかけ方に気をつけながら役割を決めて読み合ってください。

D　総合練習

われらニューファミリー

【ステップ1】

　皆さんはこれまでどんな家族構成で生活してきましたか。今はどうですか。また、これからはどうしたいですか。下の表を埋めてみましょう。

年代	どんな人と暮らしてきましたか / 暮らしていますか / 暮らしたいですか
これまで	
現在	
10年後	
30年後	
50年後〜	

【ステップ2】我らニューファミリー：家族を構成する

1. 4人から6人でグループを作ってみましょう。そのグループで新しい家族を作ることにします。まず、グループに名前をつけましょう。

2. 次にそのメンバーで、どのようなニューファミリーを作るか、話し合ってそれぞれの役柄を決めましょう。例を参考に表に従って役柄を決め、ニューファミリーの自己紹介を書いてください。

例

グループ名	ひまわり				
どんなニューファミリーか	ライオンの家族＋1				
どこにどんなふうに住んでいるか	日本の野生動物園 放し飼いなので、シマウマも一緒に住んでいる				
担当	役割	名前	担当	役割	名前
李楠	祖母	るんるん	白雪莉	次女（赤ちゃん）	ばおばお
張静南	母親	さらら	張一昭	居候（シマウマ）みちる	きららと仲良くて、居候している
金麗花	長女	きらら			

家族紹介

　日本の野生動物園に住んでいます。ライオンなのでメス同士で協力して子育てをしています。動物園なので日に3回、餌はたっぷり食べられます。餌を探さなくてもいいので、太ってしまうのが悩みです。ダイエットが私たちの合言葉です。でも、良いところもあります。餌をとらなくてもいいのでほかの動物とも仲良くできます。うちにはシマウマくんが居候（いそうろう）としていっしょに住んでいます。

タスクシート

グループ名						
どんなニューファミリーか						
どこにどんなふうに 住んでいるか						
担当	役割	名前	担当	役割	名前	

家族紹介

【ステップ3】中国へ行こう！

1.今日はニューファミリーが初めて中国で集まることになりました。各グループで、どんな理由で、どのくらいの期間滞在したいのか、決めてください。

　　例１：日本の動物園は残業が多いので、逃げた。中国で１年遊んでから、アフリカに行きたい。

　　例２：日本語はだいたい話せるようになったので、今度は中国語を３ヵ月学びたい。そのあとは世界中を回って、最後は地球の言葉をすべて習得したい。

　　例３：中国に住んでいるネコ型ロボットを探し、家族で友達になりたい。

みなさんのグループの場合

理由：＿＿＿＿＿＿＿＿＿＿＿＿＿＿＿＿＿＿＿＿＿＿＿＿＿＿＿＿＿＿＿＿

＿＿＿＿＿＿＿＿＿＿＿＿＿＿＿＿＿＿＿＿＿＿＿＿＿＿＿＿＿＿＿＿＿＿＿

2.次に、各家族の全員が自己紹介ができるように準備しておいてください。特に、中国でどんなことがしたいか、今どんなことが不安かなどについて話し合ってください。あとで、他のグループから質問があります。

　　例４：トラエモン：今では大人になって、家族ができた。中国には今までに来たことがある。今回はネコ型ロボットの友達がほしいが、特に家か

ら外に出ないトラハナコに友達ができるといいと思う。

私のグループの場合

役柄（　　　　）／自己紹介
_____

_____

【ステップ4】ファミリー紹介

　いよいよニューファミリーの自己紹介です。各グループ順番にニューファミリーの代表者が（だれでもいいです）ファミリーの構成や中国に来た目的などを、タスクシートを見ながら、紹介をしてください。時間があればファミリー全員が自己紹介をしましょう。家族以外の人は「熱烈歓迎」の態度で聞きましょう。

例：

　　はじめまして、僕、トラエモン。

　　おかげさまで、すっかり大人になり、家族もできました。僕はこれまでも、何度か中国に来たことがありますが、家族は今回が初めての中国訪問です。今回はぜひ中国で、我々トラ型ロボットの仲間に会って、友達になりたいと思っております。できたら、トラハナコにボーイフレンドができるといいなと思っております。みなさま、お知り合いの方々によい方がいらっしゃいましたら、ぜひ紹介してください。
どうぞよろしく。

【ステップ5】ファミリーへの質問とアドバイス

　ニューファミリーの自己紹介と中国の滞在目的を聞いた人はあとで、ニューファミリーの誰かに質問して情報を集めたり、そのニューファミリーが中国で快適に過ごせるよう、アドバイスしたりしましょう。

　この場合、質問者は相手に応じて、呼びかけの言葉や文体、敬語に気をつけて聞いてください。答える人も自分の立場や相手に応じて答えてください。

質問：
　＊＊ちゃんに質問です。＊＊ちゃ
んのお父さんはおうちではやさしいお父さんですか。そ
れから、お父さんとどんなことをしたいですか。

回答：
お父さんは、とってもやさしいです。時々宿題を手伝って
くれます。でも、怒ると怖いです。お父さんにはもっと、
おもちゃ屋さんに連れて行ってほしいです。

ユニット2　読解

家庭生活の変容と子どもの社会力の低下

　　日本では、子どもの不登校や引きこもりといった非社会的行動が問題視されるようになって久しい。子どもの非社会的行動を「社会力の低下」という概念を作って論じている教育社会学者がいる。筑波大学の門脇厚司教授である。教授はその論文で、子どもの社会力の低下をもたらした要因が家庭生活
5　の変容にあると考え、分析を試みている。以下、その概要を紹介する。

　　論文の中で教授は、1．家族形態や住居形態や生活様式の変化と2．家族機能の外部化という観点から家庭生活の変容を捉え、それが子どもの社会力低下につながっていると指摘している。

　　まず、1．の家族形態や住居形態、生活様式の変化として、世帯当たり人
10　数の減少と、マイホーム化とマイルーム化の進行があると述べている。かつて平均5人だった1世帯当たりの人数は、現在では夫婦と子ども1人というのが一般的となった。郊外のマイホームから都心の会社に勤める父親が家を空ける時間が長くなり、子どもは自分専用の勉強部屋が与えられ、一日中そこに籠ることが多くなった。このようにして、「自分の家での家族との交わ
15　りすら十分でなくなった」とする。

　　さらに、家族同士の交流だけでなく、「マイホームを求めて地方から都市部に集まってきた人たちの集合地となった地域では、近所付き合いはほとんどなく、地域ぐるみの集まりや活動もない。地域はかつてあったお隣り同士の付き合いや助け合いといったコミュニティ機能を失った」と、地域の交流
20　の希薄化を指摘している。

　　そして、「大人との日常的な交流がなくなった子どもたちは、かくして、自分の家での家族との交わりすら十分ではなくなったのである。社会力のおおもとである他者への関心と愛着と信頼感を培う上で絶対に欠かせない条件である他者との相互行為の絶対量が少なくなったこと、このことが子どもた
25　ちの社会力を衰弱させることになったのであり、社会力の増強によって促される脳の発達もまたこうして阻害されることになった」という分析が続く。

　　次に2．の家族機能の外部化であるが、教授は家族機能として「①食べ物と休息の場を提供することで、家族員の生命と生活を保障し（生活保障）、②家族員を慰安し心を和ませ、精神的な安定と心理的な安定を与え（慰安、
30　精神的安定）、③性的な欲求を満たし（性欲求充足）、④次の時代を担う子

孫を産み（生殖、家系保存）、⑤産んだ子どもを養育し社会の一員として育てる（教育、社会化）、という5つ」を挙げている。

　このうちの⑤の家族機能の外部化は、経済の高度成長とともに始まった受験競争の広範化と激化により、子どもを学校のみならず塾や進学塾に通わせることが当たり前となったことや、母親の社会進出に伴い、子どもを育て社 35
会化する機能を外部に任せるようになったこと、家庭でも親が子どもに本を読んでやったり昔話を聞かせたりすることすら減ってしまい、親子の触れ合いが少なくなったことなどによると教授は述べている。

　そして「家族機能の外部化というこのような家族の変質が、そこで生まれ、そこで育つ子どもたちの人間形成に影響を及ぼさないはずはない。家族 40
同士の情緒的つながりが薄くなり、家族同士が共同して事を為すことがなくなり、家族同士のもちつもたれつの関係が希薄になってきたことは、そのまま、子どもたちの他者への関心と愛着と信頼感を希薄にすることになったといってよい。要するに、変質した家族では、子どもたちの社会力のおおもとが形成されなくなったということである」と指摘する。　　　　　　　　　　　45

　教授は「社会力」とは人と人がつながって社会を作っていく力であると述べている。その低下の原因であるとともに、解決へのキーワードが「家庭」であり「家族」であることの意味を、私たちは今一度考えてみる必要があるのではないだろうか。

　　　　　　　　　　　　　　　　　　　　　　　　　　　　　　　　　　50

　門脇厚司「『こどもの社会力』低下を促す家庭生活の変容‐テレビ・テレビ
　　　　　　　　　　　　ゲーム依存の危険性‐」を参考に

解説・語彙

1. ‐的

　　「的」接在名词之后构成Ⅱ类形容词，表示"带有……性质的" "处于……状态的" "与……有关的"之意。例如：

(1) 大人との日常**的**な交流がなくなった子どもたちは、かくして、自分の家での家族との交わりすら十分ではなくなったのである。

(2) これらの競技スポーツで蓄えられた科学**的**知見や技術は、程度の差こそあれ基本**的**には同じようにスポーツをする生涯スポーツにも広く応用されている。

(3) もう一つのスポーツの在り方として、近年sports for allという取り組みが世界**的**に展開されている。

有些「-的」可以前接表示否定意义的「非」等前缀，如「非社会的」「非科学的」「非文化的」「非民主的」等。例如：

(4) 日本では、子どもの不登校や引きこもりといった**非社会的**行動が問題視されるようになって久しい。

「-的」修饰名词时，「な」既可出现，也可不出现。例如：

(5) 家族員を慰安し心を和ませ、**精神的な**安定と心理的な安定を与え（慰安、**精神的**安定）

(6) 身体や運動に関する**科学的**知見が蓄積されてきたことによって、経験に頼ってきたトレーニングに**科学的な**分析が加えられるようになった。

「比較的」具有副词性的用法，可以直接修饰动词、形容词而不出现「に」。例如：

(7) 「違ってあたり前」と考えていれば、異なる考え方や物事の進め方などに遭遇しても「ああ、そうか、違うんだ」と**比較的**冷静に捉えることができる。

「-的」与普通的Ⅱ类形容词意义不同，应结合语境予以区分。例如：

(8) a. 彼女は**健康**だ。（她很健康。）
　　b. 彼女の趣味は**健康的**だ。（她的兴趣爱好积极向上。）

2. -当たり

「当たり」接在与数量有关的名词后，表示单位数量的该事物，可译成"每

……、一……、平均毎……" 等。例如：

> (1) まず、1．の家族形態や住居形態、生活様式の変化として、1世帯**当たり**人数の減少と、マイホーム化とマイルーム化の進行があると述べている。
>
> (2) 政府から大量の米が被災地に届けられた。といっても1人**当たり**では、茶碗1杯にすぎない。
>
> (3) 10日間で500ドルもらったから、1日**当たり**50ドルになる。

3. −化

「化」接在名词之后，表示"性质、状态、形式等发生了变化"，可译为"……化"，常见的说法有「情報化」「民主化」「デジタル化」「グリーン化」等。例如：

> (1) まず、1．の家族形態や住居形態、生活様式の変化として、世帯当たり人数の減少と、マイホーム**化**とマイルーム**化**の進行があると述べている。
>
> (2) インターネットを抜きにして情報**化**社会を論じることはできない。

「化」也可接在一部分 II 类形容词之后，常见的说法有「多様化」「グローバル化」「深刻化」「不良化」等。例如：

> (3) ライフスタイルの変化によって、価値観の多様**化**が急速に進みつつある。
>
> (4) グローバル**化**の進展や新技術の開発とともに、次々に新しい言葉が現れている。

有些「−化」后接「する」即可作为动词使用，既包括自动词也包括他动词。例如：

> (5) これからの社会は、もっと**国際化していく**はずです。
>
> (6) 授業への参加方法が**多様化する**時代になっている。

4. ーぐるみ

「ぐるみ」接在名词后，表示该名词所指事物的全部、整体。例如：

（1）マイホームを求めて地方から都市部に集まってきた人たちの集合地となった地域では、近所付き合いはほとんどなく、地域**ぐるみ**の集まりや活動もない。

（2）家族**ぐるみ**で外国暮らしをするのも悪くはない。

（3）彼は外国で強盗にあい、**身ぐるみ**はがされた（身上带的东西被抢劫一空）。

5. 要するに

「要するに」位于表示结论的句子前，表示说话人对所述事物进行总结、归纳，可译成"总之、简言之"。该词有时带有"轻论述、重结论"的语感，表示"即便论述得不充分、不全面，但终归可以得出这样的结论"之意，略有"争辩"之感，在论文、报告中应避免过多使用。例如：

（1）**要するに**、変質した家族では、子どもたちの社会力のおおもとが形成されなくなったということである」と指摘する。

（2）**要するに**あなたはいったい何を言いたいのですか。

（3）右脳と左脳の関係についてはすでに説明しましたが、**要するに**、これは非言語機能と言語機能の関係です。

$$\boxed{\text{解説・文法}}$$

1. ～つ～つ＜动作的交替、状态的并存＞

意义： 表示两种动作交替进行或两个状态并存。

译文： ……过来……过去

接续： 「～つ～つ」用来连接两个意思相反的动词或同一动词的主动态与被动态的第一连用形

说明： 多见于一些固定的形式。

(1) 家族同士の**もちつもたれつ**の関係が希薄になってきたことは、そのまま、子どもたちの他者への関心と愛着と信頼感を希薄にすることになったといってよい。

(2) ホームは人であふれそうで、**押しつ押されつ**しながら、ようやく改札口から出られた。

(3) 彼女の家の前を**行きつ戻りつ**したが、結局玄関のチャイム[门铃]を鳴らす勇気はなかった。

練　習

A　内容確認

1. 次の質問が読解文の内容、教授の考えに合っていれば〇、そうでなければ×をつけ、どこがどのように違うか説明してください。

(1) （　　　）日本では最近子どもの不登校や引きこもりなどの非社会的行動が問題になってきた。

(2) （　　　）門脇教授は「社会力の低下」を子どもの非社会的行動に結びつけて論じている。

(3) （　　　）子どもの非社会的行動の原因は家庭生活の変化にある。

(4) （　　　）家族形態や住居形態などの変化により、マイホーム化とマイルーム化が起きたと指摘している。

(5) （　　　）マイホーム化により、自分の家族との交流が十分でなくなったので、マイホームはよくないと考えている。

(6) （　　　）子どもが大人との交流がなくなった原因の一つに家族形態の変化がある。

(7) （　　　）社会力の基本は、他者と付き合い、助け合う行為と考えられる。

(8) （　　　）子どもの教育の社会化という家族機能の外部化は親子の触れ合いが減ったことなどによる。

(9) （　　　）家族機能の外部化により、子どもの社会力の基本が養われにくくなった。

（10）（　　　）子どもの社会力の低下は、結局家族同士の関係が原因である。

2. 読解文の内容に合うように、　　　に適切な言葉を入れてください。

子どもの社会力の低下の要因　＝＿＿＿＿＿＿＿＿＿＿＿の変容

　　　　　　　　　　　　　↓

　　　　　　　1.＿＿＿＿＿＿＿＿＿＿＿
　　　　　　　2.＿＿＿＿＿＿＿＿＿＿＿

○（1）＿＿＿＿＿＿＿＿＿＿＿＿＿＿＿＿＿＿＿＿＿＿＿＿＿

・世帯当たりの人数の減少：＿＿＿＿人から＿＿＿人へ

・郊外のマイホーム　　：＿＿＿＿が家で過ごす時間が　＿＿

・子ども専用の勉強部屋　：＿＿＿＿＿が多くなる

・地方から都市部への移動：＿＿＿＿＿を失う

↓

大人との＿＿＿＿＿＿＿＿子どもたち

○（2）＿＿＿＿＿＿＿＿＿＿＿＿＿＿＿＿＿＿＿＿＿＿＿＿＿

5つの家族機能とは

①＿＿＿＿＿＿＿＿＿＿＿＿＿＿＿＿＿＿＿＿＿＿＿＿＿＿＿＿＿＿

②＿＿＿＿＿＿＿＿＿＿＿＿＿＿＿＿＿＿＿＿＿＿＿＿＿＿＿＿＿＿

③＿＿＿＿＿＿＿＿＿＿＿＿＿＿＿＿＿＿＿＿＿＿＿＿＿＿＿＿＿＿

④＿＿＿＿＿＿＿＿＿＿＿＿＿＿＿＿＿＿＿＿＿＿＿＿＿＿＿＿＿＿

⑤＿＿＿＿＿＿＿＿＿＿＿＿＿＿＿＿＿＿＿＿＿＿＿＿＿＿＿＿＿＿

　⑤の外部化の具体例：

　・＿＿＿＿＿＿＿＿＿＿＿＿＿＿＿＿＿＿＿＿＿＿＿＿＿＿＿＿＿

　・＿＿＿＿＿＿＿＿＿＿＿＿＿＿＿＿＿＿＿＿＿＿＿＿＿＿＿＿＿

○この文章の筆者の考え：

　子どもの社会力の低下の原因でもあり、解決策を考えるキーワードは

　＿＿＿＿＿＿と＿＿＿＿＿＿

B　文法練習

　次の①②は（ 　）の中の言葉を正しい順番に並べてください。③は文を完成させてください。

（1）～つ～つ

①（抜かれつ・大接戦・抜きつ・の・で）

昨日のマラソン大会は＿＿＿＿＿＿＿＿＿＿＿、とても面白かった。

②（月・見えつ・雲間・は・隠れつ・の・今夜・に）

＿＿＿＿＿＿＿＿＿＿＿＿＿＿＿＿＿＿している。

③僕とたけしは持ちつ持たれつの関係で、＿＿＿＿＿＿＿＿＿＿＿。

C　発展練習

　「私の子ども時代」という題で作文を書きましょう。

　自分の人間形成に影響を与えた出来事、現在の生活との違いなど、過去と現在を比較する観点を取り入れて書いてみましょう。

日语与日语语法

　　日语是日本的国语。除日本外，在位于大洋洲的帕劳共和国（Republic of Palau）的昂奥尔州（Angaur），日语也是通用语之一，全世界使用日语的人共有1亿3千万左右。

　　关于日语的起源有很多学说，但都未成定论。有的学者认为日语和朝鲜语在语法上有很多相似之处，但在词汇上却大相径庭。有的学者指出日语在语音和词汇方面与南岛语（指分布在中国台湾、东南亚诸岛、马达加斯加、南太平洋诸岛一带的语言）有不少相似性，但这两种语言之间的关系尚需探究。大多数学者认为，日语是以南岛语为基础并融入了北方阿尔泰语的语法体系，在弥生时期以后又受到朝鲜系语言的影响而形成的，但这一学说也缺乏确凿的论据。还有人提出日语和僧伽罗语、泰米尔语（这两种语言均为斯里兰卡的官方语言和通用语言）有亲缘关系，但支持者较少。总之，日语究竟属于哪个语系到目前为止仍没有一个为大家所公认的最权威的说法。

　　从语言的类型来看，全世界的语言根据语法结构（主要是词的结构）的特点一般分为孤立语、黏着语、屈折语和复综语四种类型，日语属于其中的黏着语。下表列出了这几种语言类型的特点。

语言类型	特　点	代表语言
孤立语	没有专门表示语法意义的附加成分，缺少形态变化，依靠词序和虚词来表示语法关系。	汉语、越南语
黏着语	语法关系主要由黏附在具有实际意义的词之后的附加成分来表示。	土耳其语、日语
屈折语	词的语法功能主要由词的形态变化来表示。	俄语、德语
复综语	构成句子的各成分如同一个词一样紧密结合在一起，简言之，一个词即一个句子。	爱斯基摩语

　　日语中的助词就是表示语法意义的附加成分，它们接在名词后面，表示名词在句子中的语法功能以及它与其他句子成分之间的语法关系。

　　与我们熟悉的汉语、英语相比较，日语在语法上有以下特点：一、语序不同，汉语和英语都是SVO（主语—动词—宾语）语序，而日语是SOV（主语—宾语（本书将其视为补足语的一种）—动词）语序。二、日语属于信息后置型的语言，即重要的信息总是放在后面，例如句子中最重要的成分——谓语动词一般出现在句子的最后，表明语法关系的助词也是出现在名词之后，而汉语和英语则与之相反。三、主语常被省略。

　　进入近代以来，众多学者从不同方面、不同角度对日语进行了深入、详尽的研究，大槻文彦（おおつ ふみひこ）编纂了日本第一部具有现代意义的辞书『言海（げんかい）』，也由此构建了一套较为完整的日语语法体系。此后，山田孝雄（やまだ よしお）、松下大三郎（まつしただいざぶろう）、桥本进（はしもとしん）吉（きち）、时枝诚记（ときえだもとき）等人也先后提出了各自的语法体系，以这四位语言学家的名字命名的语法体系——山田语法、松下语法、桥本语法、时枝语法被合称为"四大语法"，在现代日语语法研究中占有相当重要的位置。本书采用的语法体系是在传统语法体系的基础上加以改进、完善形成的。

第7課　説明

学習目標

ユニット1　会話
(1) 相手を非難する表現が理解できる。
(2) 自分の非について理由を述べ、謝罪をすることができる。
(3) 確かな情報と不確かな情報の表現を使い分けることができる。
(4) 人間関係や場面に応じてさまざまなあいづちが使える。

ユニット2　読解
(1) 事実や根拠を確かめながら、論理の展開の仕方をとらえ、筆者の意見を読み取ることができる。

★ 同じ漢字でも意味の違う中国語と日本語の単語を一つ挙げてください。
★ 中国語の分からない日本人の友達が中国に来るとしたら、どんなアドバイスをしますか。

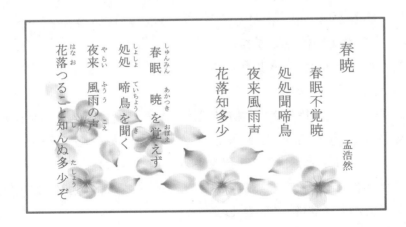

春暁

　　　　　　孟浩然

春眠不覚暁
処処聞啼鳥
夜来風雨声
花落知多少

春眠　暁を覚えず
処処　啼鳥を聞く
夜来　風雨の声
花落つること知んぬ多少ぞ

ユニット1　会話

説明します

三好：あのさ、ちょっと相談なんだけど……。僕の叔父が仲間と西安から敦煌を旅行することになってね……。

王　：シルクロードは人気のようだね。テレビでもよく取り上げてるし。

三好：うん……。でね、叔父は少し中国語を勉強してるんだけど、ぜひ旅行の前に中国の学生さんにいろいろ解説してほしいって言うんだ……。

劉　：いろいろねえ……。そんなこと、私にはできっこないよ。

三好：「お前なら友だちがいるじゃないか。頼んだぞ。」って言われちゃってさ。叔父はものすごく強引なんだ。僕、苦手でね。断れなくて、つい……。

王　：ついって、まさかもう引き受けちゃったの？

三好：ごめん……。中国に行くのは全員初めてだし、中国人と話したこともないから不安でたまらないって……。すみません、申し訳ない。

劉　：もう！　三好さんたら、しょうがないなあ……。で、いつなの、それ？

三好：わあ、ありがとう！　土日ならいつでも合わせるって。

劉　：じゃ、来週の土曜か日曜ね。

王　：僕も行かざるをえないようだなあ。日曜ならバイトもないし。

三好：助かったー！

（会場の市民会館で。三好が待ち合わせ場所に遅刻したので3人は開始5分前に到着）

三好：叔父さん、遅くなってすみません。突然友だちに来られちゃって……。（二人に）叔父です。叔父さん、劉さんと王さんです。

叔父：学の叔父の三好です。（名刺を渡す）お休みの日に恐縮ですが、今日はどうぞよろしくお願いいたします。

劉・王：こちらこそよろしくお願いします。

叔父：学、だらしがないぞ、遅刻してお待たせするなんて。

三好：はい……。劉さん、王さん、ごめんなさい。

叔父：友だちが来たから遅れたなんて言い訳にならないぞ。……すみませんね、学はいつもこうやって皆さんにご迷惑ばかりかけているんでしょう。

王　：はい……。あ、いいえ！

三好：以後、気をつけます……。

叔父：ええと、学、資料は？　コピーしてこようか。

三好：えっ、資料？　と、特に……ないよね？

劉　：う、うん……。

叔父：最初にお二人に30分程度のお話をお願いするって言っただろう？

王　：お、お話？！

叔父：ちゃんとこっちの言ったとおりにお伝えしておかなかったのか。

三好：そ、そうだったっけ……。ああっ！　そういえば……。

劉　：あの、学さんに司会をしていただいて、座談会の質疑応答みたいに進めていったらどうでしょう。質問にそってお話する方がこちらもありがたいですし。

王　：ええ、僕も一方的にお話するというのは自信がありませんし……。

叔父：そうですか。まったくこれのせいで、いろいろ申し訳ありません。じゃ、時間になりますので、そろそろお願いします。学、会場は３階の大会議室だから、ご案内して。

三好：大会議室？！

叔父：今日は旅行に行かない人も含め、50人ぐらい集まっているんだ。

三好：50人？！　わあ、どうしよう！

（大会議室で）

A　：あのう、中国は漢字の国だから、漢字を書けば大体通じると聞いたことがあるんですけど……、大丈夫ですよね。

劉　：うーん、それはどうでしょうか……。例えば「手紙」と書いて見せたらトイレットペーパーがほしいと思われるかもしれませんが。

A　：ええっ！　それは大変。ほかにも同じような言葉はありますか？

劉　：ええと……、中日で意味の異なる漢語はたくさんあるはずですが……。あ、そうだ「告訴」と書いてあったら、これはただ「知らせる」という意味です。それから、「娘」は母親の意味になりますね……。

A　：え、そうだったんですか……。やっぱり勉強しておかないとダメだ……。

B　：すみません、「シルクロード」って言って通じますか。

王　：それは無理でしょうね。西安、敦煌も発音は中国式でないと。

B　：そうか、そうですよね……。あ、ガイドブックにピンインがついてない！

C　：あの、西安というのは唐の長安と同じ場所なのですか。

王　：ええと……、現在の西安とは少し場所的に異なると考えられているようです。

C　：遣唐使の阿倍仲麻呂は長安で李白と会ったことがあるのでしょうか。

劉　：あるかもしれませんが、史実といえるだけの証拠はなさそうです。

（座談会の帰り道）

三好：今日は本当にありがとう。出席者に喜んでもらえたのも、劉さんと王さんのおかげだよ。では、これより打ち上げ会場にご案内します！

劉・王：やったー！

解説・文法

1. Ｖっこない＜不可能＞

意义：用于强烈否定事情发生的可能性，表示动作、行为不可能成立。

译文：（根本）不……

接续：可能动词或非自主动词的第一连用形＋っこない

说明：说话人主观判断的色彩比较浓，口语中关系较为亲近的人之间使用。

> (1) そんなこと、私には**できっこない**よ。
>
> (2) 誰にも私の気持ちなんて**わかりっこない**。
>
> (3) 努力しなければ、いつまで待っていても、理想は**かないっこない**。
>
> (4) そんないい加減な気持ちじゃ、商売なんかうまく**いきっこない**。

2. ～てたまらない＜极端的心理、生理状态＞

意义：表示说话人的感情、感觉、欲望的程度非同一般，难以克制。

译文：……得不得了

接续：表达感情、感觉的动词、形容词的"て形"＋たまらない

> (1) 中国に行くのは全員初めてだし、中国人と話したこともないから**不安でたまらない**って……。
>
> (2) 朝から何も食べてなかったから、もうお腹が**空いてたまらない**。
>
> (3) 私の好きなチームが優勝したので、**うれしくてたまらなかった**。
>
> (4) なぜあんなミスをしたのか、今思うと自分でも**不思議でたまらない**。

3. Ｖざるをえない＜不情愿的选择＞

意义： 表示进行该动作行为对于主体来说是不情愿的、违反其主观意志的，但是别无选择。

译文： 不得不……；只能……

接続： Ｖ~~ない~~＋ざるをえない　する→せざるをえない

> (1) 僕も**行かざるをえない**ようだなあ。
>
> (2) これだけ証拠がそろうと、犯人はやはりあの人だと**考えざるをえない**。
>
> (3) この統計を見ても分かるように、タバコは体に有害だと**言わざるをえない**。
>
> (4) 住民の半数以上が反対しているため、ダムの建設は**中止せざるをえない**。
>
> (5) このような医療ミスが続けば、誰でも病院への不信感を**抱かざるをえない**だろう。

4. Ｎにそって／にそう＜动作的依据；动作的方向＞

意义： 表示进行动作的依据、顺序、标准。

译文： 按照……；根据……；顺着……

接続： 抽象名词（部分为表示动作顺序、流程的名词）＋にそって／にそう

> (1) 質問に**そって**お話する方がこちらもありがたいですし。
>
> (2) 以下の手順に**そって**プリンタを設置してください。
>
> (3) 今回は、このサービスへの登録方法を、マニュアルに**そって**説明します。
>
> (4) ご期待に**そう**ことができず、大変申し訳ございません。

☞　「〜にそって」接在具体名词后面时，表示沿着（顺着）该名词所指事物的线条性方向进行某一动作。一般写作「〜に沿って」。

> （5）川に**沿**って道路が走っている。
> （6）次は描いた線に**沿**って、はさみかカッターで切ってください。
> （7）白菜は繊維に**沿**って千切りにし、塩をふってしんなりさせる。

解説・会話

1. 责备的表达方式

"责备"的表达方式多种多样。例如：

（1）指出对方的失败、错误或令人不快的言行，对其加以叱责、谴责。

> ① こら！
> ② 何をやってるんだ。
> ③ 学、だらしがないぞ、遅刻してお待たせするなんて。
> ④ ちゃんとこっちの言ったとおりにお伝えしておかなかったのか。

（2）确认对方是否做出应该受到谴责的行为。

> ① ついって、まさかもう引き受けちゃったの？

（3）要求对方说明理由或具体的情况。

> ① どうして〜したんだ。
> ② なんでできないんだ。
> ③ 何をやっていたんだ。

（4）提醒对方今后不得重犯同样的错误，或要求对方进行正确的行为。

> ① 以後気をつけるように。
> ② 今後は〜ないようにしてくれ。
> ③ 二度と〜するな。
> ④ 〜よう注意しなさい。
> ⑤ ちゃんと／きちんと〜しなさい／してくれ。

（5）情绪化地表达说话人所受到的负面影响、说话人的不满和不愉快的感觉。

> ① 困るなあ。
> ② まいったなあ。
> ③ まったく。
> ④ もう。
> ⑤ もう、三好さんたら、しょうがないなあ……

上述表达方式可以两个或两个以上同时使用。

就语体而言，简体通常显得比较简慢、粗鲁，但并非只有使用简体才能更强烈地表达说话人的责备语气或不愉快的感觉。即使平时关系非常好，一旦生气，反而使用敬体甚至敬语的情况也是存在的。这是因为：使用敬体或敬语可以拉远说话人和听话人之间的距离，表达双方没有往常的那种亲密之情。但是一般对上级或年长者不宜直接使用责备的表达方式。

2. 道歉和辩解

道歉与责备的表达基本互为表里关系，道歉的表达大致按照以下的顺序进行。

（1）首先，道歉。

> ① すみません。
> ② 申し訳ありません。
> ③ ごめんなさい。
> ④ ごめんね。
> ⑤ ごめん。
> ⑥ ごめん……。中国に行くのは全員初めてだし、中国人と話したこともないから不安でたまらないって……。すみません、申し訳ない。
> ⑦ 叔父さん、遅くなってすみません。
> ⑧ はい、劉さん、王さん、ごめんなさい。
> ⑨ すみませんね、学はいつもこうやって皆さんにご迷惑ばかりかけているんでしょう。

（2）主动指出、说明自己的错误行为。

① 遅刻しました。

② 提出が遅れました。

③ 失くしちゃった。

（3）说明原因或理由，求得谅解。在日本，此种情况下的解释或说明以言简意赅为宜，内容简短给人一种诚实的感觉。

① 実は～してしまったんです。風邪を引いて熱が下がらなかったんです。

② ごめん……。中国に行くのは全員初めてだし、中国人と話したこともないから不安でたまらないって……。すみません、申し訳ない。

③ 突然友達に来られちゃって……

④ まったくこれのせいで、いろいろ申し訳ありません。

（4）保证今后注意。

① これからはこういうことのないように気をつけます。

② 以後気をつけます。

（5）表达对自己所犯错误的愧疚心情，并请求原谅。

① 本当に／心よりご迷惑をおかけしましたこと、お詫びいたします。

② お許しください。

③ お許しいただけないでしょうか。

　　　此外，与责备的表达方式同样，根据过失、错误的严重程度、说话人的年龄及社会地位、听话人的具体情况及谈话场合的郑重程度等，区分使用不同的语体或敬语。

3. 附应语（あいづち）

　　　附应语表达说话人对谈话内容的态度，构成会话整体的一部分。附应语多表示对话题感兴趣，在注意倾听对方的谈话内容，使用得当可使双方的交谈进行得友好顺利。不过在听上级或年长者的讲话、说明时，是以获取新知识为前提的，如果一一表示惊奇、为催促对方讲下去而过度使用附应语，就显得失礼或瞧不起对方。因此使用时需要注意。

　　　附应语主要用于谈话间歇处，过早使用，会给人一种希望谈话尽早结束的匆忙感。

　　另外，当看不见对方的表情时，例如打电话等，如果对方不作声，很多日本人就会担心对方没在听自己讲话，所以，一旦对方的话头中断，就马上使用附应语，这点也需要注意。

　　附应语也有语体的不同，有时还会使用敬语，这也是根据听话人的不同而区分使用的。

　　下面，我们列举出附应语的主要表达方式（从客气的说法到简慢的说法）。

　　(1) 单纯表示在倾听对方的谈话内容。例如：

> ああ（はあ）、そうですか。/　はあ。/　ああ（あっ）そう。/うん。/うんうん。/はい、はいはい。

　　以下的表达方式有时略微给人以不感兴趣的印象。

> ふーん。/ふんふん。/へえ。

　　(2) 表示听到该信息后感到惊讶。例如：

> えっ。/ええっ。/あっ、そう（なん）ですか。
> そうなの。（降调）/そうなんだ。（降调）

　　(3) 表示同意对方的说法。例如：

> ええ。/そうでしょうね。/そうですね。/ほんとですね。/おっしゃるとおりですね。
> うん。/うんうん。/そうだ（よ）ね。/そうだろうね。/ほんとだよね。/君の言うとおりだね。/（そう）だよね。

　　(4) 表示感情上的共鸣。例如：

> それはそれは……。/それは（よかったですね/お気の毒でしたね。/おつらかったでしょう。/何よりでした。/いけませんね。/残念でしたね。/大変だったね。/いいなあ……）。

　　(5) 表示能够接受对方所说的内容。例如：

> ああ、なるほど。/ごもっともです。/なるほど。/あ、そうか。/やっぱりね。

　　(6) 表达过于惊讶、无法相信的心情。例如：

えっ、そうですか。/まあ。/おや（まあ）。/なんと……。
えっ。/ひええ。/ほんと（う）？/ウソ！/マジ？！

（7）由于惊讶、困惑、愤怒等原因，无法马上进行应答而重复同样的词语。例如：

ついって、まさかもう引き受けちゃったの？/えっ、資料？/お、お話？！/
大会議室？！/50人？！　わあ、どうしよう！

（8）催促对方赶紧说下文。例如：

それで（どうなりましたか）？/とおっしゃいますと……？/ということ
は？/それから（どうなったの）？/で（どうだったの）？

（9）表示疑问。例如：

そうですか……/そうかなあ。/うーん……　　　（均为降调）

（10）看到对方欲言又止的样子，感到奇怪时，采用如下B的说法。

A：あのー。
B：はい、何か?……

4. 专业领域之外或没有把握的信息的表达方式：推测、委婉、间接引语

　　即使所谈论的内容是自己比对方了解得更多的知识，但没有把握说得非常肯定或所谈论的内容不属于自己的专业领域时，通常采用以下的回避断定的表达方式。这或许是逃避责任的表达，但也可以解释为：对不属于自己的专业范围之内的知识所采取的一种谦虚客气的表达方式。例如：

（1）よくわからないけれども。
（2）確かなことは言えないけれど～だと思う。
（3）確か～。
（4）おそらく～だったと思う。
（5）～ような気がする／した。
（6）大体そういうことだろうと思われます。
（7）たぶんそうではないか／じゃないかと思います。

在本课会话中，刘芳和王宇翔对所谈论的内容非常了解，但因听话人是自己的师长，应该说具备相应的知识，所以他们采用了客气的表达方式。例如：

(8) 例えば、「手紙」と書いて見せたらトイレットペーパーがほしいと思われる**かもしれませんが**。

(9) ええと……中日で意味の異なる漢語はたくさんある**はずですが**……。

(10) それは無理**でしょう**ね。西安、敦煌も発音は中国式でないと。

(11) 現在の西安とは少し場所的に異なると考えられている**ようです**。

(12) あるかもしれませんが、史実といえるだけの証拠は**なさそう**です。

練　習

A　内容確認

会話文について、次の質問に答えてください。

(1) 三好さんは、王さんと劉さんにどんなことを頼みましたか。

(2) 劉さんは三好さんに最初何と答えましたか。

(3) 三好さんは叔父さんの頼みを断りましたか。それはなぜですか。

(4) 劉さんはどうすることにしましたか。

(5) 王さんはどうすることにしましたか。それはなぜですか。

(6) 三好さんは王さんや劉さんと遅刻して会場に着きました。それはなぜですか。

(7) 叔父さんは三好さんの言い訳を聞いて、何と言いましたか。

(8) それに対して、三好さんは何と言いましたか。

(9) 王さんは三好さんがいつも迷惑をかけると思っていますか。

(10) 叔父さんはなぜ三好さんに「学、資料は？」と尋ねたのですか。

(11) 三好さんは叔父さんの頼んだことを王さんたちに伝えていましたか。

(12) 劉さんは叔父さんに提案をしました。どんな提案ですか。

(13) その提案について、王さんはどう考えましたか。

(14) 叔父さんが待っている会場はどこでしたか。

(15) 最初の質問者Aはどんな質問をしましたか。

(16) 質問者は劉さんの説明を聞いてどう思ったでしょうか。

（17）次の質問者Bはどんな質問をしましたか。

（18）その質問者は王さんの説明を聞いてどんなことに気がつきましたか。

（19）さらに次の質問者Cはどんな質問をしましたか。

（20）その質問に対して劉さんはどのように答えましたか。断定しましたか。

B　文法練習

1. 次の①②は（　）の中の言葉を正しい順番に並べてください。③は文を完成させてください。

（1）Vっこない

　　①（しても・っこない・出発・今・間に合い）

　　　10時集合だから、＿＿＿＿＿＿＿＿＿＿＿＿＿＿＿＿＿＿＿＿＿＿＿＿。

　　②（まで・こんな雨・駅・じゃ・行け・歩いて・っこない）

　　　＿＿＿＿＿＿＿＿＿＿＿＿＿＿＿＿＿＿＿＿＿＿＿＿＿＿＿＿＿＿＿。

　　③＿＿＿＿＿＿＿＿＿＿＿＿＿＿＿＿＿＿＿＿、私にはできっこない。

（2）〜てたまらない

　　①（が・を・電子辞書・見た・たまらなくなった・ほしくて・せいか）

　　　あのCM＿＿＿＿＿＿＿＿＿＿＿＿＿＿＿＿＿＿＿＿＿＿＿＿＿＿＿。

　　②（が・うれしくて・くれて・そう・彼・話して・たまらなかった）

　　　＿＿＿＿＿＿＿＿＿＿＿＿＿＿＿＿＿＿＿＿＿＿＿＿＿＿＿＿＿＿。

　　③＿＿＿＿＿＿＿＿＿＿＿＿＿＿＿＿＿＿＿＿＿＿＿＿不思議でたまらない。

（3）Vざるを得ない

　　①（から・です・受け入れ・現実・ざるを得ません）

　　　悲しいけど、＿＿＿＿＿＿＿＿＿＿＿＿＿＿＿＿＿＿＿＿＿＿＿＿＿。

　　②（を・に・ので・留学・家族・あきらめ・反対された・ざるを得なかった）

　　　＿＿＿＿＿＿＿＿＿＿＿＿＿＿＿＿＿＿＿＿＿＿＿＿＿＿＿＿＿＿。

　　③ 生活のためには、＿＿＿＿＿＿＿＿＿＿＿＿＿＿＿＿＿＿＿ざるを得ない。

（4）Nにそって/にそう

　　①（に・する・説明・資料・そって）

　　　＿＿＿＿＿＿＿＿＿＿＿＿＿＿＿＿＿＿＿＿＿＿＿＿＿＿＿＿＿＿＿。

② （に・にそって・計画・順調・進んで）

　　プロジェクトは＿＿＿＿＿＿＿＿＿＿＿＿＿＿＿＿＿＿＿＿います。

③ 中国は改革開放の方針にそって、＿＿＿＿＿＿＿＿＿＿＿＿＿＿＿。

C　会話練習

1. ポイント：非難に対する謝罪と言い訳

「学、だらしがないぞ、遅刻してお待たせするなんて。」

「はい……。劉さん、王さん、ごめんなさい。家を出ようと思ったら、先生から電話がかかってきちゃって……」

モデル会話

（ゼミ終了後）

三好　　　：先生、あのう……ちょっとお願いがあるんですが。

吉田先生：はい、何ですか。

三好　　　：あの、今日までのレポートなんですが、実は、家に置いて来てしまいまして……。すみませんが、明日提出してもいいですか。

吉田先生：三好さん、またですか。期限は守らなければいけませんよ。

三好　　　：は、はい。すみません。

吉田先生：この間のレポートの時もプリンタが動かなくなったって言って、遅れて出したでしょう。

三好　　　：も、申し訳ありません。

吉田先生：お宅は横浜でしたね。

三好　　　：は、はい……。

吉田先生：じゃあ、5時までに持って来れば受け取ります。いいですね。

三好　　　：は、はい……。ええっ?!　どうしよう……。

ここをおさえよう！

(1) 三好さんはゼミのあとで吉田先生にどんなことをお願いしましたか。

(2) 吉田先生は三好さんのお願いに何と言って注意しましたか。

(3) 三好さんはどんな言葉で謝りましたか。

(4) 吉田先生はどのように三好さんに指示しましたか。

(5) 三好さんはレポートをこれから提出できそうですか。それはどんな言葉から分かりますか。

♣言ってみよう！

　次の（1）～（3）のように苦情や文句を言われました。それに対して謝ってください。その際、言い訳にならないように注意して理由を軽く述べてください。

（1）（朝、彼女と電話でけんかしてしまい、なかなか話を切り上げられなかった。それで会議に遅れてしまった）

　　　「どうして大事な会議に遅刻したんですか。」

（2）（クラブの友達と急に映画を見に行くことになって、彼女とのデートを忘れてしまった）

　　　「昨日、待っていたのに、なんで来てくれなかったの？」

（3）（レポートが難しいテーマなので、書けないと思って、出すのを諦めていた）

　　　「レポートをまだ出していませんよ。」

2. ポイント：婉曲的な断定回避の表現

「あるかもしれませんが、史実といえるだけの証拠はなさそうです。」

モデル会話

王：朴さん、韓国語って、僕には難しい<u>かなあ</u>。

朴：えっ、王さん、韓国語を勉強するの？

王：うん、せっかく朴さんと友達になったし、日本語に文法が①<u>似ている</u>らしいし。

朴：うん、よく似ているよ。発音は中国語に少し似ているんだよ。

王：②<u>そうらしいね</u>。

朴：漢語も多いから、日本語ができる中国人の王さんには、③<u>わりと楽に勉強できる</u>かもしれないよ。

王：へえ、④<u>おもしろそう</u>……。じゃあ、ちょっと習ってみようかな。

ここをおさえよう！

（1）下線部①②④の王さんの言葉は、どんなことが共通していますか。なぜ、このような表現を使っているのですか。

（2）朴さんは③「わりと楽に勉強できるかもしれないよ」と、婉曲的な言い方をしています。それはなぜだと思いますか。

❖**言ってみよう！**

　次の（1）〜（3）を婉曲表現にして話してください。

（1）たぶん、「人気」という語は（日本語から中国語に入った言葉です
　　　→　　　　　　　　）

（2）ええと、きっと（よい参考文献があります→　　　　　　　）

（3）うーん、たぶん、一生懸命練習すれば（上手になる→　　　　　　　）

D　総合練習

エピソードを語る

エピソード1　私の大切なもの

【ステップ1】

　大切にしている宝物とはなんですか。携帯電話やコンピュータのように毎日の生活に必要だから、というもの以外で、心に残るから、大好きだから、大切な人からもらったプレゼントだから……などの理由で、大事にしているもの、どうしても捨てられないものを下に3つ以上、書き出してみてください。

_____

_____

_____

【ステップ2】

　その宝物で、授業に持って来られるものを一つ用意してください。それをクラスのみんなに見せながら話をします。

　例を参考に、その宝物をみなさんに紹介をしてください。

例1．これは誕生日に祖母からもらった茶碗です。

　2．私は最初あまり好きではありませんでした。

　3．おしゃれじゃないし、ちょっと古いし、もっと好きなのを買いたいと思っていました。

　4．でも、ある日、母からこの茶碗を祖母がとても大切にしているということを聞きました。この茶碗は、教師だった祖母が、学生時代に買った茶碗だと聞きました。そこで祖母に聞くと、〜だそうです。

　5．ですから、これは私の大切な茶碗です。

エピソード2　これまでで一番～たこと

【ステップ1】

　これまでで一番恥ずかしかったこととは何ですか。また②～④のようなこととはどんなことですか。思い出して簡単にメモしてください。

① これまでで一番、恥ずかしかったこと。

_____

② これまでで一番、おかしかったこと。

_____

③ これまでで一番、怖かったこと。

_____

④ これまでで一番、びっくりしたこと。

_____

【ステップ2】

　ステップ1の①～④のうち1つ選んで、みんなに具体的に話してみましょう。以下の例を参考に、話す順番にメモして話してください。

例　「私が今までで一番～たこと」

① 私が今までで一番恥ずかしかったことをお話しします。

② これは、私が～歳の時のことで、場所は～でした。

③ 私は～しようと思っていました。すると～でした。それで……。

⑤ みんなに見られるし、本当に恥ずかしかったです。

⑥ 以上が、私が今までで一番恥ずかしかったことです。

【ステップ3】

　「私が一番～たこと」を聞きながら、以下の例を参考に「一番、～話をした」と思う人を一人ずつ、みんなで投票して、「一番～たで賞」を選びましょう。その理由も簡単に書いてください。

「一番○○だったで賞」投票用紙		
賞	候補者	その理由
「一番、恥ずかしかったで賞」		
「一番、おかしかったで賞」		
「一番、怖かったで賞」		
「一番、びっくりしたで賞」		

ユニット2　読解

年功制から「成果主義」導入へ

　日本企業が成果主義を導入しはじめたのは1990年代前半からだった。バブル崩壊によって痛手を受けた各社は、二つの意味で変革を迫られていた。一つは「年功序列・終身雇用」という日本型経営への自信が打ち砕かれ、これに代わる新たなシステムが模索されていたこと。もう一つはもっと単純に、業績が低迷する中で、人件費の圧縮によるコスト削減が至上命題だったということだ。　5

　成果主義なら、この二つの要件を満たすことができる。がんばった者に手厚い給与やポストで報いる欧米型の経営手法は、きわめて合理的かつ効率的であり、社員のモチベーションを引き出すことができる。組織がその集合体になれば、必然的に生産性が向上する。しかも定期昇給のコストは減るし、　10がんばらなかった者の給与を引き下げることもできるから、トータルで見れば人件費の圧縮につながる。その結果、"お荷物"の社員が絶望して自主的に会社を去ってくれれば、なお都合がよい……。

　つまり、時代遅れになった日本型経営を捨て、いちはやく成果主義による賃金制度を導入することが、社内を活性化させるカギになると考えられたの　15である。

　実際、同制度はまたたく間に浸透した。厚生労働省の「就労条件総合調査」によれば、2001年時点で「業績評価制度があり、それを給与に反映させている企業」は全企業の45.7%に達している。とくに社員1000人以上の大企業では78.2%、300〜999人の中堅企業でも71.0%だ。産業界をリードする企　20業ほど、積極的に導入している姿がうかがえよう。

　だがその結果、企業は成長戦略を描けたかといえば、そのようなことはなかった。「失われた10年」という言葉に象徴されるとおり、長期低迷を余儀なくされた。景気そのものが低迷していたという事情はあるが、成果主義の導入がそれに拍車をかけた感は否めない。　25

　先の「就労条件総合調査」（01年）では、業績評価制度が「うまくいっている」と答えた企業はわずか10.6%にすぎない。その問題点として「従業員の評価に対する納得が得られない」（32.9%）、「評価によって勤労意欲の低下を招く」（26.5%）、「従業員間の賃金の格差が拡大する」（25.5%）などが挙げられている（複数回答）。モチベーションを引き出すどころか、　30

かえって現場を混乱させ、やる気を失わせ、足をひっぱる形になっていたわけだ。

　（中略）

　では今日、成果主義はどうなっているのか。

35　07年の「就労条件総合調査」によると、「業績評価制度がある企業」は45.6％で01年調査時とほぼ変わらない。ただ社員1000人以上の大企業については82.5％まで増えている。このうち、「うまくいっている」としている企業は20％まで倍増。試行錯誤の末、ようやくシステムとして落ち着いてきたのかもしれない。

40　ただし、「評価結果に対する本人の納得が得られない」（28.5％）、「評価によって勤労意欲の低下を招く」（22.9％）などの問題点は相変わらずだ。また「個人業績を重視するため、グループやチームの作業に支障が出る」（13.1％）という問題も起きている。

　さらに気になるのは、社員のメンタル面の危うさだ。社会経済生産性本部

45　が06年に行った調査によると、過去3年間で「心の病」を抱える社員が「増加傾向にある」と回答した企業が6割を超えた。しかも年齢層別で見ると、圧倒的に多いのが働きざかりの30歳代だという。また、心の病で1ヵ月以上休職している社員のいる企業は約75％にのぼる。社内コミュニケーションの不足や、責任と裁量のバランスの欠如が一因であると同本部は分析している。

50　厚生労働省によると、精神障害関係の労災請求件数は年々大幅に増加しており、06年度は前年度より約25％増の819件。このうち自殺に至ったケースは176件にのぼっている。これらの結果は、成果主義の導入と無関係とはいえないだろう。社員に多大なストレスをもたらしていることは間違いない。

　だが、いまさら後戻りはできない。こうした犠牲を減らすには、成果主義

55　の更なる改善が必要だろう。富士通での苦い経験を経た前述の城繁幸氏は、「若年層を評価する中高年の管理職層の資質こそ重要」と説く。しかし、実際には「成果主義を導入した企業には世代間ギャップがある」と指摘し、以下のように述べている。

　「若年層は年功序列世代から一方的に成果を要求され、競争を課され、し

60　かも支配する側のステイタスは永遠に得られない。会社という組織の中でこれ以上働き続けても、彼らは将来への希望が見出せないのだ」（『日本型「成果主義」の可能性』（東洋経済新報社））。

　中高年層の「既得権」を破壊し、意識改革を迫る——年功制に戻せないなら、若年層が報われる道はそれしかないのかもしれない。

『27人のすごい議論』「日本の論点」編集部編　文藝春秋　65

解説・語彙

1. なお

「なお」在本课中表示"程度比之前的状态或同类事物更进一步"，可译为"更加、愈发"等。例如：

> (1) その結果、「お荷物」の社員が絶望して自主的に会社を去ってくれれば、**なお**都合がよい……。
>
> (2) あの辞書は、郵送してくれると助かるが、今日中に届けてくれれば、**なお**ありがたい。
>
> (3) 毎晩酒を飲むのは言うまでもないが、タバコを吸うのは**なお**悪い。

2. −別

「別」接在名词之后，表示根据该名词所指的事物来加以区分，其译法较灵活，应视具体上下文而定。常见的用法有「会社別」「国別」「種類別」「大学別」「男女別」「地域別」「テーマ別」「年代別」「メーカー別」「目的別」等。例如：

> (1) しかも年齢層**別**で見ると、圧倒的に多いのが働きざかりの30歳代だという。

3. −ざかり（盛り）

「ざかり」接在动词连用形或名词之后，表示事物的发展正处于全盛状态或鼎盛时期。例如：

> (1) しかも年齢層別で見ると、圧倒的に多いのが**働きざかり**の30歳代だという。
>
> (2) 彼は**伸び盛り**の選手として、これからの成長が期待される。

（3）**食べざかり**の子供がいるので、我が家は料理を作るのが大変だ。

（4）この季節と言えば、桜が**花盛り**だ。

4. 同-

　　「同」后接名词，表示该名词所指事物为前文提到过的，可替换为「この」，相当于汉语的"该……、本……、此……"等。常见的用法还有「同校」「同町」「同表」「同協会」等。

（1）実際、**同制度**はまたたく間に浸透した。

（2）社内コミュニケーションの不足や、責任と裁量のバランスの欠如が一因であると**同本部**は分析している。

解説・文法

1. ～中（で）＜状況＞

意义： 表示在该状况、环境下做某事或发生了某事。

译文： ……状况下；……状态下

接续： 动词、形容词的连体形＋中（で）

说明： 一般用作书面语。

（1）もう一つはもっと単純に、業績が低迷する**中**で、人件費の圧縮によるコスト削減が至上命題だったということだ。

（2）少子高齢化が進む**中**、人材の確保が大きな課題となっている。

（3）暑い**中**での撮影作業だったが、無事に終えることができた。

（4）大学受験に失敗し、落ち込んでいた**中**で、外国への留学を決意した。

2. ～ほど＜比例変化＞

意义： 表示随着前句表达的事项程度的提高，后句所述事项的程度也相应提高。

译文： 越（是）……越……

接续： 名词／动词、形容词的连体形＋ほど

说明：多用于表述一般性、规律性事项。

> (1) 産業界をリードする企業**ほど**、積極的に導入している姿がうかがえよう。
>
> (2) 幸せな人**ほど**、笑顔が多い。
>
> (3) 電波は遠くに行く**ほど**弱まる。
>
> (4) サッカーは、得点が決まるのが遅い**ほど**応援が盛り上がるものだ。

3. V（よ）う＜推測＞

意义：用于句末，表示推测。

译文：……吧

说明：一般限于非自主动词，用于书面语。口语中表示推测时通常多用「Vるだろう/でしょう」的形式。

> (1) 産業界をリードする企業ほど、積極的に導入している姿が**うかがえよう**。
>
> (2) 今回の会談の成功は、両国の関係改善への大きな一歩であると**言えよう**。
>
> (3) このプログラムは簡単だから、初心者にでも容易に作れる**であろう**。
>
> (4) こうした急激な原油価格の変動の背景には、様々な要因が**考えられよう**。

4. ～かといえば／かというと＜事实相反＞

意义：前句以疑问的形式提出话题，后句叙述与预测相反的否定性结果。

译文：要说是不是……呢，（实际并非）……

接续：简体句子＋かといえば／かというと

名词／Ⅱ类形容词词干＋かといえば／かというと

> (1) だがその結果、企業は成長戦略を描けた**かといえば**、そのようなことはなかった。
>
> (2) 高いお茶ほどおいしい**かといえば**、一概にそうとは言えない。
>
> (3) 家賃が安いけれど、周辺は便利**かというと**、ちょっと微妙だ。

（4）わざわざ行くほどの景色**かといえば**、そうでもないと思う。

（5）ダイエットを2週間ほど続けてきたが、効果があった**かという と**、実感はない。

5. Nを余儀なくされる＜被迫＞

意义： 表示迫不得已，不得不做某事。

译文： 不得不……；被迫……

接续： 动作性名词＋を余儀なくされる

说明： 用于书面语。

（1）「失われた10年」という言葉に象徴されるとおり、長期低迷を **余儀なくされた**。

（2）彼は大学生の頃、交通事故のために２年間の休学を**余儀なくさ れた**。

（3）会社の業績不振から退職を**余儀なくされた**人は少なくない。

（4）洪水のために数千人が避難を**余儀なくされる**事態となってし まった。

6. ～どころか＜相反＞

意义： 后句叙述与前句全然相反的内容，表示完全超出预测、想象或期待。

译文： 岂止……，甚至……；哪里……，反而……

接续： 动词、形容词的连体形＋どころか　名词／Ⅱ类形容词词干＋どころか

（1）モチベーションを引き出す**どころか**、かえって現場を混乱さ せ、やる気を失わせ、足をひっぱる形になっていたわけだ。

（2）気温が急激に上がっちゃったから、暖かい**どころか**、暑すぎる くらいだ。

（3）製品は機能が多すぎると、便利**どころか**面倒なだけだ。

（4）あんな人とお酒なんかを飲んだら、気分転換になる**どころか**余 計にストレスがたまってしまう。

7. ～に至る/に至って＜达到＞

意义： 表示经过某一过程，最终到达了该阶段或程度。

译文： 直至……；达到……

接续： 名词／动词的词典形＋に至る／に至って

说明： 多用作书面语。

---

(1) このうち自殺に**至った**ケースは176件にのぼっている。

(2) この小説は、少年が犯罪に**至る**心理を詳細に分析している。

(3) 被害が発生するに**至って**、ようやく対策が講じられるようになった。

(4) さんざん悩んだ結果、留学を諦めるという結論に**至った**。

練 習

A 内容確認

(1) バブル経済によって日本の企業はどんな改革に直面しましたか。

(2) 企業にとって成果主義のメリットは何ですか。

(3) 成果主義がまたたく間に浸透したのはなぜですか。

(4) 第4段落の「2007年の就労条件総合調査」の結果から分かったことは何ですか。

(5) 「成果主義の導入がそれに拍車をかけた」とありますが、「それ」の指すことは何ですか。

(6) 業績評価制度が社員のモチベーションを引き出す狙いを実現できましたか。

(7) 2007年の「就労条件総合調査」で浮かび上がった成果主義の問題点は何ですか。

(8) 「社員のメンタル面の危うさ」とは何ですか。

(9) 「成果主義を導入した企業には世代のギャップがある」とありますが、そのギャップは何ですか。

(10) 「年功序列世代」とは誰のことを言っているのですか。

(11) 成果主義の改善には何が必要だと筆者は言っていますか。

(12) この文章の主旨は何ですか。

B　文法練習

1. 次の①②は（　）の中の言葉を正しい順番に並べてください。③は文を完成
させてください。

(1)　～中（で）

① （が・と・人・周囲・うるさい）

＿＿＿＿＿＿中で、よく＿＿＿＿＿＿＿＿携帯電話で話せるものだなあ。

② （を・は・就活・自分の強み・交渉力・進める）

＿＿＿＿＿＿＿＿＿＿＿＿中で＿＿＿＿＿＿＿＿＿＿だと気づいた。

③ 経済が低迷する中で、＿＿＿＿＿＿＿＿＿＿＿＿が進んでいる。

(2)　～ほど

① （で・ほど・笑顔・時・頑張りたい・苦しい・ものだ）

＿＿＿＿＿＿＿＿＿＿＿＿＿＿＿＿＿＿＿＿＿＿＿＿＿＿＿。

② （を・ほど・努力・できる人・謙虚で・惜しまない・ものだ）

＿＿＿＿＿＿＿＿＿＿＿＿＿＿＿＿＿＿＿＿＿＿＿＿＿＿＿。

③ 悲しい体験をした人ほど、＿＿＿＿＿＿＿＿＿＿＿＿＿＿＿＿。

(3)　V（よ）う

① （に・も・対しては・この主張・反論・あろう）

＿＿＿＿＿＿＿＿＿＿＿＿＿＿＿＿＿＿＿＿＿＿＿＿＿＿＿。

② （で・舞台・活躍・今後・もっと・大きな・できよう）

わが社の若手はずっと厳しい環境で鍛えられてきたのだから＿＿＿＿＿

＿＿＿＿＿＿＿＿＿＿＿＿＿＿＿＿＿＿＿＿＿＿＿＿＿＿＿。

③ 経済発展において最も重視されるのは、＿＿＿＿＿＿＿と言えよう。

(4)　～かといえば/かというと

① （歌・に・誰でも・歌手・うまければ・なれる・が）

＿＿＿＿＿＿＿＿＿＿＿＿＿＿＿＿＿＿かというと、そうとは限らない。

② （留学・行きたい・に・本当に・かというと）

＿＿＿＿＿＿＿＿＿＿＿＿＿＿＿＿＿＿、実はそれほどではない。

③ お寿司が好きかというと、＿＿＿＿＿＿＿＿＿＿＿＿＿＿＿＿。

(5)　Nを余儀なくされる

①（の・を・変更・予算不足・ため・余儀なくされた）

夏祭りの計画は、＿＿＿＿＿＿＿＿＿＿＿＿＿＿＿＿＿＿＿。

②（の・を・で・不況・閉鎖・工場・余儀なくされた）

＿＿＿＿＿＿＿＿＿＿＿＿＿＿＿＿＿＿＿＿＿＿＿＿＿。

③　責任を追及され、＿＿＿＿＿＿＿＿＿＿＿＿＿＿＿を余儀なくされた。

(6)　〜どころか

①（で・どころか・優勝・一回戦・負けて・しまった）

チームの調子が悪く、＿＿＿＿＿＿＿＿＿＿＿＿＿＿＿＿＿。

②（どころか・逆ギレ・謝る・してきた）

禁煙だと注意したら、＿＿＿＿＿＿＿＿＿＿＿＿＿＿＿＿＿。

③　喉が痛くて、食事をするどころか、＿＿＿＿＿＿＿＿＿＿＿＿＿。

(7)　〜に至る／に至って

①（に・至った・販売中止・経緯）

＿＿＿＿＿＿＿＿＿＿＿＿＿＿＿＿＿＿＿＿＿＿＿を報告した。

②（から・に・ついに・価値感の相違・婚約解消・至った）

＿＿＿＿＿＿＿＿＿＿＿＿＿＿＿＿＿＿＿＿＿＿＿＿＿。

③＿＿＿＿＿＿＿＿＿＿＿＿＿＿＿＿＿＿＿が今に至って、ようやくわかった。

C　発展練習

グループ新聞を作ろう

【ステップ1】話題を探す1

最近のニュースのなかで、気になったニュースはどんなことですか。

＿＿＿＿＿＿＿＿＿＿＿＿＿＿＿＿＿＿＿＿＿＿＿＿＿＿＿＿＿＿

【ステップ2】話題を探す2

最近見た映画の中では、どんな映画が心にいちばん残っていますか。

＿＿＿＿＿＿＿＿＿＿＿＿＿＿＿＿＿＿＿＿＿＿＿＿＿＿＿＿＿＿

【ステップ3】話題を探す3

これまで日本語を学んできて、どんなことを強く思いましたか。

【ステップ4】話題を探す4

最近知ったおもしろい話、学生の間で流行っているもの、クラブのお知らせ、留学体験記、日本人学生から聞いた話などはありますか。情報を集めて下に2つ以上メモしてみましょう。

【ステップ5】グループ新聞を作る

グループ新聞を作って、教室に張り出してみんなで読みましょう。

準備：

1. 数名のグループを作って、編集長（グループ長）1名と記者（編集長以外全員）を決めます。次に、グループ新聞の名前、目標、用紙の大きさなどを決めます。

編集長氏名		記者氏名	
グループ新聞の名前			
グループ新聞の目標			
用紙	B 4　A 3　模造紙……		
その他			

手順

1. グループ作業

① 記事の内容決定：記者はそれぞれどんな記事を書くか決めてください。

② 記事の内容調整：どんな記事を書くか決めたら、編集長に申告しましょう。似た内容のものばかりにならないように編集長を中心に話し合って調整しましょう。（なるべくいろいろな記事（話題）が取り上げられるよう、きちんと調整をしてください）

2. 個人作業

① 記事の下書き：記者は例を参考に、個々の記事の下書きをしましょう。

注意事項

A：内容、主張は明確に。

B：イラストや図表など、記事を分かりやすく伝える工夫をしよう。

C：資料の出典・リソースを必ず載せよう。（インターネットの情報はURL
　　を記す）

② 見出しの決定：記者は下線部分からメインとなる見出しを、囲み部分か
　　らサブとなる見出しを考えます。見出しは、できるだけ分かりやすく、
　　短い言葉で。

見出し例：見出し（メイン）　　2組の［帰ってきたシンデレラ］1位に入賞
　　　　　副見出し（サブ）　　会場は5分30秒、何度も爆笑の渦に

【下書き例】

下書きシート	何について書くか	先週の劇のコンクールについて書く
下書き　先週、行われた<u>日本文化祭日本語演劇コンクールでは、2年2組の劇が見事1位を獲得</u>した。2年2組の劇は『帰ってきたシンデレラ』。「シンデレラ」が王子様と結婚した後、どのような人生を送ったのかというストーリーの創作劇だった。内容はとてもユーモアがあるもので、劇が行われていた5分半の間、会場は何度も爆笑の渦に包まれていた。　審査委員長の田中先生からの総評によると、2組の劇が優勝に選ばれた理由は3つ。1つ目は独創性があったこと。2つ目は非常にユーモアがあったこと。3つ目はクラスの全員が出場していたこと。まさに2年2組全員が協力したからこそ、1位を勝ち取ることができたといえるだろう。		
見出し（メイン）	2組の『帰ってきたシンデレラ』1位に入賞	
副見出し（サブ）	会場は5分30秒、何度も爆笑の渦に。	
記事の出典・リソース	文化祭の記録ビデオ	

下書きシート	何について書くか	
下書き		
見出し（メイン）		
副見出し　（サブ）		
記事の出典・リソース		

3. グループ作業

③ 記事の内容決定：自分で見出しをつけたら、それでいいかどうか、編集長を
　　　　　　　　　　中心にグループで見てもらって最終決定をしましょう。

④ 記事の順位づけ：どの記事を中心（トップ記事）にするか、みんなで決め
　　　　　　　　　ましょう。

	トップ記事
1	
2	
3	
4	
5	

⑤ レイアウトの決定：各自、新聞の紙のどの部分をどのくらい使うか決めま
　　　　　　　　　　しょう。各自のスペースにあわせ、それぞれの字の大
　　　　　　　　　　きさと、段組みを考え、大体の字数を決めましょう。

⑥ 新聞に書き込む：下書きをもとにして新聞を作りましょう。

＊注意＊

1. 次の項目は必ず入れてください。

① 新聞の名前　　② 自分の名前　　③ 見出し　　④ 資料の出典

2. 読んだ人がいやな思いをしたり、特定の人を傷つけるような言葉や絵は、絶
　　対に書いてはいけません。

3. 文字はきれいに、一文も全体も読みやすく、興味を引く内容に仕上げましょう。

3班 子パンダ グループ	ぱんだふる新聞	2年2班　子パンダグループ 編集長：南　楠 記　者：金香花・王瑞・郭翔 写　真：王瑞 マンガ：郭翔

「天津丼」って何？

天津丼が食べたいといわれて

天津の人も知らない天津丼

　ある日、日本人留学生の鈴木さんにこんなことを頼まれた。「ねえ、天津丼（てんしんどん）が食べたいの。天津丼が食べられるところを教えて」。えっ、「天津丼」って何？　北京では聞いたことがない。どこに案内していいのか分からない。そこで、天津出身の同級生に聞いてみた。全く知らないという。さらに、いろいろな地方から来ている同級生にも聞いてみた。しかし、みんな初めて聞いた名前だという。

　鈴木さんの話しによると、「天津丼」は日本では中国料理のレストランにある一般的な料理だそうだ。いったい、天津丼とはどのような料理なのか。ヤフー日本で「天津丼」を調べてみた。すると、3万件以上も情報がある。天津丼とは、中国料理でいうなら、「鶏蛋盖飯」ということが分かった。

北京にもあった天津丼

　日本人留学生からの情報で北京にも「天津丼」が食べられる場所があることが分かった。清京大学南門横の日本食レストラン「さくらさくら」だ。

　写真は「さくらさくら」

で食べられる「天津丼」。

　どうしてこれが、日本で「天津丼」と言われるようになったか。同店の店長である吉田さんに聞いてみた。しかし、よく分からないということだった。また、日本には「天津麺（てんしんめん）」というものもあるそうだ。これもヤフー日本で調べてみた。8千件以上の情報があった

　日本には天津丼のほかに、天津という名前のつくものとしては「天津甘栗（てんしんあまぐり）」というものもある。また、日本の岩手県には「花巻市（はなまきし）」という所がある。しかし、中国の「花巻」とは何の関係もないようだ。

取材協力：日本食レストラン「さくらさくら」

リソース：天津甘栗輪

2年2組の日本語劇が優勝

五分三十秒の爆笑劇

　10月30日に、行われた日本文化祭日本語劇コンクールでは、二年二組の劇が見事一位を獲得した。二組の劇は「帰ってきたシンデレラ」。「シンデレラ」が王子との結婚後、どのような人生を送ったのかという創作劇だった。内容はとてもユーモアがあるもので、会場は劇が行われていた五分三十秒間、何度も爆笑の渦に包まれた。

　審査委員長の田中先生の総評によると、二組の劇が優勝に選ばれた理由は三つ。一つはその独創性。二つ目はユーモア。三つ目はクラスの全員が出場していたこと。まさに二組全員が協力したからこそ、一位を勝ち取ることができたといえるだろう。

文化祭の記録ビデオより

PANG DE ぱんだ　一様せたので改名してみました。

グループ新聞（サンプル）

【ステップ6】読み合う

作った新聞は、教室に張ったりコピーして配ったりして、お互いの新聞を読み合い講評し合いましょう。できたら、ほかの学校やほかのクラスで編集された新聞と交換し合ってみましょう。

「書き下し文」

在古代，中国的文章、诗词传入日本后，人们便按照汉语的读音、语序直接去读这些作品。当时能够读汉诗文的人很少，于是人们为了便于诵读和理解，就在原文上用假名标出汉字的日语读音，并注出动词、形容词等的活用形及助词，这种经过改写的既有汉字又有假名的句子或文章被称为「書き下し文」。人们通过「書き下し文」了解和学习汉诗文，进而自己进行创作。作为一种个人修养，大多数日本人都接触和学习过汉诗文，汉诗文在中学的语文课上也是必修的内容之一。

下面是几首人们喜闻乐见的古诗，无论在中国还是在日本都被广为传诵。

しゅんぎょう　もうこうねん
春　暁（孟浩然）
しゅんみんあかつき　おぼ　　　　　　しょしょていちょう　き
春　眠　暁を覚えず，処々啼鳥を聞く。
やらいふうう　こえ　はなお　　　　　　　し　　たしょう
夜来風雨の声，花落つること知んぬ多少ぞ。

つと　はくていじょう　はっ　　　　りはく
早に白帝城を発す（李白）
あした　じ　はくていさいうん　かん　せんり　こうりょういちじつ　　かえ
朝に辞す白帝彩雲の間，千里の江陵　一日にして還る。
りょうがん　えんせいな　　　　や　　　　けいしゅうすで　す　ばんちょう　やま
両　岸の猿声啼いて住まざるに，軽舟已に過ぐ万重の山。

しゅんぼう　　とほ
春　望（杜甫）
くにやぶ　さんが　あ　　　しろはる　　　　そうもくふか
国破れて山河在り，城春にして草木深し。
とき　かん　　　はな　なみだそそ　わか　　うら　　　とり　こころおどろ
時に感じては花にも涙を濺ぎ，別れを恨んでは鳥にも心を驚かす。
ほうか　さんげつ　つら　　　　か　しょばんきん　あた
烽火三月に連なり，家書万金に抵る。
はくとうか　　　さら　みじか　　すべ　しん　た　　　　　ほっ
白頭掻けば更に短く，渾て簪に勝えざらんと欲す。

ふうきょうやはく　ちょうけい
楓　橋　夜泊（張継）
つきお　からすな　　　しもてん　み　　こうふう　ぎょかしゅうみん　たい
月落ち烏啼いて霜天に満つ，江楓の漁火　愁眠に対す。
こ　そじょうがい　かんざんじ　　やはん　しょうせいきゃくせん　いた
姑蘇城外の寒山寺，夜半の鐘声　客船に到る。

第8課　発　表

ユニット1　会話

(1) 口頭発表の基本的な定型表現を理解して運用することができる。

(2) 質疑応答の基本的な定型表現を理解して運用することができる。

(3) 簡単なレジュメを用いて発表することができる。

ユニット2　読解

(1) 読み手を意識した文章の表現が運用できる。

(2) 日本語で説得力のある文章を書くためのポイントが理解できる。

(3) 文章理解力を文章作成力に応用することができる。

⭐ クラスで発表する時、どんな準備が必要だと思いますか。

⭐ 発表するのは得意ですか、それとも苦手ですか。それはなぜだと思いますか。

ユニット1　会話

ゼミ発表

（大学2年生対象の社会学基礎セミナー。現代日本の社会現象に関して、受講生各自が興味のあるテーマを設定し、文献の調査結果を報告するゼミ活動）

米田先生：みなさん集まったようですね。じゃ、大山さん、始めてください。

大山　　：はい。お手元にレジュメと資料、ありますでしょうか。

橋本　　：すみません、資料を1部いただけますか。

大山　　：（隣のゼミ生に資料を手渡して）これ、橋本さんのほうにまわしてもらえる？（全体に向かって）それでは、始めたいと思います。

　　　　　（以下、レジュメを見ながら話す）今日は、日本人のペット観の変化について調べた結果をご報告したいと思います。えー、日本では「ペットブーム」ということがマスコミで報じられるようになって久しいですが、果たしてその実態はどうなっているのでしょうか。時代の流れとともに、日本人がペットを飼うという習慣に何か変化が起きているのでしょうか。もし、変化が見られるとしたら、その背景にはどのような要因があるのでしょうか。これらの点について調べることにより、現代の日本社会が抱える問題の一端を明らかにしたいと考え、このテーマを選びました。

　　　　　では、世論調査の集計結果を用いて、まず日本におけるペットの飼育の実態、そしてペット観について見ていき、最後にそれらの結果をもとに、私なりに考察してみたことをお話ししたいと思います。

　　　　　えー、それでは、まず、ペットの飼育率についてですが、お配りした資料の図の1をご覧ください。（中略）

　　　　　私自身は実際に調べてみるまではあたかもペットが急増してきているかのような印象を持っていましたが、この世論調査の結果を見る限りでは、著しい増加現象が見られるわけではないようです。ただ、他の調査結果とあわせて考えると、大変緩やかではありますが、ペットを飼う人は80年代から現在にかけて増加傾向にあると言えそうです。

　　　　　では次に、ペットの種類の推移について見てみたいと思いま

す。お手元の資料、図の2をご覧ください。これは、飼育してい
るペットの種類を、複数回答で聞いた結果を示しています。

　この図から、犬は常にトップであり続け、2000年には63.8%に
達していることがわかります。猫も常に20%台以上を維持し続け
ています。この飼育率は90年以降徐々に上昇しており、2010年に
30%台を超えています。一方、鳥類と魚類は一貫した上昇傾向と
は言えません。鳥類は1986年の調査で猫に逆転され3位になった
後も減る一方ですが、2021年には8.9%に上昇しています。魚類は
横ばいになって、10%台を維持しています。結果をまとめます
と、犬や猫は増えているが、鳥や魚はそうとは言えないというこ
とになります。この結果は日本人がペットに求めるものが変わっ
てきたことを示唆しているのではないでしょうか。

　そこで、次にペット飼育に関する意識調査の結果を見てみたい
と思います。（中略）

　非常に限られたデータによる分析ではありますが、以上見てき
たことから、日本においてペットを飼う人が増加している背景に
は、急速な少子化や核家族化が要
因として働いていると考えられる
のではないでしょうか。今後は、
近年になって犬や猫のペットロボ
ットの販売が活発化してきました
ので、その売上状況や開発背景な
どにも目を向けつつ、資料の収集
と分析をさらに進めていきたいと
思います。これで発表を終わりま
す。（拍手が起こる）

　何かご意見、ご質問があればお願いします。

中西　　：（手を挙げて）はい。とても興味深いお話、ありがとうございまし
　　　　　た。（大山が会釈）あのう、考察のところでおっしゃったコンパニ
　　　　　オンアニマルに関して一点伺いたいんですが。

大山　　：はい。

中西　　：この言葉は70年代のアメリカで、動物と人を対等に見ようという
　　　　　考えのもとに使われるようになったということでしたよね。（大

山がうなずく）日本でも85年以降広がりつつあるとおっしゃいましたが、欧米における人と動物の関係と日本の場合とでは、宗教や文化的な背景の違いから同様には考えにくいのでは、という気がします。欧米で生まれたペット観が日本でも定着しているんでしょうか。

大山　：うーん、そうですね。実はこの点については私も気になっていたんですが、まだ十分に調べていません。確か参考文献に欧米と日本の動物観の違いについて触れた箇所があったと思うので、それを読み直して他の先行研究にも当たってみたいと思います。ありがとうございます。（しばらく質疑応答が続く）

米田　：（終わりに）もう少し続けたいところですが、時間ですね。では、今日のゼミの中で出てきた問題点を考慮して説得力のあるレポートになるよう取り組んでください。じゃあ、今日はこれで終わりましょう。

社会学基礎ゼミＡ
　　2023年5月28日
日本人のペット観の変化に関する一考察
文学部心理学科1年
大山　強
1. 本報告の目的
　日本人のペット観の変化とその背景について考察する
2. 「ペットの飼育率」及び「飼育されているペットの種類」の推移
　(1) 「ペットの飼育率」の推移（【資料】図1参照）
　　　1979年〜2010年：30％台でほぼ横ばい
　　　2022年：51％まで上昇
　(2) 飼育しているペットの種類（【資料】図2参照）
　　　・犬と猫の飼育率：上昇
　　　※犬の飼育率：1位を維持しつつも、近年は下降している
　　　・鳥類と魚類の飼育率：上昇とは言えない
3. ペット飼育に関する意識の変化
　(1) ペットを飼育している理由（【資料】図3参照）
　　　・「家族が動物好き」が最も多く、増加傾向

　　　・「気持ちがまぎれる」が大幅に増加
　(2) ペット飼育がよい理由（【資料】表1参照）
　　　・「生活に潤いや安らぎが生まれる」が最も多く、過半数を占
　める
　　　・「防犯や留守番に役立つ」は約3割程度にとどまる
4. 考察
　(1) ペット観の変化：「ペット（愛玩動物）」→「コンパニオンア
　　　ニマル（伴侶動物）」家族の一員としてのペット
　(2) 社会的背景：少子高齢化、核家族化（【資料】図4参照）
　　　子どもが独立した後の喪失感や一人暮らしの寂しさを埋める精
　　　神的癒しまとめと今後の課題

【主な参考文献】
林良博(2001)『ペットは人間のお医者さん―共に暮らすための知恵と
実践』東京書籍
森裕司、奥野卓司（2008）『ペットと社会（ヒトと動物の関係学第3
巻）』岩波書店
横山章光(1996)『アニマル・セラピーとは何か』NHKブックス784　日
本放送出版協会

【資料】

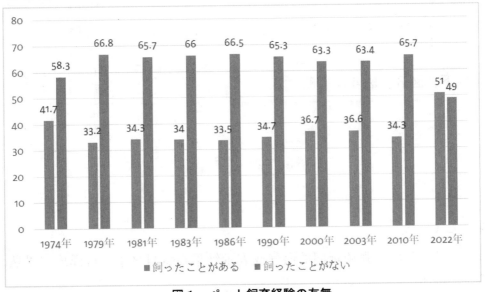

図1　ペット飼育経験の有無

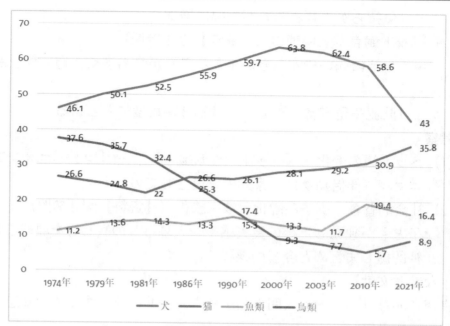

図2　ペット飼育の種類

表1　ペット飼育がよい理由（複数回答）

	2021年
生活に潤いや安らぎが生まれる	91%
家庭が和やかになる	72.3%
育てることが楽しい	66.8%
子どもたちが心豊かに育つ	16%
防犯や留守番に役立つ	7.1%

（以下、図3、図4は省略）

解説・語彙

1. 果たして

「果たして」強調疑問的語気或表示結果在意料之中，可译成"果然、果真"。例如：

(1) えー、日本では「ペットブーム」ということがマスコミで報じられるようになって久しいですが、**果たして**その実態はどうなっているのでしょうか。

(2) 大丈夫だと先生はおっしゃったが、**果たして**本当に合格できるのだろうか。

(3) このドラマの最終回は、**果たして**どうなるのだろうか。

2. あたかも

「あたかも」意为"好像、如同、宛如"，常用于「あたかも～ようだ」的句式，是书面语，较少用于口语。例如：

(1) 私自身は実際に調べてみるまでは**あたかも**ペットが急増してきているかのような印象を持っていましたが、この世論調査の結果を見る限りでは、著しい増加現象が見られるわけではないようです。

(2) 昨日の記者会見で、大臣は**あたかも**自分に責任がないかのように発言していた。

(3) この広告は、**あたかも**無料で携帯電話が買えるかのように読める。

3. ただ

「ただ」常用于口语，表示对前面的陈述做补充说明，首先肯定前面的内容，但后面所叙述的问题、条件等也不容忽视。例如：

(1) **ただ**、他の調査結果とあわせて考えると、大変緩やかではありますが、ペットを飼う人は80年代から現在にかけて増加傾向にあると言えそうです。

(2) この作業は単純だ。**ただ**、やたら時間がかかるんだ。

(3) この教科書は必ず売れるよ。**ただ**、新学期に刊行が間に合うかは、何とも言えない。

4. あたる

「あたる」在本课中是"查阅、查明、弄清"的意思。例如：

(1) 確か参考文献に欧米と日本の動物観の違いについて触れた箇所があったと思うので、それを読み直して他の先行研究にも**当たって**みたいと思います。

(2) 学生たちは分からない単語を日中辞典に**あたって**調べた。

(3) その本を買うなら、古本屋さんに何軒か**あたって**みるといいよ。

5. 与数值相关的表达方式

1）表示概数

a.「約」

「約」接在数量词前，意为"大约、大体"，多用于书面语或发言、演讲等正式场合。例如：

(1) 「防犯や留守番に役立つ」は**約**3割程度にとどまる。

(2) 家から会社までは車で**約**30分かかる。

(3) 地震などに備えて、小学校ごとに**約**1週間分の食料が蓄えられている。

b.「～程度」

「程度」接在数量词后，表示数量上的某一程度，可译成"……左右"。例如：

(1) 「防犯や留守番に役立つ」は約3割**程度**にとどまる。

(2) 1週間**程度**で退院できるが、全治するまでに3カ月かかる見込みだ。

(3) かつて国土の70％を覆っていた森林は現在20％**程度**になっているという。

c.「～台」

「台」接在数量词后，表示数量上的某一水平或范围。例如：

(1) 猫も常に20％**台**以上を維持し続けています。

(2) 当社はこの数年、400億円**台**の利益を出してきている。

d.「過半数」

「過半数」为不太确切的数量，意为"半数以上、超过半数"，表示占总体数量中的多数。例如：

(1) 「生活に潤いや安らぎが生まれる」が最も多く、**過半数**を占める。

(2) 議席の**過半数**を上回った労働党は、2期連続して政権を担当することになった。

(3) 製造業以外では連続休暇のない職場が**過半数**を占めるようだ。

2）対数値进行评价

A 表示"大"、"多"

a.「～に達する」

「～に達する」表示达到某一数值，带有强调达到较高数值的语气。例如：

(1) この図から、犬は常にトップであり続け、2000年には63.8%**に達して****いる**ことがわかります。

(2) この結果、日本側の負担は2500億円**に達し**、経費全体の35%を占めるまでになった。

(3) 貿易額は40億ドル**に達し**、投資も急増している。

b.「～を占める」

「～を占める」表示在总体数量中所占的比率，带有强调所占比率较大的语气。例如：

(1) 「生活に潤いや安らぎが生まれる」が最も多く、過半数**を占める**。

(2) 不動産業は従業員が4人以下の小規模企業が95%**を占めている**。

(3) 社長の支持がなければ、恐らくもっと厳しい意見が大勢**を占めた**でしょう。

B 表示"小"、"少"

a.「～にとどまる」

「～にとどまる」表示保持或停滞在较低数值上，带有强调数值低的语气。例如：

(1) 「防犯や留守番に役立つ」は約3割程度**にとどまる**。

(2) 昨年の実質GNP（実質国民総生産）の伸びは2.5%**にとどまった**。

(3) 一人あたりのエネルギー消費量は先進国の10分の1にとどまっている。

解説・文法

1. Nなり＜相应的状态、行为＞

意义：表示与某人、某物相符合的状态、行为，常常包含说话人认为该状态、行为有其不足之处这一语气。

译文：……式（的）；……样（的）

接续：指人名词或指示代词＋なり

说明：「Nなりに」做连用修饰语后续动词或形容词，「Nなりの」做连体修饰语后续名词。

(1) 最後にそれらの結果をもとに、私**なりに**考察してみたことをお話ししたいと思います。

(2) 学んだことを自分**なりに**まとめておかないと、なかなか覚えられない。

(3) 子どもには子ども**なりの**考えがあるということを理解してほしい。

(4) 高いツアーにはそれ**なりの**理由があるでしょう。

2. Vる/Vている/Vた限り（では）＜范围＞

意义：表示在自己的知识、经验范围之内进行判断。

译文：据……所见（所知、了解等）

接续：表示认知行为的动词（「見る、聞く、調べる」等）的连体形＋限り（では）

(1) この世論調査の結果を**見る限りでは**、著しい増加現象が見られるわけではないようです。

(2) 噂に**聞く限り**（では）、同級生の中では彼女が一番成功しているらしい。

(3) ニュースを見たり新聞を**読んだりしている限り**（では）、両国の情勢はまだ楽観できないようだ。

(4) 私が**調べた限り**（では）この２つの遺伝子には共通の特徴があるようだ。

3. Vたいところだが＜难以实现的愿望＞

意义： 表示虽然说话人主观上具有进行某动作的愿望，但客观上无法做到。

译文： 虽然很想……，但是……

接续： 动词表示愿望的形式「Vたい」＋ところだが

说明： 此句式主句的谓语多为非自主性的表达形式。

(1) もう少し**続けたいところ**ですが、時間ですね。

(2) できれば空気の良い郊外へ**引っ越したいところ**ですが、現実にはそうもいきません。

(3) 二人で会ったときはゆっくり**食事を楽しみたいところ**ですが、仕事が忙しくて、なかなかそうもできません。

(4) すべての祝電（しゅくでん）を**ご紹介したいところ**ですが、時間の都合上、以下はお名前のみご紹介させていただきます。

解説・会話

1. 口头发言的结构

口头发言与读书报告、课程论文基本相同，一般事先准备好材料发给与会者。口头发言的结构如下：

(1) 问候

① （みなさん、）おはようございます。

② こんにちは。

(2) 宣布开始

① それでは、始めたいと思います。

② それでは、始めます。

③ それでは、始めさせていただきます。

④ （司会者：○○さん、／先生）よろしくお願いします。

（3）介绍题目

① 今日は、日本人のペット観の変化について調べた結果をご報告したいと思います。
② 今日は～についてお話したいと思います。
③ 今日のテーマは～です。

（4）说明选择该题目的理由、动机以及该发言的目的

① えー、日本では「ペットブーム」ということがマスコミで報じられるようになって久しいですが、果たしてその実態はどうなっているのでしょうか。～を明らかにしたいと考え、このテーマを選びました。
② このテーマを選んだのは～からです。
③ なぜ、このテーマを取り上げたかというと、～からです。
④ ～、～。これらの点について明らかにしたいと考え、このテーマを取り上げました。

（5）介绍发言的主要内容和顺序

① では、世論調査の集計結果を用いて、～についてお話したいと思います。
② では今から、（～について調べた内容について、）～、～、～、の順にお話していきたいと思います。
③ 今日はまず～についてお話し、次に～、～、そして最後に～についてお話したいと思います。

（6）确认发言提纲等资料（此项也可以在（1）～（3）之后进行）

① お手元にレジュメと資料、ありますでしょうか。

（7）开始发言。一般按照提纲的顺序或（5）介绍的顺序发言。也可以先向大家提出问题，之后进入正题。

① それでは始めます。レジュメをご覧下さい。
② 皆さんは、～について普段どのようにお考えになっていますか。

（8）口头发言结尾部分的表达：进行归纳总结，宣布报告结束

① このように、～。

② 以上見てきましたように、～。

③ 以上、お話したことをまとめますと、～ということが言えると思います。

④ 今後は～についてももっと調べてみたいと思います。

⑤ 以上で発表を終わらせていただきます。

⑥ これで発表を終わります。

（9）提问、回答问题、讨论环节。如果有人提问，在回答问题之前，应首先向提问者表示感谢，说「（どうも）ありがとうございました」

① ぜひみなさんのご意見をお聞かせいただければありがたいと思います。

　　よろしくお願いいたします。（司会者：○○さん／先生ありがとうございました。それでは、ご質問のある方どうぞお願いいたします。）

② 何か、ご意見、ご質問があればお願いします。

（10）结束语

① それでは、以上で終わります。どうもありがとうございました。

② それでは、以上となります。ご清聴ありがとうございました。

在有主持人的情况下，一般（1）（2）（9）（10）各项由主持人执行。

2. 参考资料等的说明

对发给与会者的参考资料等进行说明时，可以使用如下表达方式。

（1）お手元のレジュメの図１をご覧ください。

（2）お配りした資料の２ページ目（の）表３をご覧ください。

（3）ここで、ちょっとスクリーンをご覧いただきたいと思います。

（4）これは～を示したものです。

（5）この表は～を表しています。

（6）この図から～がわかります。

（7）このグラフからわかるように、～。

（8）このことから～がうかがえます。

3. 有关变化的表达方式

话题中谈到的情况发生变化、时间发生推移时，可采用以下表达方式。

> (1) これまでVてきた・これからVていく
>
> (2) Vている
>
> (3) Vつつある・V傾向にある・V一方だ

表示大致的变化倾向时，还可使用以下表达方式：

徐々に／急速に〔上昇／増加、低下／減少〕する

大きく／著しく／やや／わずかに〔上昇／増加、低下／減少〕する

4. 发表自己的见解

（1）阐述个人的观点

> ① 個人的には〜と考えます
>
> ② 私自身は〜と思います
>
> ③ 私の調べた限りでは〜です

（2）论述以事实为依据得出的判断

> ① 以上のことから、この資料から考えると（表示依据等）
>
> ② 〜と言えます
>
> ③ 言えそうです
>
> ④ 考えられます
>
> ⑤ 〜ではないでしょうか
>
> ⑥ 思われます
>
> ⑦ 言えるのではないでしょうか

日语中常见到「〜だろう・ではないだろうか・だろうと思われる・と考えられる・と思われる」等表达方式，一般容易将其误解为缺乏自信的表达。实际上，这是一种提出见解的（自发性）表达，即：敦促听者一同进行考虑，主张其内容作为一般性结论得以成立。为此，论文或解说性文章中经常使用此种表达方式。

5. 客观地说明事实，或进行引用（cf. 上述 4 的陈述见解部分）

明确论据的来源非常重要，可以使所陈述的观点更加客观、更有说服力。表示引用时，可以使用以下表达方式。

> (1) ＜著者名／文献タイトル＞によれば、～。
>
> (2) ＜著者名／文献タイトル＞では、～。著者名1998（一般读作「いちきゅうきゅうはち」。也可读作「せんきゅうひゃくきゅうじゅうはち」）によると～。
>
> (3) （一般に）～と言われています。
>
> (4) ～とされています。
>
> (5) 多くの研究者の間で～と考えられているようです。

以下表达方式在第14课第二单元已学过。

> (6) ＜著者名（年号）＞は「～」と述べています。

6. 话题的转换要明确

转换话题时要尽量使用比较明确的表达方式，例如：

> (1) それでは、まず、～についてご説明したいと思います。
>
> (2) それでは、まず、～についてですが、～。
>
> (3) 次に、～についてお話したいと思います。
>
> (4) 今まで、～についてお話しましたが、～はどうでしょうか。そこで、次に～について見ていきたいと思います。
>
> (5) 最後に、～について簡単に触れたいと思います。

有时可以像（3）那样，为明确地表示论点而使用疑问句。

7. 提问和回答问题时所使用的表达方式

提问者和回答者都要使用敬语、敬体。

> (1) Q：～について、大変興味深いお話、どうもありがとうございました。／～さんのお話を聞いて、大変勉強になりました。
>
> 　　A：どうもありがとうございました。

　　　　提问者在谈完感想后，紧接着提问时，被提问者即发言人一般要轻轻点头致意。

> (2) Q：二つ質問があるんですが、まず、一つ目は〜。それからもう一つ
> 　　　は〜です。こちらについて、教えてください。
> 　　A：はい。まず、一つ目の点については〜。それから、二つ目のご質
> 　　　問については〜です。よろしいでしょうか。

当未能准确把握提问者的意图时，在回答之前一般要进行如下的确认。

> A：ご質問は、〜という点と〜という点でよろしいでしょうか。

下面是一些常见的提问和回答问题时所使用的表达方式。

> (3) Q：〜さんは〜について〜とおっしゃいましたが、このことについて
> 　　　もう少し詳しく説明していただけないでしょうか。
> 　　A：わかりました。まず、〜。
> (4) Q：レジュメの「3．〜」のお話のときに、〜とおっしゃいました
> 　　　が、これに対して〜という意見もあると思いますが、いかがでし
> 　　　ょうか。／〜については〜という考え方もあるかと思いますが、
> 　　　それについてはどうお考えになりますか。
> 　　A：そうですね、この点はまだよくわからない問題です。今後の課題
> 　　　とさせていただきます。ご質問、ありがとうございました。
> (5) Q：先ほど、ちょっと聞きもらしたのですが、レジュメの２につい
> 　　　て、〜さんは賛成でいらっしゃるのでしょうか。
> 　　A：そうですね、基本的には賛成です。ただ、他の問題の原因になり
> 　　　やすいので、慎重に考える必要があると思います。

練　習

A　内容確認

会話文について、次の質問に答えてください。

(1) 大山さんのゼミ発表のテーマは何ですか。

(2) 大山さんはなぜこの口頭発表をするのですか。

(3) 日本ではペットは近年急増しているといえますか。それはなぜですか。

(4) 大山さんはペットを飼う人が増えていることにはどのような理由が考えられると述べていますか。

(5) ペットの種類については、どのような変化が見られると述べていますか。

(6) それは、どのようなことが背景にあると大山さんは考えていますか。

(7) 大山さんは今後はどのような点にも触れながら分析をしたいと考えていますか。

(8) コンパニオンアニマルという言葉はどのような考え方を表していますか。

(9) 大山さんは質問に対し、十分に答えられない点がありました。それはどのような点についてですか。

(10)　(9) の点について、大山さんはどのように対処したいと考えていますか。

B　文法練習

1. 次の①②は（　）の中の言葉を正しい順番に並べてください。③は文を完成させてください。

(1) Nなり

① （自分・ペース・自分・なりに・の・楽しみ・で）

_____ながら続けていきたい。

② （は・なりに・あの子・自分・頑張っている）

_____から、温かく見守ってあげましょう。

③ 素人には素人なりの_____ がある。

(2) Vる/Vている/Vた　限りでは

① （の・では・限り・私・調べた）

_____、この学校には私と同じ名前の人が二人しかいない。

② （のは・が・限りでは・あの人・5年前だ・帰国した・確か）

私の覚えている_____。

③ 私の聞いた限りでは、_____。

(3) Vたいところだが

① （の・が・なので・レストラン・ぜひ・オープン・行きたい・今日）

　　　　新しい_____ところだが、混んでいるだろうと思ってあきらめた。

②（から・が・が・すぐ・ところ・本・届いた・注文した・読みたい・です）

　　　　_____、明日試験なので、我慢するしかありません。

③　母が病気で入院したと連絡があったから、_____たいところだが、交通手段がないので、明日の朝まで待たなければならない。

C　会話練習

1. ポイント：口頭発表の構成

モデル会話

（王さんのゼミ発表）

　おはようございます。それでは、始めさせていただきます。私のテーマは、「アジアのポップカルチャーにおける沖縄音楽」です。お手元のレジュメの１をご覧ください。このテーマを選んだ動機は、空手部の試合で沖縄に行ったときに、そこで実際に音楽が様々な人に根付いていることを知り、また、沖縄の音楽が中国だけでなく、アジア全体と深い関係にあることにも気づいたからです。

　では、レジュメの２に移ります。最初に沖縄音楽を聴いてください。（音楽を流す）次に中国の胡弓の楽曲です。（音楽を流す）今度はインドネシアの音楽です。（音楽を流す）〜耳で音楽がボーダーレスだということをご確認いただけたと思います。では、レジュメの３にまいります。資料の１をご覧ください。（資料を説明する）〜このように、沖縄の音楽は、古来日本だけでなく東アジア全体の音楽と関連付けて把握できることがわかります。（資料を説明する）〜以上より、沖縄の音楽は伝統的にアジアにおけるポップミュージックの発信源となっており、現在も発信し続けていることがわかると考えます。これからも、このテーマを研究したいと思います。

　以上で発表を終わります。

　ご質問がありましたら、よろしくお願いいたします。

　〜（質疑応答）ありがとうございました。

ここをおさえよう！

　上の王さんの発表の文は以下の構成のそれぞれどこに対応しますか。対応する文を書いてください。ただし、今回は短い発表なので省略したものもあります。

(1) 挨拶＿＿＿＿＿＿＿＿＿＿＿＿＿＿＿＿＿＿＿＿＿＿＿＿＿＿＿＿＿＿＿＿＿

(2) 発表開始＿＿＿＿＿＿＿＿＿＿＿＿＿＿＿＿＿＿＿＿＿＿＿＿＿＿＿＿＿＿＿

(3) テーマの紹介＿＿＿＿＿＿＿＿＿＿＿＿＿＿＿＿＿＿＿＿＿＿＿＿＿＿＿＿＿

(4) テーマを選んだ動機やねらい＿＿＿＿＿＿＿＿＿＿＿＿＿＿＿＿＿＿＿＿＿

(5) 発表の流れの説明＿＿＿＿＿＿＿＿＿＿＿＿＿＿＿＿＿＿＿＿＿＿＿＿＿＿

(6) 配布資料の確認＿＿＿＿＿＿＿＿＿＿＿＿＿＿＿＿＿＿＿＿＿＿＿＿＿＿＿

(7) 資料の参照を促し、説明する＿＿＿＿＿＿＿＿＿＿＿＿＿＿＿＿＿＿＿＿＿

(8) 発表の結論を述べる＿＿＿＿＿＿＿＿＿＿＿＿＿＿＿＿＿＿＿＿＿＿＿＿＿

(9) 今後の見通しなどを述べ、発表の終了を述べる＿＿＿＿＿＿＿＿＿＿＿＿＿

(10) 質疑応答を受け付ける＿＿＿＿＿＿＿＿＿＿＿＿＿＿＿＿＿＿＿＿＿＿＿＿

(11) 終わりの挨拶をする＿＿＿＿＿＿＿＿＿＿＿＿＿＿＿＿＿＿＿＿＿＿＿＿＿

2. ポイント：発表の際の様々な表現：意見の表明と事実の説明・引用を区別する

　「この世論調査の結果を見る限りでは、著しい増加現象が見られるわけではないようです。」

モデル会話

（王さんのゼミ発表より）

　以前、空手部の試合で沖縄に行ったのですが、沖縄では音楽が人々に根付いている様子を実際に見て、驚きました。また沖縄の音楽が中国だけでなく、アジア全体と深い関係にあると聞きました。この『沖縄の音楽と島唄』という本によると、沖縄の音楽は、古来日本だけでなく東アジア全体の音楽と関連付けて把握できるそうです。その現在の沖縄の音楽ですが、伝統音楽と現代音楽が交ざり合っていると聞いていましたが、実際に那覇国際大の部員の方々と交流して、本当にそう感じました。現在の沖縄の音楽がアジアにおけるポップミュージックの発信源の一つとなっていることは、この調査結果を見てもよくわかります。つまり、沖縄の音楽はアジアの音楽と伝統的に深い関係にあるとともに、現在も音楽を新たに発信し続けているということが言えそうです。

ここをおさえよう！

　上の王さんの発表のうち、王さんが実際に体験したり考えたことを（　）に入れ、他の人から聞いたり参考文献から引用したことを〈　〉に入れてください。

♣言ってみよう！

　例を参考に、次の断定の文を（　　）に合わせて、婉曲的な表現の文、資料を根拠とした客観的に推量したりした文、資料に基づいて伝聞情報であると述べる文、引用の文などへ変えてください。

例　このような誤解は文化の違いが原因である。

〈この本・考えられる〉→この本によると、このような誤解は文化の違いが原因だと考えられます。

（ニュース・そうだ）→ニュースによると、このような誤解は文化の違いが原因だそうです。

（新聞・書かれている）→新聞には、このような誤解は文化の違いが原因だと書かれています。

(1)　問題は都市の発展にある。（この資料・考えられる）→

(2)　このような現象は日本では決して珍しくない。（新聞・らしい）→

(3)　日本人は中華料理が大好きだ。（先週買った雑誌・みたいだ）→

(4)　首相の意見に賛成する人は少ない。（ネットニュース・そうだ）→

(5)　日本人は勤勉だ。（先生の話・らしい）→

(6)　お寿司は中国でもよく見られるようになった。（友人の話・そうだ）→

(7)　日本語から中国に入った漢語もたくさんある。（最近出た本・考えられる）→

(8)　中国では大学でも昼寝の習慣がある。（留学生から聞いた話・そうだ）→

(9)　日本の多くの大学生はアルバイトやボランティア活動をしている。（政府の調査結果・思われる）→

(10)　環境問題は、もはや１カ国だけの問題ではない。（今回の共同声明・考えられる）→

ユニット2　読解

説得力のある文章を書くために

　大学生になったからには、大学生にふさわしいレポートや論文を書く力を身に付けたいものである。レポートや論文は、説得力があることが必要である。では、説得力のある文章とはどのようなものだろうか。

　まず、言うまでもなく内容の質が重要である。主張そのものが明晰で、論理的に構成されているのはもとより、根拠や資料が信頼に値することが、説　5
得力のある文章の第一条件である。

　次に、こうした質が的確に言語化されている必要がある。たとえ主張と論理性、そして根拠が妥当なものであっても、誤読を招く表現が目立ったり、誤字脱字だらけだったりすれば、読み手に主張が正確に伝わらない。

　さらに、読み手の理解を得るために、読みやすさを備えていることが肝要　10
である。ただ強く主張すればよいというものではないし、かといって遠慮がちに述べれば効果があがるというものでもない。

　このように、説得力がある文章とは内容も言葉も読み手の理解と信頼が得られる文章のことにほかならない。従って、会話のように直接、顔を合わせるわけではないが、読み手とのコミュニケーションを意識することが肝要で　15
ある。

　では、具体的にどのような点に注意すればよいのか、読み手とのコミュニケーションという点に注目しながら、日本語の場合に限って考えてみよう。

1）必要以上の一方的な断定を避ける　20
　日本語は断定を避け、「だろう・ではないか・思われる・考えられる」などの曖昧な表現を好むと言われる。これは曖昧というより、実は読み手にも同様の推論を促し、確認し合い、共感を得る技法だと考える方が適切である。言語によっては、断定的に述べることが責任を持つ態度だと捉えられ、好感度が高い場合があろう。しかし日本語の場合は、明らかに読み手の未知　25
の情報を伝える場合を除けば、断定的な語り方は、読み手に一方的に情報を確かなものとして伝える態度であり、読み手と情報の共有を目指さないことも含意しやすい。その結果、語り手の意図に反し、聞き手の反発を招く可能性が生じる。

30

　　　例1　このような意見には賛成しない。
　　　例1'　このような意見には賛成しかねるのではなかろうか。

　　　例1に比べると、例1'語り手自身の「賛成できない」という意見を強く
35　主張しない代わりに、読み手にも推論を促し、共感を誘う表現となっている。
　る。

　　　2）むやみに話し言葉を挿入せず、文体を統一する
　　　学生によっては、文章の一部に丁寧体を挿入する傾向が見られる。これは
40　親しさを加えるという意図によるだけでなく、無意識に行っている場合も少
　なくない。こうした文章は日本語の母語話者から見ると、丁寧体の箇所に来
　たとたん、語り手が突然子どもになって語り始めたような、奇妙な印象を受
　ける。

45　　例2　魯迅は当時の社会をありのままに描いた。<u>この作品を初めて読んだ
　時、私はちょっと信じられなかったです</u>。しかし読み続けていくうちに、魯
　迅の願いが少しずつ見えてきたのである。

　　　この一言で文章全体が幼稚になり、せっかくの文章の真剣さが削がれる。
50

　　　3）重々しい文言や冗漫な説明を避ける
　　　中級後半になると、漢文調の荘重な文体で書かれているレポートが増える
　傾向が見られる。中には、内容に比して文体が重々しいあまり、違和感どこ
　ろか滑稽な印象すら与える場合がある。例えば、
55

　　　例3　これより魯迅によってものされた『故郷』という世界的に有名な作
　品を取り上げ、その主題に対する考察を深化させていこうではないか。

　　　上の例の「これより」「ものされた」「その主題に対する考察」「深化さ
60　せて」などは、大学生のレポートという点から見てふさわしくない。また、
　この場合の「いこうではないか」は演説の口調となっている。
　　　また、読み手に周知のこと、すなわち「魯迅によってものされた『故郷』
　という世界的に有名な作品」などの過剰な説明を、わざわざ加えるには及ば

ない。重要なのは課題と結論、そこに至る論理性であり、必要十分以外の情　65
報は多すぎないに越したことはない。上の文は、次のように修正すればより
適切である。

　　　例3' 以下、魯迅の『故郷』の主題とは何か、考察を進めたい。

　　4）適切に接続語を用いて、読み手に論理の流れを示す　　　　　　　　70
　学生のなかには、段落を改めたら接続語は不要になると考える者が、少な
くない。日本語の接続語は、読み手の推論や連想を視野に入れながら、次は
どの方向に論を進めるか読み手に示し、誘導するものであって、論理関係を
示すものに限らない。日本語話者は、たとえ改行しても、それだけでは読み
手への方向指示器とはならないと考えるわけである。例えば、　　　　　　75

　　例4　〜〜以上より、国民は将来に向けて、環境破壊とエネルギー確保の相
　　　　　関性に気づくべきである。
　　　　　多くの学生はこの問題の重要性に十分に気づいていない。今後は、
　　　　　学生を中心に、若者全体の意識を高める必要がある。　　　　　　80

　上の2段落目の文頭を
　　例4' しかしながら、多くの学生はこの問題の重要性に十分に気づいてい
　　　　　ないようである。今後は学生を中心に、若者全体の意識を高めてい
　　　　　く必要があろう。　　　　　　　　　　　　　　　　　　　　　　85
と接続語で始めると、文章の逆接関係が明確となる。さらに「ようだ」によ
り前提となる事情が読み手と共有されやすくなり、また「取り組んでいく」
と行動を実践に向けさせ、「あろう」と読み手の推論を求めることで、主張
がより補強される。
　　ただし、接続語の使い方を誤ると、次のように混乱を招く場合がある。　90

　　例5　〜以上、日本文学についてまとめてみた。
　　　　　さて、私は中古の文学について、次のような考えをもっている。
　　　　　中古の物語として有名なのは、『源氏物語』ではないかと思う。

　　　　　　　　　　　　　　　　　　　　　　　　　　　　　　　　　　95

上のように「さて」で段落が改まると、日本語話者はいよいよ本論に入っ

たと期待する。しかし、「中古の物語として有名なのは『源氏物語』だ」というあまりに当然の記述が続くため、肩すかしをくらったように感じる。これは、「さて」や「ところで」が単に話題の転換を表すだけでなく、本題に
100　入る意味も含むことによる。

　このように接続語による方向表示の適切さも、説得力を左右するわけである。

　5）剽窃は絶対に行わない
105　レポートや論文の準備に際して、私たちは必ず参考文献に当たる。その時に、探していた答えや良い考えが見つかり、その通りだと嬉しくなることもある。しかし、だからといって、その他人の言葉を無断で自分の文章に引用することは、絶対に許されないことである。引用箇所の出典を明記することが、書き手の誠実さの証明であるとともに、今や全世界共通の守るべきル
110　ールである。

　教師は学生のレポートに無断の切り貼り─通称「コピペ」─があるのを見るにつけ、情けない気持ちになる。教師は学生の「コピペ」には、即座に気づくものなのである。ある大学教員の話によると、「コピペ」がわかった段階で、そのレポートには合格を与えないという。出典を示さない引用は、書
115　き手が自分の信頼を失う、恥ずべき行為であることを、肝に銘じておくべきである。

　例6　山田（2010）によると、現在ベトナム人留学生の数が増加しているということである。
120　例7　この点については、「今後、小学校では英語よりも異文化教育が必要だ（鈴木2011）」という指摘があり、さらに議論を深める必要があろう。

おわりに
125　書いたものは、一晩おいて次の日、読み返すことが大事だ。夜中まで必死に書き続け、きちんと推敲したかしないかのうちに提出してしまうことは、非常に危険である。後悔のないよう、他人の文章を読むつもりで、冷静に推敲すべきである。

　文はひととなりである。読み手のためだけでなく、書き手自身のために 130
も、最後まで心を込めて、説得力のある文章を書いてほしいと願う次第であ
る。

解説・語彙

1. 招く

　　「招く」在本课中意为"招致、引起"，常见的短语有「誤解を招く」「混乱
を招く」「事故を招く」「危険を招く」等。例如：

> (1) たとえ主張と論理性、そして根拠が妥当なものであっても、誤読を招
> 　　 く表現が目立ったり、誤字脱字だらけだったりすれば、読み手に主張
> 　　 が正確には伝わらない。
> (2) 前回の回答が誤解を招いたようですので、もう一度ご返答させていた
> 　　 だきます。
> (3) 事故を招いたのは対応が遅れたためである。

2. 誘う

　　「誘う」在本课中意为"引起、引发、促使"，常见的短语有「感動を誘う」
「涙を誘う」「眠りを誘う」「眠気を誘う」「食欲を誘う」等。例如：

> (1) 例1に比べると、例1'は語り手自身の「賛成できない」という意見を
> 　　 強く主張しない代わりに、読み手にも推論を促し、共感を誘う表現と
> 　　 なっている。
> (2) この映画は、ラストの主人公の死で、多くの聴衆の涙を誘った。
> (3) こたつはほどよく眠気を誘ってくれます。

3. むやみに

　　「むやみに」意为"过度地、过分地、一个劲儿地（做某事）"。例如：

　　(1) **むやみに**話し言葉を挿入せず、文体を統一する。
　　(2) 住所や電話番号などの個人情報は、**むやみに**第三者に話さない方がよい。
　　(3) 地震が起きたら、**むやみに**外に出ないことが大切です。

解説・文法

1.　〜からには＜既然＞

意义：表示让步条件，意为既然处于某种状况下，就应当采取后句所述的态度、行为。

译文：既然……，就……

接续：动词的连体形或"名词＋である"＋からには

说明：主句常常为表示推测、建议、决心、愿望、义务等表达方式。

　　(1) 大学生になった**からには**、大学生にふさわしいレポートや論文を書く力を身に付けたいものである。
　　(2) 参加する**からには**、優勝を目指したい。
　　(3) 本人がそう言う**からには**、本当にそうなんだろう。
　　(4) 生きている**からには**、努力し続けなければならない。
　　(5) 社会人である**からには**、自分の行動に責任を持つべきだ。

2.　〜はもとより＜代表性事物＞

意义：用于举出有代表性的事项，意为该事项自不用说，还存在其他类似或程度更高的事项。

译文：……自不用说，……也……

接续：名词或名词化后的动词、形容词＋は＋もとより

说明：一般用作书面语。

　　(1) 主張そのものが明晰で、論理的に構成されているの**はもとより**、根拠や資料が信頼に値することが、説得力のある文章の、第一条件である。

(2) この店の料理は、味**はもとより**、店内の雰囲気までも満足のいくものだった。

(3) 事故でけがをしたため、歩くこと**はもとより**、立つことすらできなくなってしまった。

(4) バスや地下鉄に乗る際、ＩＣカードやアプリを利用すると、便利なの**はもとより**、割引もあるので得だ。

3. たとえ～ても＜让步＞

意义：表示假定的让步条件，意为即便如此，也不能改变后面所述的结论。

译文：即便……也……

接续：たとえ＋动词或形容词的第二连用形＋も

(1) **たとえ**主張と論理性、そして根拠が妥当なもの**であっても**、誤読を招く表現が目立ったり、誤字脱字だらけだったりすれば、読み手に主張が正確には伝わらない。

(2) **たとえ**周りに**反対されても**、やりたいことはやる。

(3) **たとえ**どんなに**つらくても**、自分で選んだ道だから、我慢するしかない。

(4) **たとえ**相手に**受け入れてもらえなくても**、告白して気持ちを伝えようと思っている。

4. Nだらけ＜遍布的状态＞

意义：表示某事物（多为贬义）的密集存在，在某个场所或范围内遍布该事物。

译文：净是……；满是……

接续：名词＋だらけ

(1) 誤字脱字**だらけ**だったりすれば、読み手に主張が正確には伝わらない。

(2) この辞書は間違い**だらけ**だ。

(3) テレビやパソコンの後ろが埃**だらけ**だった。

(4) 雨が降って泥**だらけ**になった道を2時間も歩いた。

5. 〜というものではない＜否定意見＞

意義： 对前面所述的一般性的意见、主张、想法等予以否定。

译文： 并不是……

接续： 简体句＋というものではない

说明： 也可以说「というものでもない」，语气相对委婉一些。

(1) ただ強く主張すればよい**というものではない**し、かといって遠慮がちに述べれば効果があがる**というものでもない**。

(2) 毎日何時間も勉強しているからといって、それで成績が良くな**るというものではない**。

(3) 何でもはっきり言えばいい**というものでもない**。

(4) 睡眠時間は長ければよい**というものではなく**、質の高い睡眠をとることが重要である。

6. かといって＜転折＞

意義： 表示转折，意为不能根据前句的叙述，就推测出后句的结果。后句一般为否定性的表达方式。

译文： 虽然这样说，但是……

接续： 句子＋かといって（＋句子）

(1) ただ強く主張すればよいというものではないし、**かといって**遠慮がちに述べれば効果があがるというものでもない。

(2) 私はスポーツが好きではない。**かといって**嫌いというわけでもない。

(3) 外食はお金がかかるし、**かといって**家でインスタントラーメンばかり食べるのも栄養面[营养方面]が心配だ。

(4) あの歌手のライブに行きたいとは思うけど、**かといって**一人で行くのも気が進まない。

7. 〜にほかならない＜强调别无他选的判断＞

意義： 用于强调别无他选的判断，即不是别的，正是该物。

译文： 正是……；无非是……

接续： 名词＋に＋ほかにならない

説明：「～から／ためにほかならない」的形式可用于表达"正是该原因造成了某一结果。"

> (1) このように、説得力がある文章とは内容も言葉も読み手の理解と信頼が得られる文章のことに**ほかならない**。
>
> (2) わずか1ヶ月でここまでできたのは、担当者のみなさんのおかげに**ほかならない**。
>
> (3) 先人の偉大さとは、はじめの一歩を踏み出した勇気に**ほかならない**。
>
> (4) 野生生物の数が減り続けているのは、私たち人間が彼らの暮らしやすい環境を奪っているからに**ほかならない**。

8. ～というより＜选择更合适的表达方式＞

意义： 表示与前项说法相比，后项的表达更为合适、贴切。

译文： 与其说……，不如说……

接续： 名词、形容词（Ⅱ类形容词一般为词干）及动词的简体形式＋というより

> (1) これは曖昧**というより**、実は読み手にも同様の推論を促し、確認し合い、共感を得る技法だと考える方が適切である。
>
> (2) ほとんどの人は、収入のため**というより**、働くことに生きがいを感じて入社するという。
>
> (3) 初勝利をあげた鈴木選手は試合後のインタビューで、「うれしい**というより**、ほっとした」と答えた。
>
> (4) 正月の前に、家族で餅つきをした。昔を懐かしんでいる**というより**、過去の思い出を取り戻したかったのだ。

9. Nによっては＜可能性＞

意义： 表示该事物的不同会带来后面叙述的不同情况。后句常用「ことがある」「かもしれない」等表达可能性的形式。

译文： 有的……会……

接续： 名词＋に＋よっては

> (1) 言語**によっては**、断定的に述べることが責任を持つ態度だと捉えられ、好感度が高い場合があろう。

（2）パソコンの修理代は、場合によっては10万円程度かかるケースもある。

（3）卵は人によっては控え<ruby>控<rt>ひか</rt></ruby>め［节制的］にしたほうがいい。

（4）明日は「晴れ時々曇り」で、ところによってはにわか雨があるかもしれません。

10. Nに反して＜违背＞

意义： 表示实际的结果与事先的意图、推测、预料、期待等相反或不同，后句叙述结果。

译文： 与……相反；与……不同

接续： 表示认知、情感的抽象名词（「意図、予想、予测、期待、希望」等）＋に＋反して

说明： 「Nに反し」为其书面语用法。修饰名词时用「N_1に反するN_2」或「N_1に反したN_2」的形式。

（1）その結果、語り手の意図に反し、聞き手の反発を招く可能性が生じる。

（2）今年も経済の専門家の予想に反して、景気は好転<ruby>好転<rt>こうてん</rt></ruby>しなかった。

（3）選挙は世論調査に反した結果となった。

（4）小さい頃からいくつもの習い事<ruby>習<rt>なら</rt></ruby>い<ruby>事<rt>ごと</rt></ruby>に通っていたが、親の期待に反して、何一つ長続きしなかった。

11. Vかねる＜困难＞

意义： 表示即使想做也因故难以做到某事。

译文： 难以……；不能……；无法……

接续： 动词第一连用形＋かねる

说明： 一般用于较正式的场合。

（1）このような意見には賛成しかねるのではなかろうか。

（2）その家族の苦しみを見かねて、手を差し伸べてくれる人がぼつぼつ現れ始めた。

（3）座席位置につきましてはご希望に沿いかねますので、予めご了承ください。

(4) 曜日、時間によっては、ご予約を**受けかねる**場合がございますので、ご了承くださいますようお願いいたします。

12. ～あまり＜程度高＞

意义： 表示由于程度过高而造成了后面不同寻常或消极的结果。

译文： 由于太……而……

接续： 动词、形容词的连体形或"表达状态或感情的名词＋の"＋あまり

(1) 中には、内容に比して文体が重々しい**あまり**、違和感どころか滑稽な印象すら与える場合がある。

(2) 事件解決を焦る**あまり**、警察側は必要な捜査を十分に行わなかった。

(3) 彼はアニメが好きな**あまり**、大学をやめて、アニメ業界に飛び込んだ。

(4) 先月は忙しさの**あまり**、体調を崩して入院していた。

(5) 生まれてきた娘を見た時、彼女はうれしさの**あまり**、涙をこぼした。

13. ～に越したことはない＜最佳方案＞

意义： 表示前述的事态是最佳选择。

译文： 最好……；没有比……更好的

接续： 动词、I类形容词的连体形或名词、II类形容词词干＋に＋越したことはない

(1) 重要なのは課題と結論、そこに至る論理性であり、必要十分以外な情報は多すぎない**に越したことはない**。

(2) チケットの予約は早い**に越したことはない**。

(3) 野菜や果物は新鮮なうちに食べる**に越したことはない**。

(4) 家賃は安い**に越したことはない**が、やはり通勤1時間以内のところに住みたい。

(5) 就職するにあたって、資格を持っている**に越したことはない**が、ないからといってマイナスになることもない。

14. ～に際して＜时间＞

意义： 表示在开始或进行某动作之时，发生了后叙的事态。

译文： ……的时候；……之际

接续： 动作性名词或动词连体形＋に際して

说明： 一般用作书面语。

> (1) レポートや論文の準備に**際して**、私たちは必ず参考文献に当たる。
>
> (2) 閉会に**際して**、講座主任の李先生から一言ご挨拶を頂きます。
>
> (3) 当ウェブサイトの利用に**際して**は、以下の利用規定をお読みください。
>
> (4) 就職活動を始める**に際して**最も大事なことは、自分が何をしたいのか、何ができるのか、何に向いているのか、などについてよく考えることである。

15. Ｖるにつけ＜每当＞

意义： 表示每当看到、听到或想到某事某物，就会由此引发后句所述的感情或思考。

译文： 一……，就……；每当……，就会……

接续： 表示思维、感受的动词（「見る、聞く、考える」等）的词典形＋につけ

> (1) 教師は学生のレポートに無断の切り貼り—通称「コピペ」—があるのを見る**につけ**、情けない気持ちになる。
>
> (2) 被災された人々のことを思う**につけ**、胸の痛みは治まらない。
>
> (3) 昔の写真を見る**につけ**、月日の流れというものを感じてしまう。
>
> (4) 幼い子供が殺されたり、傷つけられたりするニュースを聞く**につけ**、どうしてこんなにむごい[残酷]ことができるのか、腹が立ってしかたがない。

16. ～か～ないかのうちに＜前后动作＞

意义： 表示在前项动作发生的同时或之后，紧接着发生了后项的动作。

译文： 就在刚……的时候

接续： 动词的词典形或「た」形＋か＋同一动词的否定形＋かのうちに

说明： 后句一般为既成事实的叙述，不用命令、意图、否定等表达方式。

> (1) 夜中まで必死に書き続け、きちんと**推敲したかしないかのうち**に提出してしまうことは、非常に危険である。
>
> (2) 席に**座ったか座らないかのうち**に、列車は動き出した。
>
> (3) 開店の準備が**終わるか終らないかのうち**に、お客さんが殺到(さっとう)していった。
>
> (4) このパソコンは買って1ヶ月**も経つか経たないかのうち**に、故障してしまった。

17. Nを込めて＜凝聚＞

意义： 表示将该感情或愿望倾注、凝聚于某物或某动作。

译文： 凝聚……；饱含……

接续： 表达感情或愿望的名词＋を＋こめて（込めて）

说明： 修饰名词时可用「N₁をこめたN₂」，但更多用「N₁のこもったN₂」的形式。

> (1) 読み手のためだけでなく、書き手自身のためにも、最後まで心**を込めて**、説得力のある文章を書いてほしいと願う次第である。
>
> (2) 日頃の感謝**を込めて**両親に手紙を書いた。
>
> (3) 家族のために、母親は毎日愛情**を込めて**料理を作っている。
>
> (4) 卒業生たちは4年間お世話になった先生のために、心の**こもっ**たメッセージとプレゼントを用意した。

18. ～次第だ＜说明＞

意义： 用于说明理由或情况，意为事态自然而然发展至此。

接续： 动词的连体形＋次第だ

说明： 多用于较正式的场合。

> (1) 最後まで心を込めて、説得力のある文章を書いてほしいと願う**次第である**。
>
> (2) 今日は伝えなければならないことがあって、ここに来た**次第だ**。
>
> (3) このような所で皆様と一緒に仕事ができることを心から嬉しく、同時に、大変光栄に思っている**次第です**。

(4) 防災対策についてご研究されていらっしゃる佐藤先生に、ぜひ
ご講演をお願い致したくご連絡させていただいた**次第**でござい
ます。

練　習

A　内容確認

(1) レポートや論文の書き方として最も重要なことは何ですか。

(2) 説得力のある文章とはどんな文章ですか。

(3) レポートや論文を書く場合、どんなことが要点となりますか。

(4) 読み手とのコミュニケーションに注目した場合、具体的に注意すべきポイントはいくつありましたか。

(5) 中国語の場合、説得力のある文章とはどのようなものですか。

(6) 説得力のある文章を書くためにどうすべきか、まとめてみてください。

B　文法練習

1. 次の①②は（　）の中の言葉を正しい順番に並べてください。③は文を完成
させてください。

(1) 〜からには

　①（である・人間・からには）

　　＿＿＿＿＿＿＿＿＿＿＿＿＿＿＿＿＿＿完璧であり続けることなどは不可能だ。

　②（を・出したい・出場する・結果・からには）

　　＿＿＿＿＿＿＿＿＿＿＿＿＿＿＿＿＿＿＿＿＿＿＿＿＿＿＿＿＿＿＿＿＿。

　③ 北京に来たからには、＿＿＿＿＿＿＿＿＿＿＿＿＿＿＿＿＿＿＿＿＿。

(2) 〜はもとより

　①（は・では・日本・この小説・もとより）

　　＿＿＿＿＿＿＿＿＿＿＿＿＿＿＿＿＿＿＿＿、海外でも高く評価された。

　②（は・にも・デザイン・機能・もとより）

　　新製品は＿＿＿＿＿＿＿＿＿＿、＿＿＿＿＿＿＿＿＿＿こだわっている。

③ ご本人はもとより、＿＿＿＿＿＿＿＿＿＿もさまざまな不安を感じられる
　　ことでしょう。

(3) たとえ～ても

　① （が・たとえ・悪くなく・自分・ても）
　　＿＿＿＿＿＿＿＿＿＿＿＿＿＿＿＿、謝らなければならないときがある。

　② （相手・でも・たとえ・の・こと・冗談・傷つく）
　　＿＿＿＿＿＿＿＿＿＿、＿＿＿＿＿＿＿＿を言ってはいけない。

　③ たとえ離れていても、＿＿＿＿＿＿＿＿＿＿＿＿＿＿＿＿＿＿。

(4) Nだらけ

　① （は・あの・間違い・教科書・だらけで）
　　＿＿＿＿＿＿＿＿＿＿＿＿＿＿＿＿＿＿＿＿＿使えない。

　② （を・だらけ・パソコン・埃・開いて・みたら）
　　メモリー交換のため＿＿＿＿＿＿＿＿＿＿＿＿＿　でした。

　③ 世の中は＿＿＿＿＿＿＿＿＿＿＿＿＿＿＿＿＿だらけだ。

(5) ～というものではない

　① （が・いい・機能・多ければ・というものではない）
　　携帯電話は＿＿＿＿＿＿＿＿＿＿＿＿＿＿＿＿。

　② （で・でも・解決できる・お金・というものではありません）
　　どんなこと＿＿＿＿＿＿＿＿＿＿＿＿＿＿＿＿。

　③ 学歴が高いからと言って、＿＿＿＿＿＿＿というものでもない。

(6) かといって

　① （にも・かといって・気・勉強する・なりません）
　　試験が近くなると毎日落ち着きません。＿＿＿＿＿＿＿＿。

　② （捨てる・かといって・いかず・わけにも）
　　彼女がセーターを作ってくれた。小さすぎて着られないが、＿＿＿＿＿
　　＿＿＿＿＿＿、困っている。

　③ このところ、暇でもなく、かといって＿＿＿＿＿＿わけでもなく、中途
　　半端な日々が続　いています。

(7) 〜にほかならない

　　① （とは・にほかならない・成功・失敗・への・第一歩）

　　　　＿＿＿＿＿＿＿＿＿＿＿＿＿＿＿＿＿＿＿＿＿＿＿＿。

　　② （に・を・こと・相手の心・メッセージ・届ける・にほかならない）

　　　　コミュニケーションとは＿＿＿＿＿＿＿＿＿＿＿＿＿＿＿＿。

　　③ 彼の今日の成功を支えたのは＿＿＿＿＿＿＿＿＿＿にほかならない。

(8) 〜というより

　　① （うるさい・にぎやか・というより・くらい）

　　　　この町は＿＿＿＿＿＿＿＿＿＿＿＿＿＿＿＿＿＿＿＿なんだ。

　　② （は・というより・感じ・新幹線・飛んで・走る・ゆく）

　　　　ホームで見ていると、＿＿＿＿＿＿＿＿＿＿＿＿＿＿＿だ。

　　③ 彼は＿＿＿＿＿＿＿＿＿＿＿＿＿＿＿というより努力家だ。

(9) Nによっては

　　① （で・不動産屋・よっては・1日単位・に）

　　　　＿＿＿＿＿＿＿＿＿＿＿＿＿＿＿＿＿＿家を貸すところもある。

　　② （を・によっては・レストラン・許可・お酒の持ち込み・する）

　　　　＿＿＿＿＿＿＿＿＿＿、＿＿＿＿＿＿＿＿＿＿場合もある。

　　③ 場所によっては＿＿＿＿＿＿＿＿＿＿＿＿＿＿＿んですね。

(10) Nに反して

　　① （は・に反して・予想・円相場・上昇している）

　　　　＿＿＿＿＿＿＿＿＿＿＿＿＿＿＿＿＿＿＿＿＿＿＿。

　　② （は・に反して・あのキャラ・作者の意図・読者）

　　　　＿＿＿＿＿＿＿＿、＿＿＿＿＿＿＿＿に嫌われているようだ。

　　③ 中国チームは期待に反して＿＿＿＿＿＿＿＿＿＿＿＿＿＿＿。

(11) Vかねる

　　① （どうも・かねる・納得し）

　　　　メーカーの対応には＿＿＿＿＿＿＿＿＿＿＿＿＿＿＿ 。

　　② （に・かねている・どこ・決め・するか）

　　　　数社から内定をいただき、＿＿＿＿＿＿＿＿＿＿＿＿＿＿。

③ ＿＿＿＿＿についてはお答えいたしかねますので、ご了承ください。

(12) ～あまり
　　① （の・緊張・声・出なかった・あまり・が）

　　　　＿＿＿＿＿＿＿＿＿＿＿＿＿＿＿＿＿＿＿＿＿＿＿＿＿＿＿＿。

　　② （なかなか・心配・眠れなかった・の・あまり）

　　　　＿＿＿＿＿＿＿＿＿＿＿＿＿＿＿＿＿＿＿＿＿＿＿＿＿＿＿＿。

　　③ 退屈のあまり、＿＿＿＿＿＿＿＿＿＿＿＿＿＿＿＿＿＿＿＿＿＿。

(13) ～に越したことはない
　　① （に・が・安い・価格・越したことはない）
　　　　機能が同じなら、＿＿＿＿＿＿＿＿＿＿＿＿＿＿＿＿＿＿＿＿。
　　② （で・に・自分の目・確かめる・見て・越したことはない）

　　　　＿＿＿＿＿＿＿＿＿＿＿＿＿＿＿＿＿＿＿＿＿＿＿＿＿＿＿＿。
　　　③＿＿＿＿＿＿＿＿＿＿＿＿＿＿＿＿＿＿＿＿＿に越したことはない。

(14) ～に際して
　　① （に・は・ご契約・際して）
　　　　＿＿＿＿＿＿＿＿＿、内容をあらかじめご理解いただくことが大切です。
　　② （が・に際しては・いろいろな・引越し・手続き・必要となる）

　　　　＿＿＿＿＿＿＿＿＿＿＿＿＿＿＿＿＿＿＿＿＿＿＿＿＿＿＿ 。
　　③ ＿＿＿＿＿＿＿＿＿＿に際しては、本人確認を行いますので、必ず受験票
　　　を携帯してください。

(15) Vるにつけ
　　① （を・につけ・この写真・見る）
　　　　＿＿＿＿＿＿＿＿＿＿＿＿＿＿、当時のことが思い出されてならない。
　　② （の・のは・につけ・と思う・経つ・月日・早い）
　　　　＿＿＿＿＿＿＿＿＿＿＿＿＿＿、今という時の大切さを痛感します。
　　③ ＿＿＿＿＿＿＿＿＿＿＿＿＿＿＿＿＿＿につけ、嬉しい気分になる。

(16) ～か～ないかのうちに
　　① （の・しないか・ノック・するか・うちに）

_____ドアが開いた。

② （か・が・の・ベル・鳴り終わる・終わらないか・うちに）

_____、子どもたちは教室を飛び出した。

③ 一つの問題が解決するかしないかのうちに、_____。

(17) Nを込めて

① （を・心・歌った・込めて）

歌は苦手だが、_____。

② （の・を・感謝・気持ち・込めて）

_____ 、先生にお礼の手紙を書きました。

③ _____という願いをこめて、退院の日まで折鶴を折り
続けました。

(18) ～次第だ

① （に・として・日本・親善大使・来た・次第）

このたび日本政府の招きにより、_____です。

② （が・自分・勘違いしていた・気がついた・いろいろ・ことに）

資料を調べていくうちに、_____次第です。

③大雪のため、_____次第です。

C　発展練習

レポートを書こう

最近、あなたの興味があることは何ですか。調べてまとめてみましょう。

【ステップ1】テーマの決定と理由をメモする

最近興味を持ったことは何ですか。調べてみようと思うことを研究テーマに
しましょう。なぜそのテーマが良いと思うのか、選んだ理由やテーマの意義に
ついても考えて、カードに書いておきましょう。

【ステップ2】調べる方法をメモする

テーマにそって、本やインターネットを使って調べます。また、必要に応じ
て、インタビューやアンケート調査を行うこともあります。以下のようにメモ
しておきましょう。

○　【研究テーマ】　　　　　　　　　　虹

【はじめに】

　・私は空が好きだ。何か空に関係あるものを調べてみたいと思った。

　・インターネットに虹について載っていたので興味を持った。

　・虹について調べようと決めて調べてみた。

　・国によっては7いろとは思われていないらしい。

調べ方　①気象庁公式HP　自然科学事典から虹のでき方を調べる

　　　　②『銀河の道　虹の架け橋』大林良太郎著 1999．6 小学館

　　　　　『気象の不思議』山田博著　2001．3　東京大学出版局

　　　　　から虹の色について調べる。

資料が見つかったら、必要な情報をメモしておきましょう。→【ステップ5】

【ステップ3】調べた内容をメモしていく

　「カード：例」を参考に、調べたことを箇条書きで書き出しましょう。

　例：調べた内容1～3のメモ

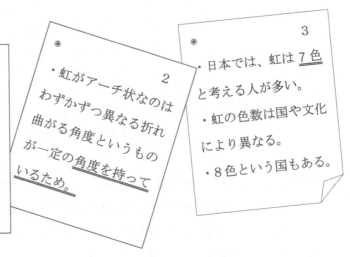

　　1
　・雨が上がった後にはたくさんの水滴が浮かんでいる。
　・空気中を通ってきた太陽の光がその水滴内部に進入するとき、進路が

　　2
　・虹がアーチ状なのはわずかずつ異なる折れ曲がる角度というものが一定の角度を持っているため。

　　3
　・日本では、虹は7色と考える人が多い。
　・虹の色数は国や文化により異なる。
　・8色という国もある。

【ステップ4】 まとめ：調べてわかったことや感想をメモしておく
　（例）

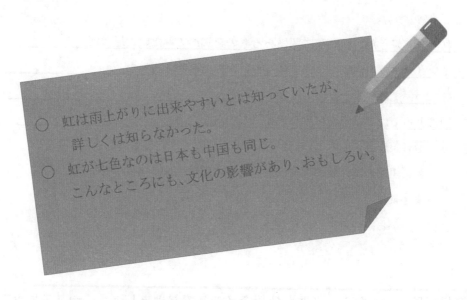

【ステップ5】 参考資料をメモする

　資料が見つかったら、メモしておきましょう。本なら刊行年、筆者名、書名、出版社名を、インターネットならＵＲＬを記しておきましょう。レポートを書く時に必要な情報となります。

> ○『銀河の道　虹の架け橋』
> 　　大林太良著
> ○　1996.9　小学館

例：私の研究レポート

研究テーマ「虹」

【ステップ1】 レポートでは「はじめに」として、テーマの決定と理由を述べる。その部分をどう書くかについて、書き出してみましょう。

　私は空が好きなので、何か空に関係あるものを調べたいと思った。**それで**インターネットを見てみた。**すると**、虹について載っていた。虹のことは詳しく知らなかったので、虹を調べようと決めて調べてみた。

【ステップ2】調べる方法

　まず、気象庁のホームページや自然科学事典を見て、虹のでき方について調べる。**次に**、専門書を読んで科学的には虹の色は何色ということになっているかを調べる。**その次に**何ヵ国かの留学生に簡単なアンケート調査を行い、虹を何色だと思うかについて意識調査をする。

【ステップ3】調べた内容

　雨が上がったあとには空気中にたくさんの水滴が浮かんでいる。そこに、水滴内部に空気中を通ってきた太陽の光が進入すると、進路が折れ曲がる。光は透明に見えるが、実際は色があり、わずかずつ異なる屈折角度がそれぞれ一定の角度を持っているために、アーチ状に見える。……

【ステップ4】アンケート調査の結果

国籍	回答者数	内訳					
		7色	6色	5色	4色	3色	その他
中国	4人	全員					
日本	5人	全員					
韓国	8人	7人		1人			
アメリカ	7人		2人	4人			無効回答1人
メキシコ	2人			2人			
……	……						

【ステップ5】調べたこと、分かったことを結論としてまとめる

　虹は雨上がりにできやすいとは知っていたが、詳しくは知らなかったので、水滴や屈折が関係あるとわかってよかった。また、虹は科学的には、赤、橙、黄、緑、青、藍、紫とされているそうだ。私自身も七色だと思っていたが、それはところによって異なることがわかって、面白いと思った……。

【ステップ6】参考資料

気象庁公式HP http://www.jma.go.jp/jma/

『自然科学事典』　科学社

『銀河の道　虹の架け橋』大林太良・著　1999.6　小学館

『気象の不思議』山田博著　2001．3　東京大学出版局

以上の例のような流れに従って、文章の構成を考えてみましょう。

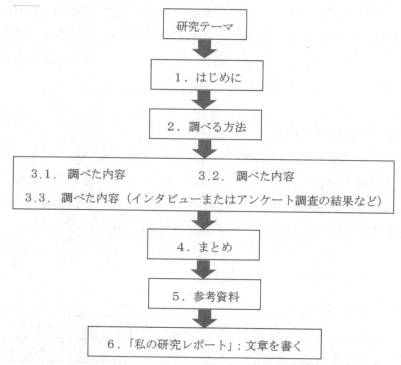

以上の構成ができたら、1〜4までを接続語や指示語を使って全体を構成し、「私の研究レポート」を仕上げましょう。最後に5の参考資料を必ずつけてください。

例

私は空が好きなので、何か空に関係あるものを調べたいと思った。

それでインターネットを見てみた。**すると**、虹について載っていた。虹のことは詳しく知らなかった**ので**、虹を調べようと決めて調べてみた。

まず、気象庁のホームページや自然科学事典を見て、虹のでき方について調べる。**次に**、専門書を読んで科学的には虹の色が何色と説明しているかをいうことになっているか調べる。**その次に**何ヵ国かの留学生に簡単なアンケート調査を行い、虹を何色だと思うかという意識調査をする。

雨が上がったあとには空気中にたくさんの水滴が浮かんでいる。そこに、水滴内部に空気中を通ってきた太陽の光が進入する**と**、進路が折れ曲がる。光は透明に見える**が**、実際は色があり、わずかずつ異なる折れ曲がる角度が一定の角度を持っているために、アーチ状に見える。……

虹は雨上がりにできやすいとは知っていた**が**、詳しくは知らなかったの

で、水滴や屈折が関係あるとわかってよかった。

　また、虹は参考資料によると、科学的には、赤、橙、黄、緑、青、藍、紫とされている。私自身も七色だと思っていた**が**、それは国や文化によって異なることがわかって、面白いと思った……。

参考資料：1999大林良太郎
『銀河の道　虹の架け橋』小学館
2001山田博『気象の不思議』　東京大学出版局
気象庁公式HP http://www.jma.go.jp/jma/

【ステップ7】上の例を参考にして、カードをつないで、文章に構成してみましょう。

日本的大学

　　日本建校最早的大学是东京大学，江户时期幕府创办的"开成所（教授西学的学校）"和"医学所"是它的前身，1877年两校合并成为东京大学。此后直到1949年，日本先后成立了京都大学、东北大学、九州大学、北海道大学、大阪大学、名古屋大学等国立综合大学。截至2022年，日本共有国立大学86所，除上述大学外，还包括一桥大学、东京工业大学、东京外国语大学、大阪外国语大学、筑波大学、御茶水女子大学、奈良女子大学、东京艺术大学等知名大学。

　　公立大学（地方政府建立的大学）共有101所，其中著名的有东京都立大学、大阪市立大学等。数量最多的还是私立大学，共620所，其中名气最大的早稻田大学和庆应义塾大学被称为"私立大学之双璧（私学の双璧）"。私立大学中属于基督教系的大学有同志社大学、立教大学、上智大学、关西学院大学、神户女学院大学、青山学院大学、国际基督教大学等。

　　除了上述807所大学，还有309所短期大学（相当于中国的大专），其中公立短大14所、私立短大295所。日本大学的在校生中，本科生263.2万人，研究生26.2万人（包括硕士生和博士生），此外还有9.5万的短大生。全国大学、短大的正式教员共19.7万人，非正式（无编制）教员约21.5万人。

　　自90年代以来，大学评价成了日本高等教育改革最重要的内容之一。大学

239

评价又可分为排名和非排名两种，其中大学排名经常成为全社会关注的焦点，也是高等教育界内部纷争不已的话题之一。目前日本有许多大学排行榜，其中最有名的是朝日新闻社推出的《大学排行榜》，在报刊上不仅刊出有关大学排名的简要介绍，而且汇编成书，在每年的4、5月份出版，主要供下一年的考生参考，因此2019年出版的书被称为"2020年版"。我们来看一下朝日新闻社2020年版《大学排行榜》中日本大学综合排名的情况。

一、由大学校长投票选出的在教育和科研改革方面最引人注目的前五所大学：1.京都大学，2.金泽工业大学，3.东京工业大学，4.国际教养大学，5.东京大学；

二、由企业主管投票选出的社会作用最大的前五所大学：1.东京大学，2.京都大学，3.早稻田大学，4.近畿大学，5.庆应义塾大学。

（数据来源：文部科学省「学校基本調査」「高等教育機関《報告書掲載集計》」〈2022年度〉、朝日新聞出版『2020大学ランキング』）

第9課　コミュニケーション新時代

ユニット1　会話

(1) 買い物の場面で使われる改まった表現を理解することができる。

(2) 交渉で使われるいろいろな条件表現を使いこなすことができる。

(3) 話し言葉特有の感嘆表現を理解して使いこなすことができる。

(4) ディベートにおいて論理的かつ効果的に賛成または反対を主張することができる。

ユニット2　読解

(1) 賛成または反対の意見を論理的に書くことができる。

⭐ コミュニケーションを相手とのキャッチボールだとイメージしてみましょう。最近、うまくできたと思うキャッチボールはありますか。うまくできたのはなぜだと思いますか。

⭐ あなたが最近いちばんよく使うコミュニケーションの手段は何ですか。

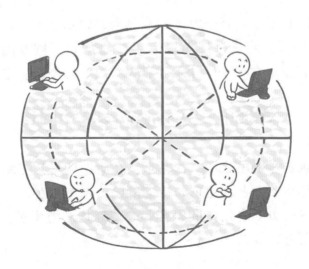

ユニット1　会話

帰国準備

（電器店で。王が友人たちとともにパソコンを買いに来ている。）

店員：いらっしゃいませ。ノートパソコンをお探しですか。

王　：ええ、もうすぐ北京に帰るので、向こうでも使えるのがほしいんです。

店員：それでしたら、ご希望をお申し付けいただければアドバイスさせていただきますが。

王　：えーと、できればA4サイズで、軽くて画面が鮮やかで、音質がいいのがいいんですけど、そんなのあるかなあ……。

店員：ございますよ。そうですね、こちらはいかがでしょうか。

王　：あ、これは僕も考えてたんだ……。これ、いくらになりますか。

店員：今なら、セール価格でお安くなりますので……、（電卓を叩く）ずばり、これでいかがでしょうか。

王　：うーん、結構するもんですね。これじゃあ、手が出ないなあ。

店員：それでは、ご予算に応じてほかのメーカーさんのものもご紹介いたしますので、まずはご予算をお聞かせ願えますか。

王　：じゃあ、これぐらいで……（電卓を叩く）

店員：かしこまりました。それでは、こちらはいかがでしょう。
　　　（ほかのメーカーの陳列棚へ移動する）
　　　こちらのメーカーさんのは軽さと使いやすさで、老若男女を問わず人気です。

朴　：この値段にしてはスピーカーの音質もいいんじゃない？

王　：わりと軽いし、おまけに値段も手ごろだし、掘り出し物かも……。決めちゃおうかな……。よし、決めた！　じゃあ、これをお願いします。

店員：ありがとうございます。それでは在庫を見てまいります。

（店員が戻ってくる）

店員：誠に申し訳ございません。こちら、在庫を切らしておりまして……。

王　：ええっ。じゃあ、どれぐらい待てばいいんですか。

店員：それが、メーカーさんに問い合わせてみたんですが、あいにく、もう生産中止だということでして……。

王　　：ということは、いくら待っても手に入らないってことですね。

店員：大変申し訳ございません。一つ古いモデルでよろしければ在庫もございますし、大幅にお値引きできるんですが……。

朴　　：それじゃ、せっかくここまで来た意味がないじゃない。

王　　：じゃあ、最初に見せてもらったほうは在庫があるんですか。

店員：はい、あちらはございます。

マイク：じゃあ、あちらをこの値段にしてもらえたら、話は早いですね。

店員：えっ、そうおっしゃられても……。

チャリヤー：どこのメーカーでも売れればいいんじゃないですか。

店員：確かにそうなんですが、メーカー希望小売価格が違いますので……。

王　　：じゃあ、支払いは現金にします。それならどうですか。

店員：うーん……。そうですねえ……。店長に相談してみませんと……。

マイク：王さん、時間がもったいないよ。無理ならさっさとほかに行こう。

店員：分かりました。お客様には負けました。今回だけ大サービスです！

王　　：本当ですか！

チャリヤー：やったー！　王さん、よかったわね！

店員：ありがとうございます。ご帰国後、何かございましたら私どもの北京支社のほうでも承っておりますので、ご利用くださいませ。それではお会計へご案内いたします。

（買い物のあと）

王　　：はあ、疲れた。でも、おかげで希望通りのがゲットできたよ。

マイク：よかったね。でも、なんでこんなに高性能のパソコンを買ったの？

王　　：よくぞ聞いてくれました。実は僕、動画編集を本格的にやってみたいんだ。いろんなSNSを使って、どんどん中国のことを世界に発信したくなってね。

マイク：そっか。でも、それって、難しくない？　専門知識も要るだろうし。

王　　：たぶんね。でもこれからの時代、情報発信はマスじゃなくて個人、コ

ミュニケーションの方向は単方向じゃなくて双方向が主流になると思うんだ。僕、それを自分でやってみたいんだよ。

マイク：でも、それにはかなりお金もかかるんじゃないかなあ。

王　　：まあ、何事もやってみないことには分からないじゃない。物は試しで、とにかくトライしてみるよ。

朴　　：面白そうじゃない。できたら僕のサイトと相互リンクしようよ。

王　　：オッケー。よーし、がんばっていいサイトを作るぞ！

チャリヤー：きゃー、王さん、素敵！

マイク：きゃー、王さん、素敵！（皆笑う）

解説・語彙

1. ずばり（と）

「ずばり」在本课中是"不拐弯抹角，直接说"的意思，通常可译成"直截了当，直言不讳，开门见山，一语道破，一针见血，击中要害"等。在本课中，「ずばり」的用法近似于叹词，而当其作副词使用时，多为「ずばりと」的形式。例如：

(1) **ずばり**、これでいかがでしょうか。

(2) 女の人に向かって、歳を**ずばりと**聞いてはだめよ。

(3) 孫さんの文章は、日本人への注文を**ずばりと**述べている。

(4) 予想が**ずばり**当たって、テストは満点だった。

2. 結構する

这是嫌价钱高的委婉的说法，类似的说法还有「いい値段ですね」等。例如：

(1) うーん、**結構する**もんですね。これじゃあ、手が出ないなあ。

3. 手が出ない

「手が出ない」表示"超出自己的能力，无计可施"，在本课中指"价钱超出自己的预算，买不起"。例如：

(1) うーん、結構するもんですね。これじゃあ、**手が出ない**なあ。

(2) いくら安くなったとはいえ、一戸建ての家は我々にはとても**手が出ない**。

(3) この服はデザインも色も素敵だが、高くて**手が出ない**。

4. サービス

「サービス」指商家免费赠送给顾客的赠品，例如餐厅里免费赠送的餐后甜点、水果等。在本课中指电器商店在价钱上为顾客进行了很大优惠。例如：

(1) お客様には負けました。今回だけ**大サービス**です！

(2) え、本体だけで10万円もするの？付属品は**サービス**してくださいよ。

此外，「サービス」还可指商家的服务质量、服务态度等。

(3) このホテルは高いだけあって、部屋も**サービス**も素晴らしいですね。

5. よくぞ

「よくぞ」表示说话人在充分认识到事物难度的基础上，对事物的完成进行评价或赞赏，多用于赞扬他人的行为，可译成"终于……，真好，真不错"。例如：

(1) **よくぞ**聞いてくれました。

(2) こんな大仕事を**よくぞ**一人でやりとげたもんだね。

(3) そうか、この仕事を引き受けてくれるか……。**よくぞ**決心してくれた、ありがとう、ありがとう。

6. 物は試し

「物は試し」是一个惯用语，可译成"事情要敢于尝试，凡事都要试一试"。例如：

(1) **物は試し**で、とにかくトライしてみるよ。

(2) **物は試し**だ。ひとつやってみるか。

7. とにかく

「とにかく」表示暂不考虑其他因素而采取行动或做出判断，可译成"不管怎么说、无论怎样、暂且、姑且、反正"。例如：

> （1）物は試しで、**とにかく**トライしてみるよ。
>
> （2）Ａ：明日の会議の時間は社長の都合によっては、変更の可能性もありそうです。
>
> 　　　Ｂ：**とにかく**今日中に準備しておかなくてはね。
>
> （3）気分が沈んだときはあれこれ考えないで、**とにかく**体を動かしてみることだ。

8. 外来語＋する

一些外来词加上「する」可做动词使用，如本课出现的「アドバイス（advise）する、ゲット（get）する、トライ（try）する、リンク（link）する」等。例如：

> （1）それでしたら、ご希望をお申し付けいただければ**アドバイスさせていただきます**が。
>
> （2）でも、おかげさまで希望通りのが**ゲット**できたよ。
>
> （3）物は試しで、とにかく**トライしてみる**よ。
>
> （4）できたら僕のサイトと相互**リンクしよう**よ。

解説・文法

1. お／ごＶ願う＜请求＞

意义： 尊他语，用于说话人请求对方做某事。

译文： 请您……

接续： 和语动词（Ⅰ・Ⅱ类动词）→ お＋动词的第一连用形＋願う

　　　　汉语动词（Ⅲ类动词「〜する」）→ ご＋动词词干＋願う

说明： 「お／ごＶ願えますか」及「お／ごＶ願えませんか」是以疑问句的形式表达更加委婉的请求。

(1) まずはご予算を**お聞かせ願え**ますか。

(2) お手数ですが、ご都合のよろしい日時を**お知らせ願い**ます。

(3) お車でお越しの方は飲酒を**ご遠慮願い**ます。

(4) ファッションに関するアンケートに**ご協力願え**ませんか。

2. ～にしては＜判断的前提＞

意义：表示以该事物或事项为前提进行判断的话，可以得出后句表达的结论，多表示现实情况与根据一般常理进行的推测之间存在差距。后句为说话人的评价、判断，带有意外、惊讶的语气。

译文：（以……看）的话，……

接续：名词／动词的简体形式＋にしては

(1) この値段**にしては**スピーカーの音質もいいんじゃない。

(2) あの人は大学生**にしては**言うことが幼稚だと思う。

(3) この部屋は子供が一緒に遊ぶ**にしては**狭過ぎる。

(4) 初めて一人で作った**にしては**上手にできたんじゃないか。

☞ 「～にしては」与第3册第1课学过的「～わりに（は）」表达意义相近，但二者有以下不同：「～にしては」中的「～」为前提，而「～わりに（は）」中的「～」一般表示程度，所以在下面的例（5）中，虽然二者都可使用，但如果说话人对对方是否为外国人并不知情，则只能使用「にしては」；当「～」为「年齢、成績、身長、性能、サイズ、高さ、長さ」等表示尺度的名词时，要用「～わりに（は）」，而不能用「～にしては」，如例（6）；相反，当「～」为特定的人或具体的数字时，要用「～にしては」，而不宜用「～わりに（は）」，如例（7）；「～わりに（は）」可以前接形容词，「～にしては」则不能，如例（8）。

(5) 外国人 {○**にしては**　○**のわりには**} 日本語が上手だ。

(6) 彼女は歳の {×**にしては**　○**わりには**} 若く見える。

(7) あの人 {○**にしては**　×**のわりには**} 珍しいミスだ。

(8) 安い {×**にしては**　○**わりには**} おいしい。

3. おまけに＜累加＞

意义： 用于句中，表示在前面所述事项的基础上，再添加一个同类事项。该事项多为非自主的、消极的。

译文： 再加上……

说明： 与「そのうえ」同义，但一般用于口语。

> （1）わりと軽いし、**おまけに**値段も手ごろだし、掘り出し物かも……。
>
> （2）今日はとても寒くて、**おまけに**風も強く、まるで冬みたいな天気だった。
>
> （3）今朝は頭痛がひどく、**おまけに**熱まで出てきて、起きようとしても起きられなかった。
>
> （4）初めての海外旅行は台風の影響で連日雨、**おまけに**地震まで体験した。

4. V₁ないことにはV₂ない＜必要条件＞

意义： 表示如果不进行V₁的动作，V₂就不能实现，即V₁是V₂成立的必要条件。

译文： 不……的话，就不……

说明： 与第3课第1单元学过的句式「V₁ずにはV₂ない」意义相同。V₂一般为可能动词或非自主动词，也可以替换为「Nが（は）ない」「無理だ」等否定意义的表达方式。

> （1）まあ、何事も**やってみないことには**わからないじゃない。
>
> （2）数学が必修なので、これに**通らないことには**卒業**できない**。
>
> （3）本を買っても、**読まないことには**意味が**ない**。
>
> （4）**挑戦しないことには**、何事も**始まらない**。

解説・会話

1. 服务行业用语

服务行业的人在与顾客打交道时大多使用尊他语和自谦语，在附和时也使用

「さようでございますか」等表达形式。「～でございます」这种表达方式与一般的会话相比，礼貌客气程度比较高，在服务行业中使用频繁。

另外，在询问顾客的意向时，不使用直接的疑问形式「～ですか」，而是使用「でしょうか」这种自问自答式的委婉的表达方式。当主动提出为顾客做某事时，不使用「～して（さし）あげます」，而使用「～いたしますが……/～しましょうか/～させていただきます」等。在向顾客提建议时，不太使用「～するといいです」，一般多用「～がよいかと存じますが……」「こちらが一番のお勧めとなっておりますが……」等。总之一般采用更客气的表达。

此外还可以看到这样一种倾向：店员一般是根据顾客提出的条件进行应对，或委婉地提出请求，因此条件句的使用频率较高。（详见本课的「解説・会話2」）。

1）主动问候。

(1) 店員：いらっしゃいませ。

2）表示愿意为顾客服务。

(1) それでしたら、ご希望をお申し付けいただければアドバイスさせていただきますが。
(2) よろしければ、お伺いいたしますが……。
(3) 何かございましたら、お手伝いいたしますが……。
(4) お決まりでしたら、お伺いいたしますが……。

3）询问顾客想购买的商品。

(1) ノートパソコンをお探しですか。
(2) どのようなもの／どういったお品物をお探しですか。
(3) 何かお探しのものはございますか。
(4) ～をお探しでいらっしゃいますか。

4）询问顾客的预算或希望购买的品牌、型号等。

(1) まずはご予算をお聞かせ願えますか。
(2) お客様、失礼ですが、ご予算はいかほどでしょうか。
(3) ご希望のモデルなどはございますか。
(4) 特にご希望のメーカーなど、ございますか。

在电器商店等，经常将预算金额打在计算器上进行交涉。

5）介绍商品时夸奖商品的优点。

（1）こちらのメーカーさんのは軽さと使いやすさで、老若男女を問わず人気です。

（2）こちらが一番のお勧めの商品となっておりますが。

（3）今回のバーゲンセールでは、こちらがお買い得となっておりまして……。

（4）今回の目玉商品はこちらです。

（5）これは、一番人気のお品物でございまして……。

（6）デザイン／機能／耐久性でしたら、こちらが最高かと存じます。

6）推荐某一商品。

（1）それでは、こちらはいかがでしょう。

（2）こちらは当店の目玉商品となっておりますが、いかがでしょうか。かなりお買い得ですよ。

（3）それでしたら、こちらはいかがですか／いかがでしょうか。

（4）こちらはお勧めの商品となっております。

7）进行应对。

（1）かしこまりました。

（2）在庫を見てまいります。

（3）誠に申し訳ございません。こちら、在庫を切らしておりまして……。

（4）さようでございますか。

（5）承知いたしました。

8）当顾客决定购买时，要表示感谢，协助顾客交款。

（1）それではお会計へご案内いたします。

（2）毎度ありがとうございます。それでは、お会計をさせていただきます。

9）即使顾客未购买商品，售货员也要表示感谢。

（1）申し訳ございませんでした。またのご来店をお待ちしております。ありがとうございました。

(2) 在庫を切らしておりまして、申し訳ございませんでした。ご来店、ありがとうございました。

10）对商品的售后服务进行说明。

(1) ご帰国後、何かございましたら私どもの北京支社のほうでも承っておりますのでご利用くださいませ。

(2) こちらが保証書となっております。故障の際は、こちらをお持ち願います。

(3) 何かお気づきの点がございましたら、何なりと私どもの方までお申し付けください。

2. 交易时多用条件句

交易的性质决定了所使用的语言形式多为条件句。其中常见的是表面上对方受益、实际上以说话人自己获益为目的的表达，或使用明确追求说话人受益的条件句。

1）「ば」「たら」「なら」条件句的从句表示听话人的行为或意向，说话人通过陈述听话人进行该行为或者具有该意向就能够得到满意的结果，藉此促使听话人实施对其自身有利的行为。有时看上去是听话人获益，实际上是说话人在谋求自身的利益。这种条件句是一种委婉的建议或要求的表达方式。

(1) 店員：それでしたら、**ご希望をお申し付けいただければ**アドバイスさせていただきますが。

(2) 店員：大変申し訳ございません。一つ古いモデルで**よろしければ**在庫もございますし、大幅にお値引きできるんですが……。

2）当条件从句表示对听话人有利的情况，其能否实现取决于说话人的行为、意向时，说话人主张自己在按照听话人的意向实施该行为。实际上它也用于表达结果对说话人更加有利的场合。

(1) チャリヤー：どこのメーカーでも**売れれば**いいんじゃないですか。

(2) 王：じゃあ、支払いは現金にします。それ**なら**どうですか。

3）当条件从句表示对说话人有利的听话人的行为、意向，而且其结果也对听话人有利时，说话人为达到目的，强烈要求听话人实施该行为，以满足其条件。这是交易时顾客使用的表达方式。

　(1) マイク：じゃあ、あちらをこの値段に**して**もらえたら話は早いです
　ね。

3. 表达说话人感情的各种感叹句

　　1）表示说话人对某一事物的感叹、惊讶（多为以「あ」「お」音节开头的叹词）。例如：

　　あ（あ）っ、わあ、きゃー、おー、おやおや

　　其中，「きゃー」一般多为女性或儿童使用。「おー」「おやおや」多为男性使用。

　(1) チャリヤー：**きゃー**、王さん、素敵！

　　2）表示对听话人言行的惊讶（多为以「え」「そ」音节开头的叹词）。例如：
　　えっ、ええ？、へえ、そう？、そんな……。

　(1) 王　：**ええ**っ。じゃあ、どれぐらい待てばいいんですか。
　(2) 店員：**えっ**、そうおっしゃられましても……。　（此处为被动用法，需
　　　　　　要注意。）

　　3）表示为难、愤怒（多为以「う」音节开头的叹词）。例如：
　　うーん

　(1) 王　：**うーん**、結構するもんですね。これじゃあ、手が出ないなあ。
　(2) 店員：**うーん**……。そうですねえ……。店長に相談してみませんと
　　　　　　……。

　　4）表示疲劳、浑身无力（多为以「あ」「は」音节开头的叹词）。例如：
　　ああ、はあ、やれやれ

　(1) 王：**はあ**、疲れた。でもおかげさまで希望通りのがゲットできたよ。

　　5）表示决心。例如：

　(1) 王：決めちゃおうかな……**よし**、決めた！　じゃあ、これをお願いし
　　　　　ます。
　(2) 王：オッケー。**よーし**、がんばっていいサイトを作るぞ！

練　習

A　内容確認

(1)　王さんはどんなパソコンを探していましたか。

(2)　王さんは最初に勧められた時にすぐにパソコンを買いませんでしたが、どうしてですか。

(3)　店員が次に勧めたパソコンはどんなパソコンでしたか。

(4)　王さんはそのパソコンを勧められた時にすぐに買いませんでしたが、どうしてですか。

(5)　結局、王さんはどのパソコンを買いましたか。正しいほうを選んでください。

（最初に店員が勧めたパソコン／二番目に店員が勧めたパソコン）を、
（最初に店員が勧めたパソコン／二番目に店員が勧めたパソコン）と同じ
値段で、（カード／現金）で買った。

(6)　下の（　　　）に入る表現を、本文の会話の中から選んで入れてください。

> 王さんは友だちと一緒にパソコンを買いに行ったが、目当てのパソコンの一つは高かったので（　　　　　　　　）が出なかった。そこで、店員は値段が（　　　　　　）な別のメーカーのパソコンを紹介した。そのパソコンは、その店の（　　　　　　　）商品で、軽量で、カメラもついていた。王さんは、思わぬ（　　　　　）物を紹介してもらい、すぐにそのパソコンを買うことにしたが、あいにく（　　　　　　）が切れていた。
> 交渉の末、王さんは目当てのパソコンを大幅に（　　　　　　　）してもらい、買うことができた。

(7)　王さんは、どうして高性能のパソコンを買いたかったのですか。

(8)　これからの時代、コミュニケーションはどのようになるだろうと王さんは言っていましたか。

(9)　王さん、朴さん、チャリヤーさん、マイクさんの中で、既にホームページを持っているのは誰ですか。

B　文法練習

1. 次の①～③はa～dの正しいほうを選んでください。④は文を完成させてください。

(1) お／ごV願う

① 以上、_____。

a. ご確認願いします　　　　　　b. ご確認願います

c. お確認ねがいします　　　　　d. お確認願います

② 暗証番号のお取扱いに_____。

a. ご注意願います　　　　　　　b. ご注意に願います

c. お注意願います　　　　　　　d. お注意に願います

③ 住所の変更は、早めに_____。

a. お知らせ願いします　　　　　b. お知らせ願います

c. ご知らせ願いします　　　　　d. ご知らせ願います

④ 調査票に、連絡先を忘れずに_____。

2. 次の①②はa、bの正しいほうを選んでください。③は文を完成させてください。

(1) ～にしては

① 今日は夏にしては、_____。

a. 肌寒い　　　　　　　　　　　b. 暑い

② 彼は20年も日本に住んでいたにしては、日本語が_____。

a. とても上手だ　　　　　　　　b. あまり上手じゃない

③ 日曜日にしては、_____。

(2) おまけに

① 道に迷った。おまけに_____。

a. 雨にぬれてしまった　　　　b. 天気がよくなった

② この会社は給料が安く、おまけに有給休暇が_____。

a. ほとんどない　　　　　　　b. ときどきある

③ 突然雨が降り出し、おまけに_____。

(3) V₁ないことにはV₂ない

① _____ことには受験できない。

    a. 申し込みをする　　　　　　b. 申し込みをしない

② 体が丈夫でないことには_____。

    a. 何か始まる　　　　　　　　b. 何も始まらない

③ 本人に聞いてみないことには_____。

C　会話練習

1. ポイント：交渉場面で多用される条件文

「それでしたら、ご希望をお申し付けいただければアドバイスさせていただきますが」

モデル会話

家具店の店員　　　　お客の夫婦

(家具店で)

店員：いらっしゃいませ。

妻　：引越しをするので、食事用のテーブルセットを新しくしようと思ってるんですけど。

店員：かしこまりました。それでしたら、こちらはいかがでしょうか。おととい入荷したばかりの品ですが、すでに大人気となっております。

妻　：あら、とっても、すてき。気に入ったわ。

夫　：そうだな、……でも、予定していた金額よりちょっと高くないか。

妻　：そうね……、ちょっと高いし、それに、持ち合わせが足りないわ。

店員：大丈夫です。配達時にお支払いいただければ結構ですし、それに今日、決めていただければ、表示価格より1割引きにいたしますよ。

妻　：よかった！　じゃあ、これを。

店員：お買い上げいただき、ありがとうございます！

ここをおさえよう！

(1) 店員がお客さん夫婦に対して交渉をしているところに下線を引いてください。

（2）お客さん夫婦が店員に対して交渉、依頼しているところに下線を引いてください。

❖言ってみよう！

（　）内の言葉を、例のような条件文にかえて、全文を書き直してください。

例 好みのタイプを（教える→教えていただければ）、（探す→お探しいたします）。

（1）今すぐ（決める→　　　）、家賃を（下げてもいいのだが→　　　　　　　）。

（2）（3個買う→　　　）、（1万円にする→　　　　　　　　　）。

（3）希望を（言う→　　　）、コンピューターで（調べる→　　　　　　　　）。

2. ポイント：話者の感情を表すさまざまな感情表現

モデル会話

（病院で）

老医師：①はあ、疲れた……。患者さんはあと何人待ってるの？

看護師：あと5人です。

老医師：②やれやれ……あと5人か。

看護師：先生、頑張ってください。次の方、どうぞ。

患者　：お願いします。

老医師：今日はどうしましたか。

患者　：お腹が痛いんです。

老医師：③おやおや、ずいぶん張ってますね。ここを押すとどうですか。

患者　：痛っ！ 痛いです。

老医師：はい、口を開けてみてください。

患者　：はい。（開ける）

老医師：これはすぐに手術したほうがいいな。

患者　：④ええっ？！ そ、そんな、急に！

老医師：手術の前に、注射しますよ。（太い注射器を取り出す）

患者　：⑤わあっ！（注射器を見て失神する）

看護師：⑥きゃーっ、しっかりして！ 誰か、救急車、救急車！

ここをおさえよう！

(1) ①～⑥の感嘆表現にはどんな意味がありますか。下から選んでください。

　　　(a) モノ・コトガラへの驚きや怒り、おかしさなどの表出

　　　(b) 聞き手の言動に対する驚きや疑問、困惑などの表出

　　　(c) 話し手内部の感情や感覚の表出

(2) 老医師はどうして「②やれやれ」と言ったのですか。

(3) 看護師は男性ですか、女性ですか。それはどんな言葉から分かりますか。

♣ 正しいのはどれ？

　　（　　　）の中から最も良い表現を選んでください。

---

(1) A：これ、Bさんにプレゼント。（綺麗にラッピングされた箱を渡しな
　　　　がら）

　　B：（わあ／おやおや／うーん）、ありがとう。

(2) A：（えっ／きゃー／ああ）疲れた……。さすがに徹夜は辛いね。

　　B：お疲れさま。今日は早く帰ったほうがいいよ。

(3) A：わたしが作ったトンポーロー、どう？

　　B：（はあ／うーん／よし）、もう少し軟らかいほうがいいかも
　　　　……。

(4) A：わたし、Bさんに5000円貸してたよね。

　　B：（うーん／やれやれ／えっ）そうだったっけ？

(5) A：（あっ／ああ／ええ）、地震！

　　B：（あっ／えっ／おっ）、ほんと？。

D　総合練習

ディベートをしよう－1

【ステップ1】ディベートとは何か、理解しましょう。

ディベートとは

　ある一つのテーマについて、賛成側と反対側の立場に分かれて意見を交わす話し合いの方法です。ディベートでは最後に審判が賛成側と反対側のどちらの意見が論理的だったかを判定します。

【ステップ2】ディベートの方法を理解しましょう。

ディベートの方法例

① 開会宣言（司会者）

② 立論（賛成側・反対側）

③ 作戦タイム（1回目）

④ 質問（反対側から賛成側・賛成側から反対側）

⑤ 作戦タイム（2回目）

⑥ 応答（賛成側・反対側）

⑦ 作戦タイム（3回目）

⑧ 最終弁論（賛成側・反対側）

⑨ 審判の判定

⑩ 最終判定と閉会宣言（司会者）

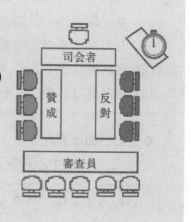

【ステップ3】手順に沿ってディベートをやってみましょう。

　ここでは、「ペットを飼うならイヌよりもネコである」というテーマで、立論を作成し、それに対する質問や応答を考えながらまとめの意見を考えましょう。

手順：

1. 自分の立場を証明するための立論を作成する。

　① 最初に自分の立場を明らかにする。

　② 次に、三つの根拠（理由）を述べる。

　③ 最後にもう一度、自分の立場を主張する。

（立論例）

賛成側の立論

① **私は「ペットを飼うならイヌよりもネコである」について、賛成の立場です。**

② **これから3点にわたり賛成の理由を述べます。**

　　まず第一に、ネコは散歩をさせなくてすむということです。イヌを飼っている人を見ると、イヌにあわせて毎朝散歩をしていて大変だと思うことがあります。ネコは散歩をしなくてもよいのでその点は楽だと思います。

　　第二に、イヌは大きな声で吠えることがあり、近所の迷惑になることがあるということです。イヌが好きな人ばかりだったらそんなことは気

にならないかもしれませんが、好きではない人にとっては、イヌの鳴き声はうるさいと感じることもあるでしょう。

　　第三に、ネコはそんなに大きくならないということです。イヌは種類によってはとても大きくなってしまうものもあり、そうすると餌代もかかるし、飼う場所も探さなければならないので大変だと思います。

③ **以上の理由から私たちは賛成です。**

○　賛成側の立論に対して、反対側も立論を作成してみましょう。

① **私は「ペットを飼うならイヌよりもネコである」について、反対の立場です。**

② **これから３点にわたり反対の理由を述べます。**

まず第一に
第二に
第三に

③ **以上の理由から私たちは反対と考えます。**

2. 相手側の立論に対する質問を考える。

　① どの理由に対する質問なのかを明らかにする。

　② 質問の内容を述べる。

（質問例）

反対側から賛成側への質問

(1) **一番目に、イヌは散歩をしなくてはいけないので大変だとおっしゃっていましたが、**散歩は自分の健康のためにもいいし、イヌが好きなら苦にはならない**のではないでしょうか。**

(2) **二番目に、イヌは大きな声で吠えるから迷惑になると述べていましたが、**いつも大きな声で吠えるわけではありません。ですから問題ない**のではないでしょうか。**

○上記の質問例を参考にして、賛成側への質問をみなさんも二つ作成してみましょう。

3. 相手側の質問に対する応答を考える。
　① どの質問に対する応答なのかを明らかにする。
　② 応答の内容を述べる。
（応答例）
（賛成）側の応答

(1) **先ほど、イヌの散歩は健康にもよく、イヌ好きなら苦にならないと反論されましたが、**イヌの散歩を自分の健康のためと考えられる人にとっては確かにいいかもしれませんが、そうではない人もいる**とは考えられませんか。**私たちは、自分の健康のためだけにペットを飼っているわけではないのですから、散歩は重労働になることもある**と思われます。**

(2) **また、イヌはいつも大きな声でほえるわけではないと主張されていましたが、**イヌは夜行性の動物です。人が睡眠のため静寂を必要とする夜間、イヌの方は行動したがります。当然、イヌは夜間にほえることが多くなるわけで、それはやはり迷惑になることが多い**とは思われませんか。**

○応答例を参考にして、みなさんも三つ応答意見を出してみましょう。

4. 立論や質問・応答を通し、「ペットを飼うならイヌよりもネコである」のテーマに ついて、賛成側か反対側か立場を明らかにして、自分でまとめの立論を作成してみ ましょう。
　立場：　□賛成　□反対

5. 上記の部分で賛成の立論を作成した人は反対の人と、反対の立論を作成した人は賛 成の人と2人でペアを組みましょう。ペアを組んだら、自分の立論を見ながら、立論を述べてみましょう。

ディベートをしよう－2

テーマを決めて、賛成側、反対側に分かれてディベートをしましょう。

準備：

1．テーマを決める。

2．賛成側、反対グループを作る。

3．審判（3人など奇数）を決める。

4．司会者：先生にお願いしましょう。

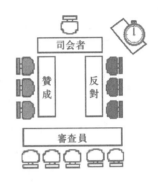

手順：

1．テーマの決定

　　次のテーマを参考にして、テーマを決めましょう。

● UFOは存在する

● 健康よりお金の方が大事だ

● 昼寝のために昼休みは今後も一時間以上確保すべきだ

● お金はあっても学生は車を持つべきではない

● 音楽は自由にダウンロードしてよい

● 動物園は廃止すべきだ

● 首都は変えるべきである　　　　　　　　　　など

（例）テーマ　住むなら田舎より都会がよい

2．役割の決定：賛成側、反対側、審判

　審判は3人、5人など奇数の人数で決めておきます。残りの人は賛成側、反対側のどちらかの立場になります。

3．立論の作成：

　グループに分かれ、自分の立場を証明するための立論を作成する。制限時間を決めて始めましょう。

① 最初に自分の立場を明らかにする。（Aさん）

② 次に、三つから四つの根拠（理由）を、３～４人で分担して詳しく述べる。（Bさん、Cさん、Dさん）

③ 最後にもう一度、自分の立場を主張する。（Aさん）

（立論例）

賛成側立論

① Aさん：私たちは「住むなら田舎より都会の方が良い」について、賛成の立場です。これから３点にわたり理由を述べます。

② Bさん：まず第一に、都会はデパートや商店などが多く、生活に便利だということです。私たちが生活をするには、必ず食物や生活用品が必要です。もし、これらが簡単に手に入らないとしたら私たちの生活はどうなるでしょうか。都会に暮らしていれば、大きなデパートや商店がいっぱいあるので、何でも簡単に手に入ります。

　Cさん：第二には、映画館や美術館などがあり、文化に触れる機会が多く持てるということです。

　Dさん：第三には、……

③ Aさん：以上の理由から私たちは賛成と考えます。

立論作成シート
（賛成　反対）側立論
① （A　　　）さん 私たちは「　　　」というテーマについて、（ 賛成 反対 ）の立場です。 これから（　）点にわたり（ 賛成 反対 ）の理由を述べます。
② （B　　　）さん まず第一に
③ （C　　　）さん 第二に
④ （D　　　）さん 第三に （A　　　）さん 以上の理由から私たちは（賛成　反対）と考えます。

4. ディベートの開始

立論ができたら、司会者の宣言でいよいよ開始です。

ディベートの流れと時間配分例		
①開会宣言（司会者）		
②立論（賛成側・反対側）	各5分	賛成　反対
③作戦タイム（1回目）	3分	作戦
④質問（反対側から賛成側・賛成側から反対側）	各2分	質問
⑤作戦タイム（2回目）	3分	作戦
⑥応答（賛成側・反対側）	各4分	応答
⑦作戦タイム（3回目）	3分	作戦
⑧最終弁論（賛成側・反対側）	各2分	最終弁論
⑨審判の判定	5分	
⑩最終判定と閉会宣言（司会者）		
	計40分	

① 司会者はディベートの開会を告げます。

② 賛成側・反対側は3〜4人で立論を述べます。

③ 1回目の作戦タイムでは、相手の立論を聞いて、疑問に思ったことを質問するための作戦を立てます。

④ まず反対側から賛成側に、次に賛成側から反対側に、作戦タイムで考えた質問をします。3〜4つの質問をします。

（質問例）

「反対側から賛成側への質問」

（反対）側から（賛成）側への質問

賛成側の人は先ほどの立論で、「都会では何でも手に入る」と言っていましたが、本当にそうでしょうか。

第1回作戦タイム中用の質問作成メモ

（賛成　反対）側から（賛成　反対）への質問

---

⑤2回目の作戦タイムでは、相手からの質問についての応答を考えます。

（応答例）

　反対側からの一番目の質問に対して応答します。都会では、デパートなどの店が多いので、田舎に比べれば手に入るものが多く、何でも手に入ると私たち賛成側は考えています。

第2回作戦タイム中用の応答作成メモ

「賛成　反対　側から　賛成　反対　への応答」

---

⑥　作戦タイムで考えたことをもとに、賛成側から反対側へ、次に反対側から賛成側に、質問に対する応答をします。

⑦　3回目の作戦タイムでは、今までの話し合いの内容を最終弁論にまとめます。

第3回作戦タイム中用の最終弁論記入シート

「賛成　反対　側から　賛成　反対　への最終弁論」

---

⑧　最初に賛成側が、そして、次に反対側が作戦タイムで話し合ったことをもとに最終弁論を行います。

⑨ 審判は１人ずつ、客観的に見てどちらの方が論理的かを判定し、勝者がどちらかを決定します。どのようなところがよかったかなど、勝者にした理由を述べます。

（判定例）

> 反対側は、具体的な事例をもとにして意見を述べていました。また、多くの人にアンケートをとり、その結果を述べていて、納得しました。以上の理由から私は反対側を勝者とします。

審判の判定

（**賛成　反対**）側は（以下理由）

....

....

以上のような理由から、私は（**賛成　反対**）側を勝者とします。

---

⑩ 司会者は審判の判定に基づき最終判定を行い、ディベートの閉会を告げます。

ユニット2　読解

インターネットとコミュニケーション

　　あなたは、1日に何時間ぐらいスマホやパソコンを使っているだろうか。また、使う目的は何であろうか。写真や動画の投稿、チャット、さまざまな情報が検索できるウェブサイトの閲覧、あるいは、文章を書くためのアプリの利用だろうか。

5　　これらの機能の中で私たちの生活にもっとも大きな影響を与えたものは、インターネットだと言っても過言ではない。ネットを通じて、私たちは世界中の人々とSNSや電子メールを使ってリアルタイムで交流できるようになり、様々な情報が簡単に手に入れられるようになった。さらにチャットGPTとなれば、人間が作ったような自然な文章をAIが作成すると言う。

10　　ネットで提供された情報は文字だけでなく映像や音声を伴っているため、リアルに感じられる。ネットというと、真っ先に情報検索が思い浮かぶのは、キーワードを入力して検索ボタンを押すやいなや、必要な情報が瞬時に、しかもたやすく得られるようになったためである。

　　このように便利この上ないインターネットではあるが、問題がないわけで
15　はない。その一例として、大学生のレポートにインターネットで得た情報をそのまま文書化したものが多く見られる。大学や研究機関などのホームページでは数多くの論文を公開しており、またブログと呼ばれる個人の記録でも体験記や論評などを公開しているので、その中にはレポートなどに取り入れたくなる情報も少なくない。本来なら、引用であることも断らずに他人の書
20　いたものをそのまま借用すれば、剽窃にあたることは言うに及ばず、著作者の知的所有権の侵害として罪を問われるものである。

　　問題はウェブサイトで公開されている情報の場合、情報提供者個人の手を離れ、フリー素材のように見えるところにある。そのため、罪の意識もなく自分のレポートに取り込むようなことが起きるのだろう。

25　　また、公開されている情報を無批判に、信憑性を疑うことなく採用したがために、誤った情報や著しく偏見を伴う情報をそのままレポートに書いてしまうこともないとは限らない。いずれにしても、コンピューターの画面というインターフェイスが情報提供者の顔を見えなくしており、リアルさを伴う情報として錯覚を与え、簡単に消費されてしまうところに原因の一端が
30　ある。

　　さらには情報検索ツールであるインターネットを通せば無数のデータベースにアクセスできると誤解している向きもあるようだ。しかし、インターネットは、コンピューターを人と人とのコミュニケーションの道具にしようと考えた人たちによって開発されたものであるのだから、本来は人と人とをつなげるためのものなのである。　　　　　　　　　　　　　　　　　　35

　　日本でインターネットの構築に貢献した古瀬幸弘と廣瀬克哉は、その著書である『インターネットが変える世界』の中で、次のように述べている。

　　「コミュニケーションはコミュニティの成立基盤である。これまでは、それが物理的な環境に制約されていた。学校や会社、地域のコミュニティは存在していたが、それ以外のコミュニティに参加することはひじょうに難し　40い。そういった物理的、時間的な壁をいきなり取り払うのがインターネットである。組織の壁もなければ、国境もない。」

　　古瀬たちの言うコミュニティは、「問いかけに対して知っている人が答え、みんなで知識を共有するコミュニティ」である。それゆえ、「何かを知りたいと思ったら、問いかけるのが最初の一歩である。そこからコミュニケ　45ーションが始まる。つまり、自らも発信してこそ、インターネットが生きるのだ。」と古瀬たちは述べている。インターネットをあくまでも人と人とのコミュニケーションの道具として用いることを提唱しているのである。

古瀬幸弘・廣瀬克哉(1996)『インターネットが変える世界』　50
岩波新書を参考に

解説・語彙

1. 向き

　　「向き」在本课中意为"倾向"，常用的说法有「向きがある」，表示存在该倾向或具有该性质。例如：

(1) 情報検索ツールであるインターネットを通せば無数のデータベースにアクセスできると誤解している**向きもある**ようだ。

(2) 血液型と性格に相関関係があるように誤解している**向きがある**。

(3) 年金問題は今まで深刻な問題として捉えられてこなかった**向きがある**。

(4) 一般にはインフルエンザを風邪と混同する**向きがある**が、病気としては全く別のものである。

解説・文法

1. ～と言っても過言ではない＜不过分的评价＞

意义：表示作出这样的结论和判断也并不言过其实。

译文：即使说……也不为过

接续：名词／简体句子＋と言っても過言ではない

说明：在口语中也可以使用「と言っても言い過ぎではない」。

(1) これらの機能の中で私たちの生活にもっとも大きな影響を与えたものは、インターネットだ**と言っても過言ではない**。

(2) 面接においては第一印象で合格か不合格かが決まってしまう**と言っても過言ではない**。

(3) 学生時代が睡眠のリズムの一番狂っている時期**と言っても過言ではない**。

(4) 私にとっては、旅することが人生そのものだ**と言っても過言ではない**。

2. Ｖるやいなや＜连续发生＞

意义：表示前句的动作刚一发生，紧接着就发生了后句的事项。

译文：刚刚……，就……；一……就……

接续：动词的词典形＋やいなや

说明：后句一般表达已发生的意料之外的事项，不使用命令、要求、愿望、否定等表达方式。用于书面语，也写作「～や否や」。

> (1) ネットというと、真っ先に情報検索が思い浮かぶのは、キーワードを入力して検索ボタンを押す**やいなや**、必要な情報が瞬時に、しかもたやすく得られるようになったためである。
>
> (2) 11月に入る**やいなや**、銀杏が散り始めた。
>
> (3) 私の顔を見る**や否や**、ワンちゃんが飛びついてきた。
>
> (4) この小説は日本で出版される**やいなや**、絶賛を集め、ベストセラーとなった。

3. Aⅱ この上ない＜最高程度＞

意義: 表示状态的最高程度。

译文: 非常……；极为……

接续: Ⅱ类形容词词干＋この上ない

> (1) このように便利**この上ない**インターネットではあるが、問題がないわけではない。
>
> (2) こんな時に遅刻だなんて、迷惑**この上ない**。
>
> (3) 贅沢**この上ない**料理に、参加者の皆さんは大満足だった。
>
> (4) 愛する家族や友達に囲まれて好きな仕事をし続けているなんて、幸せ**この上ない**ことじゃないか。

4. ～は言うに及ばず＜理所当然＞

意義: 表示主语所表达的事项是理所当然、不言而喻的，或主语所表达的事项自不待言，其他类似事项也符合谓语所指称的情况。

译文: ……自不用说

接续: 名词／名词小句＋は言うに及ばず

> (1) 本来なら、引用であることも断らずに他人の書いたものをそのまま借用すれば、剽窃にあたることは**言うに及ばず**、著作者の知的所有権の侵害として罪を問われるものである。
>
> (2) その頃といったら、インターネット**は言うに及ばず**、電話もテレビもない時代だった。
>
> (3) 理解されることは**言うに及ばず**、理解することも、私たちに大きな喜びと慰めをもたらします。

> （4）今や、自然科学**は言うに及ばず**、社会科学においても、数学の
> 　　　知識や感覚は不可欠な時代となっている。

5.　〜がために＜原因＞

意义： 表示原因，后句表达由该原因造成的消极结果。

译文： 因为……

接续： 动词、I类形容词的连体形＋がために

　　　　名词／II类形容词词干＋である＋がために

说明： 带有文言的性质，多用于小说、随笔等文体。

> （1）また、公開されている情報を無批判に、信憑性を疑うことなく
> 　　　採用した**がために**、誤った情報や著しく偏見を伴う情報をその
> 　　　ままレポートに書いてしまうこともないとは限らない。
> （2）学歴がほしい**がために**、大学を受験する者が少なくない。
> （3）ネットは便利である**がために**、悪用されることもある。
> （4）職場では、女性である**がために**どんなに仕事ができても、正当
> 　　　な評価をしてもらえないことがよくある。

練　習

A　内容確認

（1）「便利この上ないインターネットではあるが、問題がないわけではな
　　　い」という文を言い換えるとしたら、①〜④の中でもっとも適切なもの
　　　を選んでください。

　　　① インターネットは便利な以上に問題が多い。

　　　② インターネットはたいへん便利だが、問題もある。

　　　③ インターネットは便利な上に、問題も少なくない。

　　　④ インターネットはたいへん便利とは言えないが、問題は多くない。

（2）「インターネットは情報検索ツールであり、インターネットを通して無
　　　数のデータベースにアクセスできると、誤解している向きがあるよう
　　　だ。」という文で言いたいことは何か。①〜④の中でもっとも適切なも

のを選んでください。

① 実は、インターネットに情報検索機能があるわけではない。

② インターネットはもともと情報検索のために作られたのではない。

③ インターネットを使えばどんなデータベースにもアクセスできると考えるのは間違いだ。

④ インターネットは情報検索ツールにすぎず、データベースへのアクセスを目的にしたものではない。

(3) インターネットでもっとも多く使われているのはどんな機能がありますか。

(4) インターネットが普及してから、大学の中で起きてきた問題は何ですか。

(5) なぜそのようなことが起きやすいのですか。

B　文法練習

1. 次の①②は（　）の中の言葉を正しい順番に並べてください。③は文を完成させてください。

(1) 〜と言っても過言ではない

① （が・世界・インターネット・を・変えた）

＿＿＿＿＿＿＿＿＿＿＿＿＿＿＿＿＿＿＿＿＿と言っても過言ではない。

② （と・上司や同僚・ことも・付き合う・うまく・大事な仕事だ）

＿＿＿＿＿＿＿＿＿＿＿＿＿＿＿＿＿＿＿＿＿と言っても過言ではない。

③ 今の携帯電話は、＿＿＿＿＿＿＿＿＿＿＿＿＿＿と言っても過言ではない。

(2) Vるやいなや

① （やいなや・は・たちまち・人気商品・新作のソフト・発売される・となった）

＿＿＿＿＿＿＿＿＿＿＿＿＿＿＿＿＿＿＿＿＿＿＿＿＿。

② （に・やいなや・パソコン・家に・着く・向かっている）

僕は＿＿＿＿＿＿＿＿＿＿＿＿＿＿＿＿＿＿＿＿＿＿ 。

③ 父は帰宅するやいなや、＿＿＿＿＿＿＿＿＿＿＿＿＿＿＿しまった。

(3) A₂この上ない

① （ばかりで・殺風景・廃業する・店・この上ない）

商店街は＿＿＿＿＿＿＿＿＿＿＿＿＿＿＿＿＿＿＿＿＿＿。

② （にとって・こと・好都合・会社・この上ない）

業績の悪い社員がやめてくれれば、＿＿＿＿＿＿＿＿＿＿＿＿＿＿だ。

③ 毎日つまらない授業に出なければならないのは＿＿＿＿＿この上ない。

(4) ～は言うに及ばず

① （は・に・言う・食事・及ばず）

＿＿＿＿＿＿＿＿＿＿＿＿＿＿＿＿＿、お茶さえ飲む暇がなかった。

② （に・まで・夢中に・母・サッカー・なっている）

最近父は言うに及ばず、＿＿＿＿＿＿＿＿＿＿＿＿＿＿＿＿。

③ あのアニメは子どもは言うに及ばず、＿＿＿＿＿＿＿＿にもファン
が多いようだ。

(5) ～がために

① （に・が・なった・生活・豊か・がために）

＿＿＿＿＿＿＿＿＿＿＿＿＿＿＿、ものを大事にしない人が増えてきた。

② （を・を・占い・ビジネスチャンス・信じた・逃した）

＿＿＿＿＿＿＿＿＿＿＿がために、＿＿＿＿＿＿＿＿＿＿＿＿＿。

③自分の考えを正直に話したがために、＿＿＿＿＿＿＿＿＿＿＿＿＿。

C　総合練習

賛否両論

　「ネット規制の是非」というテーマについて、賛成側、反対側、両方の立場
でそれぞれの立論を作成し書いてください。

選択したテーマ

立論作成シート

（賛成　反対）側立論
① （A　　　）さん
私たちは「　　　　　　　　　」というテーマについて、（賛成　反対）の立場で す。
これから（　　）点にわたり（賛成　反対）の理由を述べます。

②（B　　　）さん
まず第一に
③（C　　　　）さん
第二に
④（D　　　　）さん
第三に
（A　　　　）さん
以上の理由から私たちは（　賛成　反対　）と考えます。

日本的传媒

　　无论从数量还是质量上来说，日本都是当之无愧的报纸大国。日本一天的报纸发行量为3千万份（同一报纸的早报、晚报按1份计算），平均每户每天订阅0.5份报纸。按早报、晚报各算1份的国际通用方法计算，日本每1000个成年人的报纸发行量为300份，居世界前列。

　　日本的报纸按发行区域可分为全国性报纸和地方报纸，全国性报纸有朝日新闻、每日新闻、读卖新闻、产经新闻和日本经济新闻，其中发行量最大的是读卖新闻（664万份），其后依次是朝日新闻（397万份）、每日新闻（186万份）和日本经济新闻（168万份，2022年）。

　　从内容看，除综合性的报纸外，还有经济、法律、教育、医疗、旅游、体育等各领域的报纸。从出版的文字看，在日本国内发行的英文报纸主要有The Japan Times、The Daily Yomiuri等。近年来，随着旅居海外的日本人的增多，由卫星传送的日本报纸海外版也不断增加。

　　NHK（「日本放送協会」）是日本唯一的公共广播机构，自1925年开播，拥有约7千个电视转播台。NHK有一个综合频道、一个教育频道和4个卫星频道（BS1、BSプレミアム、BS4K、BS8K），除教育频道外，主要播出新闻、娱乐、体育方面的节目。此外日本还有8千多个民营电视台，其中规模较大的有日本电视台（「日本テレビ」）、TBS电视台（「TBSテレビ」）、富士电视台（「フジテレビ」）、朝日电视台（「テレビ朝日」）、东京电视台（「テレビ東京」）等。NHK的各个频道通过一个遍布于全国的统一的电视

网向全国播出节目，它的收入主要来源于收视费。民营电视台则有所不同，它们是以地区为单位，各地区以位于东京的核心台为中心形成全国性的电视网，如JNN（Japan News Network）、NNN（Nippon News Network）、FNN（Fuji News Network）等，其收入来源于广告。

　　在广播方面，NHK有约9百个转播台，民营的近6百家广播公司共拥有7百多个转播台。在东京圈内至少可以收听到6个AM调幅频道、7个FM调频频道和1个短波频道，其中包括NHK的2个AM频道和1个FM频道。面向海外的广播有「NHKワールド」「ラジオ日経」「ラジオ日本」等。「NHKワールド（NHK环球广播网）」每天用日语和英语等18种语言累计播出75小时的节目，其中包括日本国内的新闻和国际新闻、介绍日本的文化与社会动向的节目以及日语讲座等，为生活在海外的日本人及希望了解日本的外国人提供及时而准确的资讯和服务。

　　（数据来源：日本报纸协会「新聞の発行部数と世帯数の推移」、「新聞の発行部数と普及度」；日本总务省『情報通信白書令和5年版』、『総務省情報通信政策局地上放送課資料』；日本ABC协会『新聞発行社レポート半期』；世界报纸协会World Press Trend。）

第10課　旅立ち

学習目標

ユニット1　会話

(1) 言いよどみの表現を効果的に使うことができる。

(2) 婉曲的に依頼の気持ちを伝えることができる。

(3) 瞬間的な心情表出の場面で、日本語らしい感嘆表現を使うことができる。

(4) 短いスピーチで心を伝えることができるとともに、他者のスピーチが評価できる。

ユニット2　読解

(1) 読者にメッセージを伝えるために効果的な呼びかけ方を知る。

(2) 将来の夢の実現に向けた意気込みを、自身に対する手紙の形式でまとめることができる。

(1) ２年間一緒に日本語を勉強してきた仲間に伝えておきたいことがありますか。

(2) 将来の目標に向けたあなたの意気込みを話してください。

275

ユニット1　会話

別れと再会

（前期の授業が終わり、留学生課主催の歓送会が開かれる。）

司会：えー。それでは、今年度東西大学に交換留学生として来日し、1年間の留学生活を終えられた留学生の皆さんにスピーチをお願いしたいと存じます。それでは、向かっていちばん左の王宇翔さんから……。

王　：はい。（マイクの前に進み出る）えー、ただいまご紹介いただきました、王宇翔です。本日は、私達のために、このように盛大な歓送会を開いてくださいまして、ありがとうございます。まずはこの場をお借りしまして、皆様に厚く御礼申し上げます。（頭を下げる）

　　　えー、私が東西大学に交換留学生として参りましたのは、去年の8月のことでした。初めてこのキャンパスに足を踏み入れた時の感動は、今でも鮮明に覚えています。早いもので、あれから1年が経ってしまいました。実は、今だから申し上げますが、日本に来る前、私は、今まで勉強してきた日本語は通じるのか、友だちはできるのか、心配でたまりませんでした。でも、私が到着する前から皆様が万全のサポート体制で待っていてくださったおかげで、すぐにそんな不安は吹き飛びました。そのことは今でも心から感謝しています。本当にありがとうございました。（大学関係者のほうを向いて頭を下げる）

　　　大学で授業が始まると、先生方は、ある時は厳しく、ある時は優しくご指導くださいました。専門のゼミともなると、日本人学生と同じスピードで付いて行くのは留学生にとってはかなりハードでしたが、先生方は常に私達の理解の度合いに合わせて進めてくださいました。先生方のご指導なくしては、私の学生生活は成り立たなかったでしょう。どうもありがとうございました。（指導教授のほうを向き頭を下げる）

　　　次に、私の留学生活を支えてくれた大切な友だちにもお礼を述べたい

と思います。まずは同じゼミの日本人学生の皆さんに。皆さんは、同じ学問に興味を持つクラスメートでしたが、同時に、私が今まで知らなかった新しい言葉をたくさん教えてくれる先生でもありました。授業では、難しい言葉を易しく言い直してくれたり、間違えた日本語を直してくれたりしていつも私を助けてくれました。また授業のあとの、お茶を飲みながらのおしゃべりも私にとっては貴重な勉強の時間でした。この１年間をなんとか楽しく乗り切ることができたのは皆さんのおかげです。ありがとうございました。

　それから、この大学には様々な国の留学生が来て学んでいますが、留学生のみんなにも心から感謝を申し上げます。皆さんとはよく日本の文化や習慣に関する疑問や不可解なことについておしゃべりしましたが、それを通じて、自分にとっては当たり前のことがほかの人にとっては驚きの対象になることが分かり、異文化を見る目が養われました。それに、日本人と話している時はなかなか言いたいことが伝えられず、もどかしい思いをすることもあったのですが、留学生同士だと不思議といつもスムーズに通じるので、ストレス解消になってありがたかったです。皆さんと話していると心が和みました。いつも温かい手を差し伸べてくれた皆さん、本当にどうもありがとうございました。

　また、汗まみれになって共に苦しい稽古に耐えた空手部の仲間たちとは、よくお酒を飲みながら一晩中語り合ったんですが、話していて、若者が抱く興味や悩みは国籍や文化にかかわらず同じだということが分かりました。毎日の稽古は厳しいものでしたが、日本に来て空手を始めたことで、心や体を鍛え、日本文化に対する理解も深めることができたように思います。１年間はあっという間でしたが、今は、すべてが私にとってかけがえのない思い出です。空手部の皆さん、本当にどうもありがとうございました。

　帰国後は、少しでも皆様から受けたご恩がお返しできるよう、微力ではありますが、中日の架け橋となるべく頑張っていきたいと考えております。えー、簡単ではございますが、これでお別れのご挨拶とさせていただきます。今度は北京でお会いできるのを楽しみにしておりますので、北京にお越しの節はぜひご連絡ください。楽しみにお待ちしております。

それではどうもありがとうございました。（王が頭を下げて挨拶。会場から拍手）

司会：王さん、どうもありがとうございました。えー、それでは、続きまして、チャリヤーさん、お願い致します。

チャリヤー：はい、チャリヤーです。えー、私は……。
（チャリヤーのスピーチが続く）

司会：（全員のスピーチが終わって）それでは、しばらくご歓談ください。
（立食形式で食事をしながら話をしている）

木村：王さん、すごくいいスピーチだったわ。じーんと来ちゃった。本当に帰っちゃうのね。

マリー：ほんと、感激しちゃった。あーあ、王さんがいなくなったら寂しくなるだろうなあ。

王：そう言われると僕も寂しくなっちゃうよ。でも、飛行機だと北京まで３時間ぐらいなんだから、その気になれば、すぐまた会えるよ。待ってるからぜひ遊びに来てよ。
（吉田先生が近づいてくる）

先生：王さん、いよいよ帰国ね。王さんは頑張り屋だから、この１年間でますます日本語が上手になったわね。

王：いえいえ、先生のおかげです。本当にありがとうございました。

先生：ぜひ日中の架け橋になってくださいね。

王：はい、僕なりに頑張ってみます。先生もどうかお元気で。
（１時間後）

司会：宴もたけなわとなって参りましたが、そろそろお時間となりました。皆様、本日はどうもありがとうございました。帰国する留学生の皆さん、どうぞお体に気をつけてご活躍ください。それではこれをもちまして、留学生歓送会をお開きとさせていただきます。

（帰国の日の空港で。王のそばで立ち話をしていた高橋の父が時計に目をやり、王に言う）

高橋の父：王さん、そろそろ時間じゃない？

高橋の母：そうね、王さん、向こうに着いたら、美穂のこと、ときどき助けてやってね。

王：分かりました。

信哉：王さん、今度は僕も中国旅行に行くから、その時はよろしく。それから、姉貴のこともくれぐれもよろしく。

王　　：うん、わかった。あ、そうだ、僕からは、おばあちゃんにくれぐれもよろしく。いつまでもお元気で、またお会いしましょうって。

信哉：了解！

王　　：それじゃあ、皆さん、お世話になりました。
　　　　お元気で、さようなら！（手を振りながら出国エリアに入っていく）

（北京空港の到着ロビー。王は大荷物が載ったカートを押している。突然横から人が飛び出して来たため、カート同士がぶつかってしまう）

王　　：す、すみません！（慌てて謝る）

（誰かが王の肩を叩く）

高橋：王さん、あの人には日本語、通じないわよ。（振り返ると高橋がいる）

王　　：わあっ、高橋さん！　迎えに来てくれたんだ。

（ほかの友だちも現れる）

渡辺：王さん、お帰りなさい！

李東：お帰り！　待ってたよ！

王　　：みんなも来てくれたんだね！　ありがとう！

鈴木：違うよ、王さんじゃなくて、お土産を待ってたんだよ。

渡辺：鈴木さんったら！（鈴木を叩く）

鈴木：いてっ！

（タクシーの中で）

高橋：王さん、元気そうでよかったわ。

王　　：うん、高橋さんもね。ご家族もみんなお元気だったよ。

高橋：そう、よかった。留学生活はどうだった？

王　　：毎日楽しくて、あっという間だったよ。でも、やっぱり帰ってくれば、ほっとするな。……そうだ、高橋さんにお土産があるんだ。

高橋：わ、うれしい！　ねえ、何？

王　　：あ、と、で！（笑う）

解説・語彙

1. 正式场合使用的说法

在发言、演讲等正式场合，一些词有其特殊的说法，例如本课中出现的「ただいま（今）」「本日（今日）」「わたくしたち（わたしたち）」「みなさま（みなさん）」，这些词的意思没有发生变化，只是带有了郑重的语气。例如：

(1) えー、**ただいま**ご紹介いただきました、王宇翔です。

(2) **本日**は、**私達**のために、このように盛大な歓送会を開いてくださいまして、ありがとうございました。

(3) まずはこの場をお借りしまして、**皆様**に厚く御礼申し上げます。

2. 在宴会或聚会上主持人经常使用的表达方式

以下是本课中出现的在宴会或聚会上主持人常用的表达方式，大家不妨记一记，试着用一用。例如：

(1) それでは、しばらく**ご歓談ください**。

(2) **宴もたけなわとなって参りました**が、そろそろお時間となりました。

(3) それではこれをもちまして、留学生歓送会を**お開きとさせていただきます**。

「お開き（召开、开始）」在这里是"结束"的意思，这是一种委婉含蓄的说法，如果直接用「終わる」会引起人们的惜别伤感之情，所以有意避开使用。

3. -方

「方（がた）」接在表示人的名词之后，表示人的复数形式，相当于汉语的"……们"。例如：

(1) 大学で授業が始まると、先生**方**は、あるときは厳しくあるときは優しくご指導くださいました。

(2) 先生**方**からは、ちょっとしたことで泣いたりおこったり、がまんできない子が多い、という意見が出ました。

(3) 私達教師にとって、あなた**方**学生の成長は何よりも嬉しいものです。

4. 表示感谢的说法

以下是本课中出现的表示感谢的说法，前三种较正式，第四种在日常会话中也很常用。例如：

(1) まずはこの場をお借りしまして、皆様に厚く御礼申し上げます。
(2) そのことは今でも心から感謝しています。
(3) 留学生のみんなにも心から感謝を申し上げます。
(4) 本当にどうもありがとうございました。

5. 对事物进行评价时的说法

以下是本课中出现的对事物进行评价时的说法。例如：

(1) 専門のゼミともなると、日本人学生と同じスピードで付いて行くのは留学生にとっては**かなりハード**でしたが、……
(2) 授業のあとの、お茶を飲みながらのおしゃべりも私にとっては**貴重な**勉強の時間でした。
(3) ストレス解消になって**ありがたかった**です。
(4) みなさんと話していると**心が和み**ました。
(5) **じーんと来ちゃった。**
(6) **感激しちゃった。**

6. 对家庭成员的称谓

本课会话中出现的「姉貴」是对自己姐姐的亲切称谓，对其他家庭成员的称谓还有「兄貴（老哥）、親父（老爸）、お袋（老妈）」等，对弟弟妹妹则没有特殊的称谓。例如：

(1) それから、**姉貴**のこともくれぐれもよろしく。

7. 告别时的说法

以下是本课中出现的告别时的说法，「お世話になりました」在受到对方关照并向对方表示感谢时使用。例如：

(1) それじゃあ、みなさん、**お世話になりました**。お元気で、さようなら！

解説・文法

1. NなくしてはVない＜不可或缺的条件＞

意义：表示条件性双重否定，即"如果不进行某动作，就不会产生主句所示的结果"。

译文：如果不（没有）……就不（能）

接续：名词（多为动作性名词）＋なくしては

说明：后句一般为否定形式的表述。

> (1) 先生方のご指導**なくしては**、私の学生生活は成り立たなかったでしょう。
>
> (2) 皆様の励まし**なくしては**、ここまで来られなかったと思います。
>
> (3) 科学技術の進歩**なくしては**、現代のような人類の繁栄はあり得なかっただろう。
>
> (4) 苦難に満ちたあの人の人生は、涙**なくしては**語れない。

2. Vるべく＜目的＞

意义：表示后句所述动作的目的。

译文：为了……

接续：动词词典形＋べく （Ⅲ类动词也可使用「すべく」的形式）

说明：此句式意义用法与「Vるため（に）」基本相同，一般用于书面语。

> (1) 微力ではありますが、中日の架け橋となる**べく**、頑張っていきたいと考えております。
>
> (2) 住民の本音を聞く**べく**、リポーターが直撃取材（ちょくげきしゅざい）した。
>
> (3) 宮崎駿のアニメの魅力を伝える**べく**、このサイトを作った。
>
> (4) 今回の大会で優勝す**べく**、選手たちは汗を流して猛練習をしていた。

3. Nの節は＜时间的限定＞

意义：表示动作进行的时间。

译文：……时候

接続： "动作性名词＋の"＋節は

说明： 后项多为祈使句或表达说话人愿望、心情的句子，是一种较文雅的讲法，主要用于正式的场合。在会话中有时说「Nの節には」。

(1) 今度は北京でお会いできるのを楽しみにしておりますので、北京にお越し**の節は**ぜひご連絡ください。

(2) 本学教職員にご面会（めんかい）**の節は**、教職員スケジュールをご確認の上、ご来校ください。

(3) 先日のシンポジウム**の節は**、ご発表を聞くことができず、残念でした。

☞ 「その節」是惯用词组，相当于"那时候"。

(4) **その節は**お世話になりました。

解説・会話

1. 支吾的表达方式

　　在使用日语进行正式致词而开场白不知如何表达，找不到恰当的词语时；或者要表达的内容令说话人难以启齿；或一边思考一边说，考虑措辞的时候；记住几个支吾时常用的词语，可以使谈话不中断，有助于语篇的顺利进行。其中最常用的有「えー」「えーと」「あの」「うーん」等叹词。但如果这样的词尤其是「えーと」重复多次使用，会给人一种所陈述的内容支离破碎的感觉，应避免过度使用。

(1) **えー**、ただいまご紹介いただきました、王宇翔です。

(2) **うーん、日本語で何て言ったらいいか**……、**つまり、互恵的というか**。

(3) **えー**、お互いのためになるようなことがいいんじゃないか、と思うんです。

(4) **えー、あのう、うまく言えないんですが**、たぶん問題は相互理解の努力が足りなかった、ということではないかと、**ま、あのう、**確信はないんですが、そう思います。

（5）えーと、そのなんて言うか……あのう、僕はクラブをやめたいんです。

2. 委婉的请求句「Ⅴたいと思う」

在大庭广众之下，说话人想请求某人做某件事情时，有时不使用「〜してください」「〜をお願いします」等直接的请求句，而是采用「〜さんに〜をお願いしたい／お願いできればと思います」「〜さん、〜していただけるとありがたいのですが」这类表达方式，通过叙述说话人自己的想法和愿望来间接地进行请求。这种表达方式比较客气。例如：

（1）留学生の皆さんにスピーチを**お願いしたいと存じます**。それでは、〜。

此外，面向听众还经常使用下面这样的呼吁式请求句：

（2）留学生の皆さんにスピーチを**お願いしましょう**。それでは、〜。

3. 瞬间发出的感叹

触摸到烫手的东西，或被尖锐的东西刺痛时，汉语一般使用"哎呦"一词，而日语在该瞬间内则使用表示感觉的词语（多为促音化的形容词词干）。

（1）痛い→痛い（っ）！　いてっ！　いたっ！
（2）「鈴木さんったら！」「いてっ！」
（3）熱い→熱い！　あちっ！　あちち！　あちー！　あつっ！
（4）冷たい→冷たい！　つめてー！　つめたっ！

4. 根据场景和谈话对象而改变语体

本课我们可以看到：在讲演之时和讲演结束后的会话中，王宇翔的语体有所变化。

（1）A：〜楽しみにお待ちしております。それではどうもありがとうございました。
　　B：そう言われると僕も寂しくなっちゃうよ。

　　然而在同一会话场合，当讲话人是老师时，老师可将语体改为简体；但是王宇翔却再次将语体改为敬体。即使有朋友在场，也同样进行语体上的调整。

> （2）A：王さん、～日本語が上手になったわね。
> 　　　B：いえいえ、先生のおかげです。本当にありがとうございました。

　　在机场分别时，王宇翔对高桥的父母使用敬体交谈：

> （3）A：～美穂のこと、ときどき助けてやってね。
> 　　　B：分かりました。

　　但同一个场合，王宇翔与美穂的弟弟信哉交谈时则使用了下调语体即简体：

> （4）A：～姉貴のこともくれぐれもよろしく。
> 　　　B：うん、わかった。

　　最后与美穂家人告别时，因为是正式场合，所以王宇翔再次将语体上调至敬体：

> （5）皆さん、お世話になりました。お元気で、さようなら！

練　習

A　内容確認

（1）スピーチの中で、王さんはどの順番でお礼を言いましたか。また、どんなことに感謝していますか。表にまとめてください。

お礼を言う相手	お礼の順番	感謝していること
日本人のクラスメート		
指導教官		
空手部の仲間		
パーティーの主催者		
留学生の友だち		

（2）日本に留学する前、王さんはどんなことを心配していましたか。

(3) 王さんは帰国してから、どんなことをしようと思っていますか。

(4) マリーさんの言葉「感激しちゃった」と同じ意味の表現を本文の会話の中から探してください。

(5) パーティーや結婚式などのお祝いの席で、司会者は「終わり」の意味でどんな表現を使いますか。

(6) 王さんが帰る日、空港には誰が見送りに来ていましたか。

(7) 北京の空港には、誰が出迎えに来ていましたか。

B　文法練習

1. 次の①②は（　）の中の言葉を正しい順番に並べてください。③は文を完成させてください。

(1) NなくしてはVない

① （は・なくしては・何も・チャレンジ精神・こない・生まれて）

_____、_____のです。

② （を・なくして・決して・は・気持ち・相手・一人前・思いやる）

_____、_____とはいえません。

③ 皆様のご協力なくしては、_____と思います。

(2) Vるべく

① （の・を・翻訳・資格・頑張っている・取る）

私は_____べく、_____。

② （に・を・に・こと・両親・留学試験・合格した・伝える）

王さんは_____べく、ペンをとった。

③ 友人は大学で習った知識を生かすべく、_____。

(3) Nの節は

① （は・の・節・遠慮なく・ご希望・お申し出下さい）

_____、_____。

② （は・の・節・至急・お見かけ・ご連絡ください）

この写真の子犬を_____、_____。

③ こちらにお越しの節は、_____。

C　会話練習

1. ポイント：言いよどみの表現

「えー。それでは、今年度東西大学に交換留学生として来日し、1年間の留学生活を終えられた留学生の皆さんにスピーチをお願いしたいと存じます。」

モデル会話

小川、大山

（空手部部室のドアをノックする音）

小川：はい、どうぞ。

大山：失礼します。あのう、先輩、い、今、ちょっとよろしいでしょうか。

小川：おう、大山か。何だ。

大山：えーっと、んー、今日の稽古のことなんですが、あのう、休ませていただいてもよろしいでしょうか。

小川：そうか。どこか悪いのか。気をつけろよ。

大山：ありがとうございます。あ、あ、それから、もう一つあるんですが。

小川：なんだ？

大山：あのー、えーと、何と言っていいか……、そのう……。

小川：何だよ。早く言えよ。

大山：はい、あーあのですね、実は空手部を辞めたいんです。

ここをおさえよう！

(1) 上の会話の中で、言いよどみの部分に下線を引いてください。

(2) どうして大山さんは言いよどみ表現を多用しているのですか。

♣言ってみよう！

　次の会話に、「えーと」「あのう」などの言いよどみ表現を入れて、Bの言いにくい気持ちを表現しながら言ってください。

① A：ちょっといい？

　　B：うん、いいけど、何？

　　A：1万円、貸してほしいんだけど……。

② A：Cちゃんの誕生日、知ってる？

　　B：いつだったかなあ。確か、夏だったような……どうして、Cちゃんの
　　　　誕生日が知りたいの？

　　A：特に知りたいわけじゃないんだけど……。

③ A：あ、この黄色いスカート、かわいい。買う！

　　B：えっ、その黄色の服、ほんとに着るの？。

❖ ロールプレイをしよう

ロールカードＡ

◆　役割：三好さん（吉田ゼミの学生）

◆　状況：吉田先生から借りていた本を失くしてしまい、先生のところに相
　　　　　談に話に行こうとしています。

1. 今、先生に相談したいが、先生の都合がいいか聞いてから話を始めてく
　ださい。

2. もう少し探してみたいので、借りていた本の返却日を、1週間延ばすこ
　とができないか、聞いてください。

3. その本はどこで売っているか、聞いてください。

4. 事情を話して、先生からの指示を受けてください。

ロールカードＢ

◆　役割：吉田先生

◆　状況：ゼミ生の三好さんが、研究室を訪ねて来ます。

1. 今日はもう授業はありません。三好さんの話を聞いてください。

2. 三好さんが借りている本は、次に木村さんが借りたいと言っています。

3. その本は、わざわざイギリスから取り寄せたもので簡単には手に入りま
　せんが、今度学会でイギリスに行くことになっています。

2. ポイント：婉曲的に依頼の気持ち、意向を伝える「〜たいと思う」

「1年間の留学生活を終えられた留学生の皆さんにスピーチをお願いしたいと
存じます。」

モデル会話

① 先生にはスピーチコンテストの審査委員をお願いしたいと思います。

② この仕事は山田さんにぜひ頼みたいと思います。

288

③ 会社の経営が悪化した責任を取っていただくよう、社長の辞任を求めたい
　　と思います。

ここをおさえよう！

　上の①～③は、それぞれ文末を「お願いします」「頼みます」「求めます」
とすると、どのように表現が変わりますか。

3. ポイント：瞬間的に発する感嘆表現
「いてっ！」

モデル会話

（AとBはキャンプに来て、Bが料理をしている）
A：料理なんてしたことがないのに、大丈夫？
B：大丈夫、大丈夫。カレーは得意なんだ。まかせとけって。……いてっ！
A：大丈夫？　あっ、血が出てる。
B：大丈夫だよ、これぐらい。
A：ほらほら、お鍋が沸騰してる。
B：あーっ！大変だ！（蓋を開ける）あちっ！
A：味を見てよ。
B：うわっ、からっ！
A：あーあ、今日の夕食は何時になることやら……。

ここをおさえよう！
(1)　「いてっ」「からっ」の元の形は何ですか。
(2)　「まかせとけ」は縮約形です。もとの形は何ですか。

❖言ってみよう！- 1
　絵の人物の立場で、気持ちを表現してください。

✤言ってみよう！- 2

説明を読んで、ぴったり合う表現を言ってください。

① コーヒーを一口飲んだらものすごく熱かった。	② 風呂に片足を入れたら、水だった。	③ 卵焼きを食べたら、砂糖が入っていた。	④ 夜、トイレで死んだおじいさんの声が聞こえた。	⑤ 紅茶だと思って飲んだら、漢方の風邪薬だった。

4. ポイント：場面や相手に応じたことばのシフト

モデル会話

SANYの社員A（男）SANYの社員B（女）　お客（TOYODAの社員）

SANYの川崎部長（社員AとBの上司）

社員A：今日の昼、どこ行く？

社員B：うーん、どうしようか……給料日前だからなあ……。

社員A：じゃあ、吉田屋にするか。あそこ安いから。

社員B：そうね。

（お客から電話が入る）

社員B：はい。SANYでございます。

お客　：あのう、すみません。わたくし、TOYODAの本田と申しますが……

社員B：はい、いつもお世話になっております。

お客　：営業部の川崎さん、いらっしゃいますか。

社員B：申し訳ございません、①川崎は午前中は営業所を回っておりまして……。

お客　：あ、そうですか。

社員B：営業から戻りましたら、本田様からお電話がありましたことを、お伝えし、折り返しお電話を差し上げるよう、申し伝えておきます。

お客　：それでは、お願いします。

社員B：②（分かりました／かしこまりました）。

（午後、川崎部長が会社へ戻ってくる）

社員Ｂ：川崎部長、TOYODAの本田さんという方からお電話がありました。

部長　：TOYODAの本田さんだよね。

社員Ｂ：はい。部長は午前中は営業所を回っていると③お伝えし、折り返し部長からお電話を差し上げると申し伝えました。

部長　：うん、わかった。ありがとう。

ここをおさえよう！

(1) お客さんと電話で話していた時、Ａさんは部長を①「川崎」と言っています。どうしてですか。

(2) （　）には②「分かりました／かしこまりました」のどちらが入りますか。

(3) ③「お伝えして」は誰の誰に対する敬語ですか。

✤言ってみよう！

　話し手と聞き手の関係をよく考えながら、次の言葉を適当な言い方に変えてください。

「中国に遊びに来てね。また会えるのを楽しみに待っているよ。」

例　王⇒マリー（王とマリーは同じゼミ）

王：マリーさん、中国に遊びに来てね。また会えるのを楽しみに待ってるよ。

① 王⇒木村先生（王の指導教官）

　　王：＿＿＿＿＿＿＿＿＿＿＿＿＿＿＿＿＿＿＿＿＿＿＿＿＿＿＿

② 王⇒潤くん（王に中国語を習っている小学校５年生）

　　王：＿＿＿＿＿＿＿＿＿＿＿＿＿＿＿＿＿＿＿＿＿＿＿＿＿＿＿

③ 王⇒高橋さんのお父さん、お母さん

　　王：＿＿＿＿＿＿＿＿＿＿＿＿＿＿＿＿＿＿＿＿＿＿＿＿＿＿＿

D　総合練習

100秒スピーチ発表会

【ステップ1】

　これまで聞いたクラスメートの話で、いちばん、印象に残っているのは誰のどんな話でしたか。思い出して隣の人と話してみましょう。

誰の
_____

どんな話だったか
_____

【ステップ２】

　　今まで学んだことを参考に、自由にテーマを決めて、スピーチをします。制限時間は100秒です。文字にするとだいたい500文字前後ですが、人によって違います。まず、スピーチにかかった時間を自分でを測ってみましょう。その後で自分のスピーチ内容を思い出しながら、その原稿を書きましょう。

【ステップ３】

　　クラスで、司会者やタイムキーパーを決めて、クラスのスピーチ発表会をしましょう。事前に発表の順番なども決めておきましょう。

【ステップ４】

①　一番良かった人を投票で選びましょう。また、クラスメートの中から審査担当者を決めましょう。審査は１位〜３位という順位ではなく、美声賞、インパクト賞、原稿充実賞、ユーモア賞、ユニーク賞、大笑いしたで賞、もう１回聞きたいで賞など全員でいろいろな楽しい賞を考えて、発表者全員を表彰しましょう。

②　クラス全員で発表者の良いところを評価しましょう。　評価をする際には、以下のような評価表を作り、発表者に渡しましょう。発表者は評価表に書かれたことを次回の発表の参考にしましょう。

	1がんばろう	2もう少し	3できた	4すばらしい
内容の面白さ				
プレゼンテーションの仕方				
コメント欄				

ユニット2　読解

二十歳の君へ

　次の文章は、社会のさまざまな分野で活躍する人たちを対象に、東京大学の立花隆ゼミの学生達が行なったインタビューを文章にまとめたものです。以下は、二十歳ぐらいの年齢の青年たちに向けたメッセージの抜粋です。

<A>　　　　　　　　　　　　　　　　　　　　　　　　　　　　　　　　5

　社会に出て実感したのは、一番の基本は人間関係だ、ということです。一流大学を出て一発で出版社に入社して、で挫折した人は結構見ましたよ。人間関係がうまく作れないと、出世コースからも取り残されてしまう。それでますます孤立して。社会に出て一番必要なのは、信頼される人間関係です。気持をわかってくれるとか、つき合いやすいとか、約束を守ってくれるとか、そういう誠実さの度合によって人脈はできていくんですから。　　　　10

　でもまあ、メッセージといえるほどのものはありません。好きなことを見つけて、好きにやるのがいいと思います。好きなことをして、それで駄目だったら諦めがつくでしょ。ただ、大人社会がどーんと出てきてあれがいいこれがいいと言い始めると、やっぱり迷いますよね。でも、迷うのもいい。　　15
人生無駄なことはないです。

　　　　　　　　　　　　　　　　　　　　萩尾望都／漫画家／1949年生

<B>　　　　　　　　　　　　　　　　　　　　　　　　　　　　　　　　

　やっぱり「命の尊厳」ということ。そして、今の平和な世の中を、より平　20
和にしていくために自分がどう関わっていくか、考えてほしいですね。そして、いろいろ悩みながら個を確立していってください。私は、現状に甘んじないというのが、人間の生き方だと思います。常に問題意識をもって、それを行動に結び付けていってほしい。それはもちろん、そう思い通りにはいかないでしょうが、最善の努力をしていくことが大事です。"Best"が駄目だ　25
ったら"Better"に、"Good"でもしないよりはいい。そして、どうして"Best"にならなかったのか、考えていけばいい。

　その根底にあるのは自分を信じること、つまり自信、それから自分を大事にすること。何だって理想の実現というのは難しいもんです。でも、コツコツとへこたれずに進んでいくプロセスの中で、自分に好感をもてるようにな　30

ります。努力してれば、どんどん自分が好きになれますよ。

　　　　　　（恒成正敏／長崎平和推進協会会員、長崎原爆被爆者／1929年生）

　　＜C＞

35　　二十歳過ぎるとどうしても社会と関わっていかなくちゃいけないわけで
すよね。その時重要なのは、個人としてどう生きるかということだと思いま
す。群をなしてとか社会の一員としてとかじゃなく、一人の人間がどう生き
るか。国家や社会といった時に、からめ取られないだけの自分を持った人が
どれだけいるか。それが未来にとって重要だと思う。

40　　だけど、日本の社会全体はそれとは全く逆を向いてるんですよね。型破り
とか無鉄砲とかバンカラとかそういう人格じゃなくて、できるかぎり社会が
求める条件を備えている人たちを作っていく傾向が強いと思います。でも私
は今までの経験から、一番恐ろしいのは国家や社会がどんどん雪崩みたいに
動いていって、気がつかないうちにその中にいること。自分としては窮屈だ

45　とか不快だなとか思いながらも、雪崩のように同じ方向に向かって地滑りし
てるわけ。

　　たとえば警官になれば、自分の意思とは関係なく国家の為に働くことにな
るし、企業に入れば、企業的見解で協力することになるわけだから、もっと
積極的にその雪崩と一緒に動いていくのね。

50　　だから私は、どれだけ雪崩の中でずるずる地滑りしながらも、私は私とし
てどう感じ、どう生きるかをしつこく確かめていくことが重要だと思う。自
分が許せなかったり嫌だったりするものには体当たりして確かめる。流され
ないとか迎合しないとか、そういうことへの深いこだわりを持つべきだと思
います。

55　　これからの若い人には、社会の正しい構成員になるよう努力するだけじゃ
なくて、世界がものすごいスピードで雪崩を起こしている時にも、ときどき
空の上から、こっちの方向に流れてるんだなっていうくらいの自由な感覚を
持っていて欲しい。

　　　　　　　　　　　　　（加藤登紀子／シンガーソングライター／1947年生）

60

　　＜D＞

　　みんなに言っているから繰り返しになるけども、やっぱり本を読むという
ことですね、僕は一番重要なことだと思っています。なんか今の諸君をみて

いると、脳細胞の栄養失調という感じがするねえ。やっぱり本というのは先人が残した知恵ですからね。だから週に1冊はね、マンガじゃないまっとう　65な本を読んでほしい。第二は、二十歳前後しかできないのは語学なんですよ。これは年とってからやろうと思っても、後からでは間に合わない。年とってから、語学をやっていればよかったということを多くの人が悔やむわけですよ。だから僕がみんなに要求しているのはね、第二外国語は日本語の七割程度の能力、第三外国語は日本語の五割程度の能力。二つの外国語を身に　70つけるのは学生時代しかない。ですから徹底的に語学をやってほしい。できたらその延長としてなるべく留学してほしい。留学先は欧米に限らずですね、アジアでもいいしアフリカでもいいし、中南米でもいいわけですけど、少なくとも日本を一歩出てね。旅行者じゃなくて、国外から日本とか自分を見つめ直すのには、留学が一番いいと僕は思うんですね。第三はですね、生　75涯自分の友とできる趣味を作ること。（中略）何でもいいから、一生友とできるような、趣味を持つ。これはやはり、人生というのはいつも順調に行くのではないのだから、失意の時代もあるだろうし、高揚する時代もあるだろうし、そういう時にやはりいろんな意味で趣味というのはね、助けてくれますよ。まあそんな難しいことを言わなくても、趣味があるのは楽しいよ。　80

（石弘之／東京大学大学院教授／1940年生）

立花隆　東京大学教養学部立花隆ゼミ『二十歳のころ』より

解説・語彙

1. 甘んじる

「甘んじる」意为"甘于、满足于、甘愿、情愿"，常用的形式是「～に甘んじる」。例如：

(1) 私は、現状に**甘んじない**というのが、人間の生き方だと思います。
(2) 世界屈指の経済大国になりながら、政治的には常に小国に**甘んじてきた**。

（3）仮にこれが私にとって不幸であるとしても、私はこの不幸に**甘んじる**用意があります。

2. 地滑りする

「地滑り」本义为"滑坡"，例如「雨で地盤がゆるみ、地滑りがあった」。在本课中用的是其引申义，意为"事物以滑坡般的速度和气势朝某一方向快速发展"，类似的用法还有「地滑り的惨敗」「地滑り的勝利」等。例如：

（1）自分としては窮屈だとか不快だなとか思いながらも、雪崩のように同じ方向に向かって**地滑りしてる**わけ。

（2）メディアは、今回の選挙の結果を「与党、**地すべり的**勝利へ」と速報した。

3. 諸-

「諸」接在表示人的名词之前，表示人的复数形式，相当于汉语的"诸位"。例如：

（1）なんか今の**諸**君をみていると、脳細胞の栄養失調という感じがするねえ。

（2）アジア**諸**国は様々な問題を抱えている。

（3）大学の特徴をクイズにして学生の**諸**君に答えてもらいました。

此外「諸」也可以接在表示事物的名词前，表示事物的复数形式，相当于汉语的"各、各种"，例如「諸活動」「諸課題」「諸情勢」「諸問題」等。

解説・文法

1. Nといえるほどのものはない ＜委婉的否定判断＞

意义：表示还达不到某事物的程度。

译文：算不上是……

接続：名词+といえるほどのものはない

説明：常常用以表示说话人的谦虚。

> (1) でもまあ、メッセージ**といえるほど**のものはありません。
> (2) コレクション**といえるほど**のものはないが、中国のお気に入りの陶器_{とうき}ならいくつか持っている。
> (3) ご馳走**といえるほど**のものはございませんが、どうぞ召しあがってください。
> (4) これは研究の中で観察されたことに過ぎず、発見**といえるほどのものはない**。

2. ～ながらも＜転折＞

意义：表示转折之意。

译文：虽然……

接续：动词的第一连用形、形容词的连体形、副词等＋ながらも

> (1) 自分としては窮屈だとか不快だなとか思い**ながらも**、雪崩のように同じ方向に向かって地滑りしてるわけ。
> (2) ちょっと不安を抱え**ながらも**営業という新しい仕事に対して意欲を燃やしている。
> (3) 我が家_{わ や}の庭は狭い**ながらも**、いろいろな草花_{くさばな}が植えられていてとても気にいっていました。
> (4) 日本語がゆっくり**ながらも**着実_{ちゃくじつ}に上手になっていますよ。

練習

A　内容確認

1. 読解文を読み、＜A＞～＜D＞について次の質問に答えてください。

＜A＞

(1) 「一番の基本は人間関係」と言っていますが、具体的にどのような行動が求められていますか。

_____

（2）「挫折した人」の挫折の原因はなんだと言っていますか。

＿＿＿＿＿＿＿＿＿＿＿＿＿＿＿＿＿＿＿＿＿＿＿＿＿

＜Ｂ＞

（1）「現状に甘んじない」というのはどういう意味ですか。この文章の中で
だいたい同じ意味を表現している部分を使って言い換えてください。

＿＿＿＿＿＿＿＿＿＿＿＿＿＿＿＿＿＿＿＿＿＿＿＿＿

（2）最善の努力をするために、どんなことが大事だと言っていますか。

＿＿＿＿＿＿＿＿＿＿＿＿＿＿＿＿＿＿＿＿＿＿＿＿＿

＜Ｃ＞

（1）「重要なのは、個人としてどう生きるかということだ」と言っています
が、それはどういう意味ですか。あてはまるものに〇をつけなさい。

（　）社会の一員として生きること

（　）社会が求める条件を備えていること

（　）国家のために働くこと

（　）社会に流されたり迎合したりしないこと

（　）雪崩と一緒に動いていくこと

（　）自分が窮屈だとか不快に感じることにこだわること

＜Ｄ＞

（1）「脳細胞の栄養失調」状態をよくするためにはどうすればよいですか。

＿＿＿＿＿＿＿＿＿＿＿＿＿＿＿＿＿＿＿＿＿＿＿＿＿

（2）学生時代に留学して何をしてほしいと言っていますか。

＿＿＿＿＿＿＿＿＿＿＿＿＿＿＿＿＿＿＿＿＿＿＿＿＿

（3）趣味を作ることを勧めている理由は何ですか。

＿＿＿＿＿＿＿＿＿＿＿＿＿＿＿＿＿＿＿＿＿＿＿＿＿

2. ＜Ａ＞～＜Ｄ＞はそれぞれどんなメッセージを送っていますか。読者に呼び
かける表現に注意して抜き出しなさい。

＜Ａ＞：＿＿＿＿＿＿＿＿＿＿＿＿＿＿＿＿＿＿＿＿＿

＿＿＿＿＿＿＿＿＿＿＿＿＿＿＿＿＿＿＿＿＿＿＿＿＿＿

＜Ｂ＞：＿＿＿＿＿＿＿＿＿＿＿＿＿＿＿＿＿＿＿＿＿

＿＿＿＿＿＿＿＿＿＿＿＿＿＿＿＿＿＿＿＿＿＿＿＿＿＿

＜Ｃ＞：＿＿＿＿＿＿＿＿＿＿＿＿＿＿＿＿＿＿＿＿＿

＿＿＿＿＿＿＿＿＿＿＿＿＿＿＿＿＿＿＿＿＿＿＿＿＿＿

　　＜D＞：＿＿＿＿＿＿＿＿＿＿＿＿＿＿＿＿＿＿＿＿＿＿＿＿＿

　　　　　　＿＿＿＿＿＿＿＿＿＿＿＿＿＿＿＿＿＿＿＿＿＿＿＿＿

3. あなたはどの人のメッセージに一番心を打たれましたか。〇で囲んでください。また、心を打たれた理由を述べてみましょう。

　　一番心を打たれたのは＜A＞　＜B＞　＜C＞　＜D＞だ。

　　その理由＿＿＿＿＿＿＿＿＿＿＿＿＿＿＿＿＿＿＿＿＿＿＿＿＿

　　＿＿＿＿＿＿＿＿＿＿＿＿＿＿＿＿＿＿＿＿＿＿＿＿＿＿＿＿＿＿

　　＿＿＿＿＿＿＿＿＿＿＿＿＿＿＿＿＿＿＿＿＿＿＿＿＿＿＿＿＿＿

　　＿＿＿＿＿＿＿＿＿＿＿＿＿＿＿＿＿＿＿＿＿＿＿＿＿＿＿＿＿＿

B　文法練習

1. 次の①②は　（　）の中の言葉を正しい順番に並べてください。③は文を完成させてください。

　(1)　Nといえるほどのものはない

　　　①　（は・といえるほどの・料理・珍しい・ございません）

　　　　　＿＿＿＿＿＿＿＿＿＿＿＿＿＿が、どうぞ召しあがってください。

　　　②　（は・の・ほど・といえる・もの・研究成果・ありませんでした）

　　　　　＿＿＿＿＿＿＿＿＿＿＿が、いくつか新しいことが分かりました。

　　　③　作品といえるほどのものはありませんが、＿＿＿＿＿＿＿＿＿＿。

　(2)　〜ながらも

　　　①　（が・を・こと・自分の店・小さい・持つ・できました）

　　　　　やっと独立して、＿＿＿＿＿＿ながらも、＿＿＿＿＿＿＿＿＿。

　　　②　（と・ながらも・いろいろ・彼・迷い・別れる・決心をした）

　　　　　＿＿＿＿＿＿＿＿＿＿＿＿＿＿＿＿＿＿＿＿＿＿＿＿＿。

　　　③　ダイエットしたいと思いながらも、＿＿＿＿＿＿＿＿＿＿＿＿＿。

C　発展練習

贈る言葉

【ステップ1】

　皆さんは、日本語を2年間勉強してきました。振り返ってみて今、どんなことを思いますか。楽しかったこと、辛かったこと、心に残っていることなど感想を話し合ってみましょう。

【ステップ2】

　日本語を2年間学んだあなたは、10年後にはどんなことをしていると思いますか。10年後のあなたに向けて、メッセージを書いてください。

日本的诺贝尔奖获得者

截至2023年，日本共有28位学者获得诺贝尔奖（含日裔外籍学者），以下是获奖人和获奖理由等信息。

汤川秀树，1949年获物理学奖，预言了在质子和中子之间起作用的介子的存在。

朝永振一郎，1965年获物理学奖，以"超多时间理论"和"重正化理论"闻名，长期致力于量子电动力学领域的基础研究。

川端康成，1968年获文学奖，其获奖作品之一『雪国<ruby>ゆきぐに</ruby>』出色地描绘了人生悲欢离合的幻想和美，被誉为日本现代抒情文学的经典之作。

江崎玲於奈，1973年获物理学奖，从事半导体、超导体隧道效应的研究，成功研制了江崎二极管。

佐藤荣作，1974年获和平奖，作为日本首相代表国家自始至终反对拥有核武器，为太平洋地区的和平稳定做出了贡献。

福井谦一，1981年获化学奖，提出前线轨道理论，该理论不但解释了先前的相关经验规律，而且预言和解释了其后的许多化学反应。

利根川进，1987年获医学生理学或医学奖，论证了"制造多样性抗体的遗传性原理"，在免疫球蛋白基因结构的研究方面做出了突出贡献。

大江健三郎，1994年获文学奖，发表了『個人的な体験』和『ヒロシマ・ノート』等一系列以残疾人及核问题为主要题材的作品，具有浓厚的人道主义倾向。其代表作还有『万延元年のフットボール』『同時代ゲーム』等。

白川英树，2000年获化学奖，在发现和开发导电聚合物方面做出了引人注目的贡献，这种聚合物目前已广泛应用于工业生产。

野依良治，2001年获化学奖，多年从事手性催化氢化反应领域的研究，开发出性能优良的手性催化剂，广泛应用于化学制品、药物和新材料的制造。

小柴昌俊，2002年获物理学奖，在"探测宇宙中微子"方面取得成就，这一成就导致了中微子天文学的诞生。

田中耕一，2002年获化学奖，发明了对生物大分子进行确认和结构分析的方法，该方法对当今的生命科学研究具有重要的意义，他还是诺贝尔化学奖创设以来最年轻的得主。

南部阳一郎（美籍）、小林诚、益川敏英，三人分享2008年物理学奖，南

部阳一郎因发现亚原子物理学中自发对称性破缺机制而获得一半奖金，小林诚和益川敏英因发现有关对称性破缺的起源而分享另一半奖金。

下村修，与美国科学家Martin Chalfie、美籍华裔科学家钱永健分享2008年化学奖，这三位科学家因在发现和研究绿色荧光蛋白方面做出突出贡献而获奖，他们三人平分诺贝尔化学奖奖金。

铃木章、根岸英一，与美国科学家Richard Heck分享2010年化学奖，这三位科学家在"钯催化交叉偶联反应"研究领域做出了杰出贡献，其研究成果使人类能有效合成复杂有机物。

山中伸弥，2012年获生理学或医学奖，发现成熟细胞可被重写成多功能细胞。

赤崎勇、天野浩、中村修二（美籍），2014年获物理学奖，发明高亮度蓝色发光二极管，带来了节能明亮的白色光源。

大村智，2015年获生理学或医学奖，发现治疗蛔虫寄生虫感染的新疗法。

梶田隆章，2015年获物理学奖，发现中微子振荡现象，并因此证明中微子具有质量。

大隅良典，2016年获生理学或医学奖，发现细胞自噬的机制。

本庶佑，2018年获生理学或医学奖，发现以负性免疫调节治疗癌症的疗法。

吉野彰，2019年获化学奖，开发锂离子电池。

真锅淑郎，2021年获物理学奖，对地球气候进行物理建模并可靠预测全球变暖。

缩略语、符号一览表

N——名詞（名词）

固名——固有名詞（专有名词）

A——形容詞（形容词）

A_I——Ⅰ類形容詞（Ⅰ类形容词）

A_{II}——Ⅱ類形容詞（Ⅱ类形容词）

V——動詞（动词）

V_I——Ⅰ類動詞（Ⅰ类动词）

V_{II}——Ⅱ類動詞（Ⅱ类动词）

V_{III}——Ⅲ類動詞（Ⅲ类动词）

Vる——動詞辞書形（动词词典形）

自——自動詞（自动词、不及物动词）

他——他動詞（他动词、及物动词）

副——副詞（副词）

連体——連体詞（连体词）

感——感動詞（叹词）

接——接続詞（连词）

判——判断詞（判断词）

助——助詞（助词）

格助——格助詞（格助词）

取立て助——取立て助詞（凸显助词）

終助——終助詞（语气助词）

接助——接続助詞（接续助词）

並助——並列助詞（并列助词）

引助——引用助詞（引用助词）

準助——準体助詞（准体助词）

S——文（句子）

⓪①②③——声调符号（有两个声调者，常用者在前）

〖 〗——本书的会话、课文中未采用，但实际上使用的书写形式。

▼ 非常用汉字

▽ 非常用汉字音训

○：（语法解说中）正确的表达方式

×：（语法解说中）错误的表达方式

??：不太自然的表达方式

索引　解説・語彙

索引　解説・文法

索引　解説・会話

索引　解説・表現

专栏一览表

后 记

　　《综合日语》（第三版）修订方针由中日双方编委会讨论决定，各册由总主编和分册主编负责统稿和定稿。

　　第四册的修订工作由副总主编何琳，本册主编孙佳音、杨峻、野畑理佳、今井寿枝、滨田亮辅负责具体策划和统稿，各部分执笔工作具体分工如下：

会话、课文：孙佳音、杨峻、何琳、野畑理佳、今井寿枝、滨田亮辅、山本美纪

生词及其索引：刘健

词汇讲解及索引：孙佳音

语法讲解及索引：王轶群、周彤

会话讲解及索引：孙佳音

表达讲解及索引：何琳

练习：何琳、冷丽敏、杨峻

专栏：孙佳音

日语审定：野畑理佳、今井寿枝、滨田亮辅 、山本美纪

声调审定、录音指导：守屋三千代

全书统稿、定稿：彭广陆、守屋三千代

　　为了给使用《综合日语》的广大教师和学生提供信息交流的平台，打破纸质教材的局限性，加强编写者与使用者以及使用者之间的互动，充分发挥网络的功能，我们创建了"综合日语"微信公众号，同时在b站、喜马拉雅、抖音、西瓜视频、今日头条等国内主要网络平台注册了"综合日语"账号。迄今为止，已分享大量的语法教学视频、课文解说以及听力和阅读等方面的学习资源。今后我们将继续提供教学中可以使用的素材、信息，努力为教师和同学们提供动态的、多样化的、丰富的学习支援，为广大日语学习者提供能够满足不同个性化学习需求的日语学习资源。

　　最后，衷心感谢所有使用本教材的教师和同学，感谢大家对《综合日语》提出的宝贵意见、中肯批评和给予的热情鼓励。

　　感谢《综合日语》第一版、修订版所有编委会成员，《综合日语》能够有今天的成绩是你们努力的结果。

感谢北京大学出版社外语编辑室主任张冰女士为第三版的出版提供的帮助，感谢本书责任编辑、北京大学出版社的兰婷女士为第三版的出版所付出的努力。

本教材的录音工作得到了丹羽直子女士、山口贵生先生、小林千惠女士、星和明先生的大力协助，保证了本教材的形式与内容的完美统一，谨此向他们致以谢意！

《综合日语》（第三版）编辑委员会

2024年1月

参考书目

教育部高等学校教学指导委员会编：《普通高等学校本科专业类教学质量国家标准（全2册）》，北京：高等教育出版社，2018

教育部高等学校外国语言文学类专业教学指导委员会等编著：《普通高等学校本科外国语言文学类专业教学指南(下) 》，上海：上海外语教育出版社，2020

铃木康之主编（彭广陆编译）：《概说现代日语语法》，长春：吉林教育出版社，1999

高桥太郎等编（王忻等译）：《日语语法概论》，上海：华南理工大学出版社，2023

彭广陆、守屋三千代总主编：《综合日语》（第一——四册），北京：北京大学出版社，2004—2006

彭广陆、守屋三千代总主编：《综合日语》（第一——四册）（修订版），北京：北京大学出版社，2009—2011

朱春跃：《语音详解》，北京：外语教学与研究出版社，2001

朱春跃、彭广陆主编：《基础日语教程》（第1—4册），北京：外语教学与研究出版社，1998-2001

NHK放送文化研究所編：『ＮＨＫ日本語発音アクセント新辞典』、NHK出版、2016

池上嘉彦・守屋三千代：『自然な日本語を教えるために—認知言語学をふまえて—』、ひつじ書房、2010

グループ・ジャマシイ：『教師と学習者のための日本語文型辞典』、くろしお出版、1998

小柳かおる：『日本語教師のための新しい言語習得概論』、スリーエーネットワーク、2004

阪田雪子編著、新屋映子・守屋三千代：『日本語運用文法—文法は表現する』、凡人社、2003

迫田久美子：『日本語教育に生かす第二言語習得研究』、アルク、2002

白川博之監修、庵功雄・高梨信乃・中西久実子・山田敏弘：『中上級を教える人のための日本語文法ハンドブック』スリーエーネットワーク、2001

新屋映子・姫野伴子・守屋三千代：『日本語教科書の落とし穴』、アルク、1999

鈴木重幸：『日本語文法・形態論』、むぎ書房、1972

高橋太郎ほか：『日本語の文法』、ひつじ書房、2005

高見澤孟監修：『新・はじめての日本語教育基本用語辞典増補改訂版』、アスク講談社、2019

松岡弘監修、庵功雄・高梨信乃・中西久実子・山田敏弘：『初級を教える人のための日本語文法ハンドブック』、スリーエーネットワーク、2000

松村明編：『大辞林（第四版）』、三省堂、2020

山田忠雄等：『新明解国語辞典（第七版）』、三省堂、2013